Regards croisés sur la banlieue

P.I.E. Peter Lang

Bruxelles · Bern · Berlin · Frankfurt am Main · New York · Oxford · Wien

Juliet CARPENTER et Christina HORVATH (dir.)

Regards croisés sur la banlieue

Cet ouvrage, initié et coordonné dans le cadre du réseau de recherche
« Banlieue Network », a bénéficié d'une aide financière de plusieurs
organisations :
- *Arts and Humanities Research Council* (AHRC), Royaume-Uni
- UMR 5206 Triangle
- LABEX IMU (Intelligence de Mondes Urbaines) de l'Université de Lyon
  (ANR-10-LABX-0088/ ANR-11-IDEX-0007)
- ELICO (Équipe de recherche de Lyon en sciences de l'information et de
  la communication) – Sciences Po Lyon.
- *Oxford Brookes University (Central Research Fund)*

Nous remercions également le photographe Jean-Manuel Simoes, auteur du
livre photographique *Chiens de la casse* (Husson, 2013) pour l'image figurant
sur la couverture.

Cette publication a fait l'objet d'une évaluation par les pairs.

Toute représentation ou reproduction intégrale ou partielle faite par quelque procédé
que ce soit, sans le consentement de l'éditeur ou de ses ayants droit, est illicite. Tous
droits réservés.

© P.I.E. PETER LANG s.a.
Éditions scientifiques internationales
Bruxelles, 2015
1 avenue Maurice, B-1050 Bruxelles, Belgique
www.peterlang.com ; info@peterlang.com

Imprimé en Allemagne

ISBN 978-2-87574-264-3
eISBN 978-3-0352-6537-8
D/2015/5678/30

Information bibliographique publiée par « Die Deutsche NationalBibliothek ».

« Die Deutsche NationalBibliothek » répertorie cette publication dans la « Deutsche
Nationalbibliografie » ; les données bibliographiques détaillées sont disponibles sur le site
<http://dnb.d-nb.de>.

Table des matières

Introduction 9
Juliet Carpenter et Christina Horvath

I. LES BANLIEUES – LIEUX DE VIE

« La banlieue » : des dynamiques complexes derrière
un mot trop ordinaire. Le cas de l'agglomération de Paris 23
Didier Desponds et Pierre Bergel

Le droit à la cité : Attachement au quartier stigmatisé
dans deux cités du sud de la France 39
Paul Kirkness

Médias, rénovation urbaine et associations artistiques :
Faiseurs d'images dans les quartiers populaires en France 57
Barbara Morovich

Défendre la mixité sociale : « *Cosmopolitan hope from below* » 73
Beth S. Epstein

II. LES BANLIEUES – LIEUX DISCURSIFS

De l'exclusion à la « guerre » : Les émeutes de 2005 et 2010
dans la presse française 91
Isabelle Garcin-Marrou

La construction politico-médiatique d'un mythe :
Zidane, au prisme des « garçons des banlieues » 107
Mehdi Derfoufi

Regards croisés sur la banlieue et ses grands ensembles :
Analyse discursive de quatre quotidiens français :
Le Figaro, *Le Monde*, *Libération* et *Le Parisien* 123
Béatrice Turpin

Le « wesh » ou « langue des banlieues » : Élément d'un
mythe urbain dans l'imaginaire linguistique contemporain ?........141
   Marie-Madeleine Bertucci

Bon jeune ou **mauvais youth** : Une sous catégorisation pour
échapper à la stigmatisation 163
   Wajih Guehria

III. LES BANLIEUES – LIEUX DE CRÉATION

L'authenticité des « voix de la banlieue » entre
témoignage et fiction 183
   Christina Horvath

« Restaurer la voix » des banlieues : Fonctions politique
et éthique du récit de soi 199
   Isabelle Galichon

Le ghetto : territoire rhétorique du rap français ? 215
   Bettina Ghio

Le film de banlieue comme méta-genre.. 229
   Valérie Bonnet et Patrick Mpondo-Dicka

Risquer l'ordinaire contre l'exceptionnalité :
Appropriations, usages et émancipations dans
quelques pratiques filmiques en arts visuels 247
   Aline Caillet

Conclusion.. 261
   Christina Horvath et Juliet Carpenter

Les auteurs... 267

Introduction

Juliet CARPENTER et Christina HORVATH

Oxford Brookes University

Je viens de là où on échange, je viens de là où on s'mélange
Moi, c'est l'absence de bruits et d'odeurs qui me dérange
Je viens de là où l'arc-en-ciel n'a pas six couleurs mais dix-huit
Je viens de là où la France est un pays cosmopolite.
[...]
Je viens de là où on est fier de raconter d'où l'on vient
J'sais pas pourquoi mais c'est comme ça, on est tous un peu chauvin
J'aurais pu vivre autre chose ailleurs, c'est tant pis ou c'est tant mieux
C'est ici que j'ai grandi et que je me suis construit...
Je viens de la banlieue.

Grand Corps Malade, « Je viens de là » (2009)

Les banlieues populaires occupent une place particulière dans l'imaginaire français contemporain. Après les émeutes récurrentes des années 2000, l'attaque du 7 janvier 2015 contre *Charlie Hebdo* et celle de l'Hyper Cacher, porte de Vincennes à Paris, le 9 janvier, ont été présentées par les médias comme de nouvelles preuves de la rupture qui opposerait les habitants des centres urbains, prompts à exprimer leur solidarité avec *Charlie* et les résidents des périphéries qui oscillent entre leur désir de partager la tristesse des familles des victimes et le rejet des caricatures de Mahomet publiées en 2006. Dans un article paru dans *Le Monde* une semaine après ces actes de violence qui ont secoué la France, Sylvia Zappi s'interroge sur les causes de la réticence des habitants de la banlieue à condamner les trois meurtriers « qui ont grandi dans les quartiers, qui y ont fréquenté l'école, les structures d'accueil jeunesse des villes, les colonies de vacances... avant de s'égarer dans l'extrémisme religieux »[1]. Devant les attaques dont les auteurs étaient

---

[1] Sylvia Zappi, « La banlieue tiraillée entre "Charlie" et "pas Charlie" », *Le Monde*, le 15 janvier 2015.

des enfants des cités, la presse a de nouveau eu le réflexe de mobiliser les principaux clichés qui s'attachent désormais aux banlieues : précarité, échec scolaire, délinquance, islam et plus récemment islamisme et terrorisme. Considérées par la presse et les politiques comme des lieux de concentration de questions sociales majeures, les « cités sensibles » sont devenues aujourd'hui réceptacles d'une série de stéréotypes pesant lourds sur la vie des résidents qui se voient progressivement assignés à une identité négative et subissent diverses formes de discrimination en conséquence, surtout sur le marché de travail. Desponds et Bergel nous rappellent[2] que le taux de chômage dans nombreuses municipalités de la banlieue parisienne nord-est dépasse 20 %, et atteint même 30 % dans certaines communes tandis que le taux de chômage national est actuellement autour de 10 %. Alors que « l'économie morale des quartiers est marquée par une rupture profonde entre l'univers politique et institutionnel et la population » (Kokoreff et Lapeyronnie, 2013), les clichés véhiculés par les discours médiatiques et politiques, au lendemain des attaques de 2015 comme avant, reflètent les peurs des classes dominantes. Ils remettent en cause l'appartenance des cités à l'espace commun, contribuant à l'écart qui sépare les banlieues du reste de la société française.

Cependant, depuis quelques années, on assiste également à l'émergence de discours alternatifs qui opposent des images de diversité, de vitalité et de créativité aux stéréotypes. Les programmes qui visent à initier les jeunes à l'écriture journalistique tels que Bondy Blog ou à promouvoir différentes formes de création artistique comme les projets encadrés par Banlieues Créatives, encouragent les résidents à trouver leur voix et à conquérir un nouvel espace à la place publique et médiatique. Les livres collectifs résultant d'ateliers d'écriture ou d'entretiens comme *Les Gars de Villiers* (Égré, 2011), *Nous... la cité* (Collectif, 2012) ou *Paroles libres de ... jeunes de banlieue* (Dhoquois, 2011) se multiplient. Le monde éditorial et cinématographique a vu une véritable explosion de récits de fiction et témoignages faisant référence à la banlieue, au point qu'on parle aujourd'hui de courants littéraires et cinématographiques puisant leur force de la créativité des habitants des cités. Le succès retentissant des films récents comme *L'Esquive* (Kechiche, 2003) ou *Intouchables* (Nakache, Toldeano, 2011) atteste également de l'importance des banlieues en tant que lieu de créativités et source d'inspiration artistique.

Regards croisés sur la banlieue est un volume collectif qui réunit dix-sept auteurs dans le but d'examiner le dynamisme culturel,

---

[2] Voir le premier chapitre de cet ouvrage.

Introduction

l'effervescence associative et la créativité des résidents des banlieues stigmatisées de France. L'ouvrage accorde la priorité aux banlieues dites « difficiles », non pas parce toutes les banlieues luttent contre des problèmes liés à la pauvreté et à la fragilité socio-économique des habitants mais parce que ce sont les territoires privilégiés des trois types de discours auxquels nous nous intéressons en particulier : les discours politico-géographiques, médiatiques et artistiques. Le volume adopte une approche pluridisciplinaire qui consiste à explorer l'espace urbain périphérique de multiples points de vue, conjuguant les perspectives de géographes, sociologues, historiens, linguistes, architectes, urbanistes, ethnologues, anthropologues, esthètes, philosophes et de spécialistes de la littérature, de la musique et du film. Issus de la plume de spécialistes de tout un éventail de disciplines, les quatorze chapitres thématiques du volume révèlent l'hétérogénéité des territoires périphériques des villes françaises tout en mettant en relief la diversité que les discours publics, politiques ou médiatiques, tendent trop souvent à ignorer.

Les banlieues françaises : des perspectives multidisciplinaires

Réceptacle des problèmes sociaux les plus brûlants en France, les banlieues populaires ont été le sujet de nombreuses publications récentes qui s'inscrivent dans différents domaines disciplinaires. Elle a inspiré plusieurs monographies en sociologie, notamment les ouvrages de Rojzman et Le Goaziou (2006) Wacquant (2007), Stébé (2010), Vieillard-Baron (2011), Lapeyronnie et Cortésero (2012) et Kepel (2012). Certaines de ces études sont marquées par un intérêt particulier à la notion du ghetto et au processus de ghettoïsation telles que les travaux de Belhaj Kacem (2006) Lapeyronnie (2008), Bronner (2010) et Marchal et Stébé (2012), alors que d'autres chercheurs comme Kokoreff (2003), Dikeç (2007) ou Donzelot (2008) (2013) se concentrent davantage sur l'échec de certaines politiques urbaines du passé. Des chercheurs en géographie et en aménagement urbain ont également exploré la constitution du sens dans les cités (Glasze *et al.*, 2012) et la ségrégation ethnique dans les banlieues (Brun et Rhein, 1994 ou Pan Ke Shon, 2010). Les récentes émeutes ont également suscité un intérêt marqué pour la violence urbaine qui a été débattue par Le Goaziou et Mucchielli (2006), Roché (2006), Waddington *et al.* (2009) et Moran (2011). Quelques ouvrages ont exploré la problématique des banlieues dans une optique linguistique comme Lepoutre (2001), Simonin, Idelson et Ledegen (2012) ou de psychologie clinique (Sciara, 2011) alors que d'autres auteurs tels que Kalinic (2012), Van Zanten (2012) ou Marlière (2005) se sont penchés sur les questions des médias, de l'éducation ou de la jeunesse en banlieue.

Les représentations de la banlieue ont également suscité nombre de publications dans les champs des études culturelles, littéraires et cinématographiques. Les travaux de Tarr (2005), de Vincendeau (2009) et de Wagner (2011) ont exploré différents aspects des films de banlieue alors que les monographies de Laronde (1996), de Hargreaves (1997 et 2007), de Derderian (2004), de Rosello (2005), de Thomas (2006), de Reeck (2011) et de Vitali (2014) ont étudié la banlieue à travers différents domaines de l'écriture postcoloniale et plus précisément les œuvres des auteurs appartenant aux diasporas maghrébines et africaines en France dont certains abordant la thématique de la banlieue.

Malgré le grand nombre des ouvrages consacrés à la banlieue, la majorité de ceux-ci reste ancrée dans un unique champ disciplinaire. Les travaux allant au-delà d'une approche mono-disciplinaire et combinant différents domaines restent rares. *Images et discours sur la banlieue* (Amorim, 2002) qui conjugue l'analyse d'images de la banlieue avec les expériences des jeunes qui vivent dans des cités de banlieue, *Situations de banlieues : Enseignement, langues, cultures* (Bertucci et Houdart-Merot, 2004) qui aborde la question de l'enseignement en banlieue dans une perspective large et interdisciplinaire ou *Discours et sémiotisation de l'espace : Les représentations de la banlieue et de sa jeunesse* (Turpin, 2012) qui réunit des chercheurs de différentes disciplines pour explorer le mythe du jeune de banlieue, font partie des quelques exceptions. On compte également un certain nombre d'anthologies telles que *Banlieues : Une anthologie* (Paquot, Vieillard-Baron, Meuriot et Sellier, 2008) qui offre une lecture plurielle et une déconstruction de réifications réductrices de « la » banlieue française alors que *Les banlieues de l'Europe : Les politiques de voisinage de l'Union européenne* (Rupnik, de Tinguy, Serrano, Parmentier, 2007) cherche davantage à explorer la question dans une optique internationale.

Bien que ces études aient indubitablement contribué à notre compréhension des banlieues, peu d'entre elles ont exploité les synergies provenant de l'élargissement de la perspective analytique à l'ensemble des disciplines impliquées dans les recherches menées sur les banlieues. Compte tenu de nouveaux projets créatifs qui visent actuellement à donner la parole aux résidents et aux associations locales, il semble opportun de proposer une nouvelle approche faisant appel à un grand nombre de disciplines afin d'offrir une image aussi complète que possible des banlieues et de leur complexité. Le présent ouvrage vise à combler cette lacune dans la mesure où il présente les résultats des recherches les plus récentes dans un large éventail de disciplines incluant aux côtés de la sociologie et de l'urbanisme la linguistique, la littérature, la politique de la ville, les études cinématographiques et l'esthétique des images.

Introduction

L'origine de l'ouvrage : Banlieue Network

Cet ouvrage est issu d'une collaboration entre une quinzaine de chercheurs internationaux associés à « Banlieue Network », un réseau de recherche fondé en 2011 financé par l'AHRC (Arts and Humanities Research Council en Grande-Bretagne) pendant une période de deux ans. L'objectif de ce projet était de créer un forum de discussion transdisciplinaire et de favoriser le rapprochement entre chercheurs, artistes, associations de résidents, activistes et élus, pour promouvoir le débat et créer des opportunités pour un échange de savoirs et un partage d'expertise. Le réseau cherchait avant tout à favoriser le développement de communautés durables tout en luttant contre la stigmatisation urbaine et les clichés simplificateurs. Les quatorze chapitres de cet ouvrage se sont nourris de débats menés au cours de deux colloques internationaux et interdisciplinaires organisés par « Banlieue Network » en avril 2013 et en avril 2014. Le premier, intitulé « Communautés à la périphérie : perceptions et représentations des banlieues françaises », portait sur les différents discours politiques et médiatiques dont l'objet est la banlieue. Le second, « La banlieue loin des clichés », se concentrait sur les identités alternatives des résidents qui s'expriment en réponse aux discours dominants. Les chapitres reflètent la diversité des perspectives et disciplines qui était le principe organisateur des deux colloques.

Regards croisés sur la banlieue se divise en trois parties. La première s'intéresse aux banlieues en tant que lieux de vie et comporte quatre chapitres appartenant aux domaines de la géographie et de l'urbanisme. Didier Desponds et Pierre Bergel s'interrogent sur le mot « banlieue », soulignant la complexité d'un concept qui est souvent associé à des paysages urbains défavorisés et mal compris. Leur analyse de différents types de données débouche sur une typologie qui démontre l'existence de non pas une mais de plusieurs « banlieues » parisiennes s'opposant à la dichotomie « centre-périphérie » qui domine le discours universitaire courant sur la banlieue. Selon les auteurs, la banlieue est une mosaïque, ce qui peut donner une chance à l'agglomération parisienne de devenir une métropole mondiale, grâce aux opportunités offertes par les banlieues. Pour sa part, Paul Kirkness examine l'attachement affectif des habitants aux banlieues souvent entachées par des représentations négatives des quartiers périphériques. Selon l'auteur, la stigmatisation territoriale a des conséquences matérielles dévastatrices qui affectent profondément la vie quotidienne des résidents. En prenant l'exemple de deux cités à Nîmes, ce chapitre insiste toutefois sur le fait que les résidents n'internalisent pas nécessairement les représentations négatives du quartier dans lequel ils vivent. Au contraire, ils développent des liens affectifs multiples qu'ils entretiennent avec leurs quartiers. Une des conséquences de cet attachement est la réclamation de plus en plus ardente d'une participation aux prises de décision concernant les quartiers où ils vivent. Barbara Morovich, qui s'intéresse elle aussi à la participation des résidents aux processus de concertation, analyse un projet participatif d'aménagement urbain dans un quartier populaire à Strasbourg. Elle s'interroge sur les processus de négociation, le partage de l'espace public et les jeux d'acteurs dans le projet et se demande jusqu'à quel point les habitants sont les décideurs du processus, et comment ils s'approprient et éventuellement détournent le projet. Basé sur des recherches dans les banlieues parisiennes ouest et nord, le quatrième chapitre présente la notion de l'intégration républicaine comme moyen de questionner les concepts de « culture » et de « différence » dans un contexte cosmopolite. Conjuguant les sciences humaines et sociales, Beth Epstein adopte une approche ethnographique et anthropologique pour analyser la mixité sociale et la « multiculture quotidienne » en banlieue. Ainsi, la première partie s'articule autour du questionnement des perceptions de la banlieue, et les potentialités de ces quartiers de s'affirmer comme des lieux de vie, de lutte et de résistance.

La seconde partie porte sur les banlieues en tant que lieux discursifs. Isabelle Garcin-Marrou explore les discours médiatiques français consacrés aux émeutes en banlieue, prenant les émeutes de 2005 et 2010 comme cas référentiels. Elle montre comment les cadres narratifs proposés par les médias participent de la construction d'un univers symbolique normatif, dans lequel les jeunes habitants des banlieues incarnent une nouvelle classe dangereuse. Face à ces jeunes gens assignés à leur territoire et à leur dangerosité, l'État apparaît engagé dans une guerre intérieure excluant la possibilité de les comprendre et de les réintégrer à l'ensemble sociopolitique routinisé. Mehdi Derfoufi, à son tour, entreprend l'analyse d'une icône nationale issue des quartiers nord de Marseille : le footballeur Zinedine Zidane. Il montre comment Zidane et l'équipe de France de football en sont venus à constituer un élément central de cristallisation des tensions du récit de « l'identité nationale française », une question clé pour l'exploration de la banlieue et de ses habitants. Toujours dans une optique médiatique mais associée cette fois-ci à une perspective de sociolinguiste, Béatrice Turpin démontre comment le processus de stigmatisation des banlieues populaires s'inscrit dans la trame même des discours de presse. Elle questionne différents journaux dont les propos renvoient les quartiers périphériques aux questions de la violence et de la dégradation du bâti, et à celle de la « rénovation urbaine » comme solution à ces problèmes. Pourtant, de ses analyses émerge également la possibilité d'un autre point de vue qui va à l'encontre du stéréotype : celui des habitants ou, avec plus de résilience, celui des artistes.

Les deux chapitres suivants s'inscrivent également dans le domaine de la linguistique. Marie-Madeleine Bertucci analyse la variété du français contemporain nommée familièrement le « wesh », qu'elle compare à une forme de mythe urbain. Dans son analyse, elle examine le processus de mise en altérité des jeunes et de leurs pratiques langagières, puis met en évidence l'ambivalence du français en opposant à la fonction apollinienne du français langue universelle/nationale la fonction dionysiaque/carnavalesque du wesh. À partir de l'étude des formes carnavalesques de la langue inversée, elle explore comment cette culture émergente de la banlieue croise une tradition littéraire européenne. Le chapitre de Wajih Guehria met en évidence l'existence d'un clivage au sein d'une catégorie souvent associée à la banlieue : celles des « jeunes ». En opposant au terme « les jeunes » (les sérieux) l'appellation anglaise « youth » (les voyous), l'auteur effectue un redécoupage du réel, vidant ainsi le chronotope « jeune » de sa charge négative.

La dernière partie de l'ouvrage intitulée « Les banlieues – lieux de création » est composée de cinq chapitres qui ont en commun de se concentrer sur la représentation de la banlieue dans différents domaines créatifs tels que le roman, le rap, le cinéma et l'art. Christina Horvath aborde le genre du roman de banlieue, en analysant les notions d'identité et d'authenticité dans une série de récits publiés depuis 2000. Étudiant un corpus composé de récits contemporains, elle cherche à établir une série de critères selon lesquels l'authenticité des récits est jugée par les lecteurs. Elle s'interroge également sur le rôle des clichés et des stéréotypes qui imprègnent l'imaginaire contemporain de la banlieue et avec lesquels les récits de banlieue semblent être contraints de composer. Isabelle Galichon propose d'explorer le récit de soi qui relève d'une prise de parole politique, fait rupture avec le discours sociologique et ouvre des lignes de fuites vers de nouvelles représentations. S'intéressant à la représentation de la banlieue dans la musique populaire, Bettina Ghio cherche à mettre en évidence la force évocatrice de l'image du ghetto dans le rap français. Elle évoque la figure du ghetto comme « territoire rhétorique », investi exclusivement par le langage qui se distingue du territoire « géographique », et structure en son sein une série de représentations ayant une force évocatrice pour tous ceux qui occupent le même espace.

Le chapitre de Valérie Bonnet et de Patrick Mpondo-Dicka porte sur le méta-genre « film de banlieue ». Les auteurs jettent les bases d'une théorie de cette production en établissant sa chronologie, en définissant ses éléments constitutifs et en montrant l'hétérogénéité de cette catégorie et montrent que la construction des sous-genres du film de banlieue tient plus de la rationalité cinématographique que de la rationalité historique des événements dont elle s'inspire. Enfin, le chapitre d'Aline Caillet se positionne au croisement de trois disciplines : l'esthétique, la philosophie et le cinéma. Il explore la question de la représentation de la banlieue en privilégiant les stratégies de représentation des territoires et de ceux qui les habitent. Selon l'auteure c'est en creusant la valeur d'usage des territoires via la parole de ceux qui les investissent que l'art peut contribuer à destituer les représentations autoritaires construites depuis l'extérieur afin de proposer de nouveaux modes de participation pour une autre conception de l'espace public.

La perception des banlieues entre l'hétérogénéité et les stéréotypes

Alors que cet ouvrage s'attache à déconstruire l'image préconçue des banlieues en tant que lieux d'exclusion et de violence, il nous a paru inévitable d'aborder certains clichés. Sans vouloir renforcer l'image stéréotypée des banlieues, nous avons estimé nécessaire de traiter de la stigmatisation pour montrer que, loin de produire des quartiers repoussoirs, elle peut au contraire susciter de l'attachement et conduire à un fort ancrage identitaire des habitants mis en péril par certains projets de rénovation urbaine. L'attention que nous avons consacrée aux médias nous a également contraints à parler de la représentation des émeutes, des jeunes de banlieue et d'autres thèmes fortement médiatisés tels que la dégradation des grands ensembles, l'immigration, la délinquance et la violence. Nos chapitres traitant de la représentation de la banlieue dans la littérature, le cinéma et la musique populaire se sont aussi heurtés aux clichés, incontournables dans un grand nombre d'œuvres qui les reproduisent afin de les subvertir. Comme le remarque Mireille Rosello (Rosello, 1998), il est inhérent à la nature des stéréotypes que pour les démentir, nous sommes forcés à les répéter, ce qui revient à les reproduire et, au cas échéant, à les renforcer. Conscients de cette menace qui plane sur tout discours académique portant sur les clichés, les auteurs de ce volume se sont efforcés de montrer qu'il s'agissait bien de figures de rhétorique exploitées par les artistes afin de construire des stratégies de subversion et non pas d'une vision homogène ou homogénéisante d'une réalité bien plus complexe.

Les quatorze chapitres du présent ouvrage ont pour but d'examiner la manière dont les communautés sont représentées dans les discours politiques et médiatiques d'une part et, d'autre part, dans les récits littéraires et filmiques ainsi que dans la culture populaire. Ils conjuguent approches disciplinaires et perspectives interdisciplinaires afin d'inviter le lecteur à repenser les banlieues au pluriel. Car c'est uniquement en abordant les espaces périurbains dans leur diversité que l'on peut apprécier leur complexité et c'est seulement en saisissant les multiples facettes de leur réalité que l'on peut relever le défi posé par les banlieues, saisir les opportunités qu'elles représentent et révéler le potentiel qui est inextricablement lié à leurs espaces et habitants.

Bibliographie

Amorim, Marilia (dir.), *Images et Discours sur la Banlieue*, Paris, ERES, 2002.

Belhaj Kacem, Medhi, *La psychose française : Les banlieues : le ban de la République*, Paris, Gallimard, 2006.

Bertucci Marie-Madeleine, Houdart-Merot Violaine (dir.), *Situations de banlieues : langues, enseignement, culture*, Paris, INRP, 2004.

Bronner, Luc, *La loi du ghetto : Enquête sur les banlieues françaises*, Paris, Calmann-Lévy, 2010.

Brun Jacques, Rhein, Catherine (dir.), *La ségrégation dans la ville*, Paris, L'Harmattan, 1994.

Collectif (dir.), *Nous ... la cité*, Paris, Zones, 2012.

Derderian, Richard L., *North Africans in Contemporary France : Becoming Visible*, Palgrave, Macmillan, 2004.

Dhoquois, Anne, *Paroles libres de ... jeunes de banlieue*, Paris, Rularta, 2011.

Dikeç, Mustafa, *Badlands of the Republic*, Oxford, Blackwell, 2007.

Donzelot, Jacques, *Quand la ville se défait : Quelle politique face à la crise des banlieues ?*, Paris, Seuil, 2008.

Donzelot, Jacques, *La France des cités. Le chantier de la citoyenneté urbaine*, Paris, Fayard, 2013.

Égré, Pascale (dir.), *Les Gars de Villiers*, Paris, Ginkgo, 2011.

Glasze, Georg *et al.*, « "The Same But Not the Same" : The Discursive Constitution of Large Housing Estates in Germany, France, and Poland », *Urban Studies*, 33, 8, p. 1192-1211.

Hargreaves, Alec, *Immigration and Identity in Beur Fiction*, Paris, Berg, 1997.

Hargreaves, Alec, *Multiethnic France*, Londres, Routledge, 2007.

Kalinic, Anne, *L'argumentation Au Journal Télévisé : La Structuration Du Débat Sur La Crise Des Banlieues Étude comparative des chaînes TF1 et France 2*, Éditions universitaires européennes, 2012.

Kepel, Gilles, *Banlieue de la République : Société, politique et religion à Clichy-sous-Bois et Montfermeil*, Paris, Gallimard, 2012.

Kokoreff, Michel, *La force des quartiers. De la délinquance à l'engagement politique*, Payot, 2003.

Kokoreff, Michel, Lapeyronnie, Didier, *Refaire la cité*, Paris, Seuil, 2013.

Lapeyronnie, Didier, *Ghetto urbain. Ségrégation, violence, pauvreté en France aujourd'hui*, Paris, Robert Laffont, 2008.

Lapeyronnie, Didier, Cortéséro, Régis, *La Banlieue change ! : Inégalités, justice sociale et action publique dans les quartiers populaires*, Paris, Éditions de Bord de l'eau, 2012.

Laronde, Michel, *Écriture décentrée*, Paris, L'Harmattan, 1996.

Le Goaziou, Véronique, Mucchielli, Laurent (dir.), *Quand les banlieues brûlent... : retour sur les émeutes de novembre 2005*, Paris, La Découverte, 2006.

Lepoutre, David, *Cœur de banlieue codes, rites et langages*, Odile Jacob, 2001.

Marchal, Hervé, Stébé, Jean-Marc, *Les Lieux des banlieues : de Paris à Nancy, de Mumbaï à Los Angeles*, Paris, Éditions Le Cavalier Bleu, 2012.

Marlière, Éric, *Jeunes en cité : diversité des trajectoires ou destin commun ?*, Harmattan, 2005.

Moran, Matthew, *The Republic and the Riots. Exploring Urban Violence in French Suburbs 2005-2007*, Oxford, Peter Lang, 2011.

Pan Ké Shon, Jean-Louis, « The ambivalent nature of ethnic segregation in France's disadvantaged neighbourhoods », *Urban Studies*, July 2010, 47, 8, p. 1603-1623.

Paquot, Thierry, Vieillard-Baron, Hervé, Meuriot, Paul, Sellier, Henri, *Banlieues : Une anthologie*, Paris, PPUR, 2008.

Reeck, Laura, *Writerly identities in Beur Fiction and Beyond*, Lanham, Lexington Books, 2011.

Roché, Sebastian, *Le frisson de l'émeute : Violences urbaines et banlieues*, Paris, Seuil, 2006.

Rojzman, Charles, Le Goaziou, Véronique, *Les Banlieues*, Paris, Le Cavalier Bleu, 2006.

Rosello, Mireille, *Declining the Stereotype*, Hanovre et Londres, University Press of New England, 1998.

Rosello, Mireille, *France and the Maghreb : performative encounters*, Florida, University Press of Florida, 2005.

Rupnik, Jacques, de Tinguy, Anne, Serrano, Silvia, Parmentier, Florent, *Les banlieues de l'Europe : Les politiques de voisinage de l'Union européenne*, Paris, Les Presses de Sciences Po, 2007.

Sciara, Louis, *Banlieues : Pointe avancée de la clinique contemporaine*, Paris, Érès, 2011.

Simonin, Jacky, Idelson, Bernard, Ledegen, Gudrun, *Parcours d'un sociolinguiste : Banlieue Nord de Paris / La Réunion*, Paris, l'Harmattan, 2012.

Stébé, Jean-Marc, *La crise des banlieues*, Paris, PUF, 2010.

Tarr, Carrie, *Reframing Difference. Beur and banlieue filmmaking in France*, Manchester University Press, 2005.

Thomas, Dominic, *Black France*, Indiana University Press, 2006.

Turpin, Béatrice, *Discours et sémiotisation de l'espace : Les représentations de la banlieue et de sa jeunesse*, Paris, L'Harmattan, 2012.

Van Zanten, Agnès, *L'école de la périphérie : Scolarité et ségrégation en banlieue*, Paris, PUF, 2012.

Vieillard-Baron, Hervé, *Banlieues et périphéries*, Paris, Hachette, 2011.

Vincendeau, Ginette, *La Haine*, I B Tauris and Co Ltd, Ciné-file French Film Guides, 2009.

Vitali, Ilaria (dir.), *Intrangers : Post-migration et nouvelles frontières de la littérature beur*, Louvain-la-Neuve, L'Harmattan, 2011.

Vitali, Ilaria, *La nebulosa* beur, Bologne, I Libri di Emil, 2014.

Wacquant, Loïc, *Parias urbains : Ghetto, banlieues, État*, Paris, La Découverte, 2007.

Waddington, D., F. Jobard and M. King (eds.), *Rioting in the UK and France : A Comparative Analysis*, Cullompton, Willan, 2009.

Wagner, David-Alexandre, *De la Banlieue stigmatisée à la cité démystifiée*, Bern, Peter Lang, 2011.

Films

L'Esquive (Kechiche, 2003)

Intouchables (Nakache, Toldeano, 2011)

I. Les banlieues — lieux de vie

« La banlieue » : des dynamiques complexes derrière un mot trop ordinaire
Le cas de l'agglomération de Paris

Didier DESPONDS* et Pierre BERGEL**

*Université de Cergy-Pontoise et **Université de Caen

Introduction

La littérature scientifique française, de même que les médias, assimilent volontiers les « banlieues » aux grands ensembles de logements sociaux édifiés entre les années 1950 et 1970. Utilisant la figure de la métonymie[1], une telle assimilation est doublement abusive car certains de ces grands ensembles ne sont pas localisés en banlieue (cas de Marseille ou du Havre) tandis que les banlieues ne sont pas réductibles au logement social puisqu'elles sont au contraire marquées par une grande diversité.

Prenant comme objet les banlieues de l'agglomération parisienne, il s'agira, en croisant des données sociales et fiscales, de rompre avec ces facilités, de présenter une image contrastée de ces espaces et d'identifier les processus qui, depuis le début des années 1990, contribuent à y renforcer ou à y atténuer les écarts entre les profils sociaux. Les banlieues de Paris s'inscrivent au sein d'un système urbain en permanente évolution, résultant des flux de plus en plus intenses : flux résidentiels socialement différenciés, mobilités domicile-travail, flux d'entreprises se réorganisant spatialement, flux de migrations nationales ou étrangères, flux d'investissements contribuant à la transformation de la ville sur elle-même.

Si le terme de « banlieue » est souvent utilisé dans le langage courant avec des connotations négatives, sa définition rigoureuse pose davantage

---

[1] La **métonymie** est une figure de rhétorique qui consiste à nommer un objet par le nom d'un autre ; par exemple en prenant le tout pour la partie ou, inversement, la partie pour le tout. C'est ce second cas qui s'applique lorsque le terme global de « banlieue » sert à nommer une partie spécifique de celle-ci : les grands ensembles de logements sociaux. On parle alors de **synecdoque**, cette dernière figure étant considérée comme une forme particulière de métonymie.

de problèmes. Les banlieues sont en effet constituées par différentes sortes d'espaces entourant les villes, qui peuvent abriter des fonctions très variées : résidences, activités, services, infrastructures. Sur le plan des paysages et de la morphologie, ces espaces sont également très variés : logements individuels ou collectifs de différentes hauteurs, emprises industrielles, triages ferroviaires, nœuds autoroutiers, etc. En 1954, l'Insee a pris acte de cette variété en adoptant une définition large de la banlieue. Cette dernière est considérée comme un espace d'intervalle entre la ville et l'espace rural, correspondant à l'ensemble des communes de l'agglomération, moins la ville centre. Il s'agit donc d'une interprétation soustractive basée sur la morphologie, ce qui pose mécaniquement la question des limites à prendre en compte (Vieillard-Baron, 2011). En dépit de leur diversité, les banlieues sont toutefois caractérisées par un lien de dépendance à la ville, ce qu'exprime l'étymologie. Issu du Moyen Âge, le mot « banlieue » signifie le *ban* (c'est-à-dire le pouvoir) que les autorités urbaines exercent sur la périphérie, ce dernier étant classiquement étendu sur une lieue (soit environ quatre kilomètres) à partir des limites extérieures de la ville. Si le périmètre bâti de l'agglomération peut être défini avec des règles précises, l'influence exercée par la ville-centre est plus complexe à déterminer et elle peut s'exercer sur une superficie bien plus vaste que celle de la banlieue. Afin de ne pas se disperser dans des définitions aléatoires, ce chapitre se référera à la définition officielle de l'Insee : les cartes présenteront donc l'agglomération parisienne en ne fournissant aucune indication sur la ville-centre : Paris. Afin de simplifier la lisibilité, les limites départementales ont été supprimées, ce choix cartographique anticipant sur la disparition des départements de la première couronne francilienne du fait de la mise en place de la Métropole du Grand Paris, nouvelle intercommunalité définie par la loi du 27 janvier 2014 dont la création est prévue pour le 1er janvier 2016.

1) À la recherche de « la » banlieue parisienne

Si l'on considère l'agglomération de Paris, telle que définie par l'Insee en 1999[2] (voir graphique 1), la population rattachée à des communes de banlieue était de 5,77 millions en 1968 et de 7,22 millions en 2006, soit respectivement 67,6 % et 70,8 % du total de l'agglomération. Devraient par ailleurs être ajoutées les populations résidant dans l'une des cinq villes nouvelles franciliennes (Desponds, 2012), soit 0,18 million en 1968 et 0,80 en 2006. Planifiées par l'État dans les années en 1965 afin de développer des pôles périphériques concentrant logements et emplois et d'enrayer la croissance « en tache d'huile » de l'agglomération parisienne, elles

---

[2] Les cartes présentées ultérieurement se référeront à une définition légèrement différente, celle de 2010, quelques communes ayant été ajoutées à l'agglomération.

« La banlieue » : des dynamiques complexes derrière un mot trop ordinaire

présentent des spécificités en matière de flux, de mobilités ou de croissance économique qui limitent leur dépendance vis-à-vis de la ville-centre ou, du moins, posent la question de la dépendance en des termes spécifiques.

Graphique 1 : Évolutions démographiques à Paris, dans les communes de banlieue hors villes nouvelles, dans les villes nouvelles, dans les communes franciliennes extérieures à l'agglomération de Paris (définition de 1999).

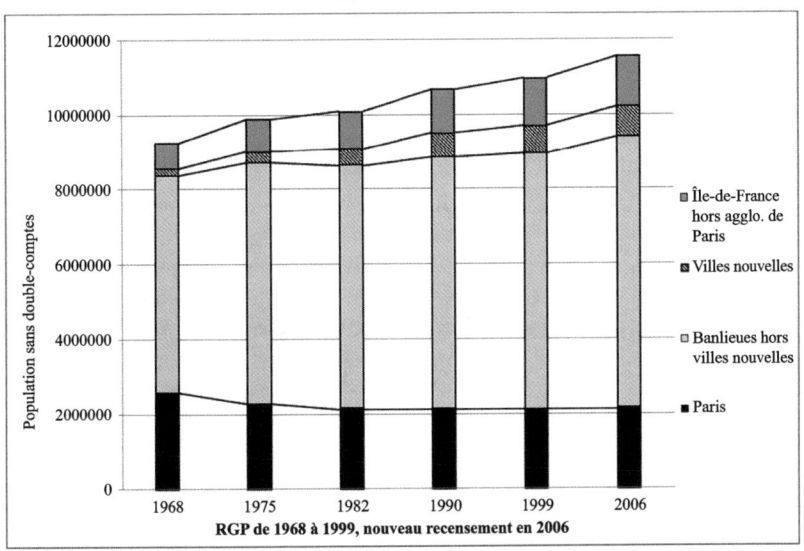

Source : Insee.

Si les soldes migratoires des communes de la banlieue proche ont longtemps été négatifs, à l'instar de celui de la ville de Paris (Berger, 2004), on constate néanmoins une légère augmentation de la part relative prise par la banlieue au sein de l'agglomération (hors villes nouvelles). Sur le plan qualitatif, il en résulte une grande diversité des populations et des types d'organisation spatiale. Appréhender la banlieue parisienne comme une entité homogène, engagée dans une dynamique unique, s'apparente donc à une illusion : la banlieue ne peut se comprendre selon une logique simpliste, par exemple exprimée par un gradient centre-périphérie.

2) Les discours associés aux banlieues parisiennes : des métonymies spatiales et politiques

Les communes de la banlieue parisienne résultent d'un découpage administratif de 1859 portant les limites de la ville-centre au pied du glacis des fortifications de Thiers. Depuis, les espaces situés au-delà de cette limite ont connu de multiples transformations : développement industriel, croissance démographique résultant de l'attractivité exercée par la capitale, urbanisation spontanée et tentatives de planification durant l'entre-deux-guerres (Fourcaut, 2000). Les représentations de la banlieue sont ainsi usuellement associées à une forme d'anarchie, à une absence d'organisation.

Pourtant, au-delà de ces images, il est possible de dégager des logiques et des lignes de force. Politiquement, la banlieue correspond à l'implantation du PCF (Parti communiste français) qui a exercé le pouvoir local dans de nombreuses communes, excepté celles de l'Ouest parisien, entre les années 1930 et les années 1980. Cette « banlieue rouge » s'est progressivement délitée sous les effets conjugués de la désindustrialisation et des transformations sociales (Guglielmo, 1986).

La banlieue parisienne est également structurée par l'implantation des grands ensembles d'habitat social (Dufaux et Fourcaut, 2004 ; Tellier, 2007). Construits dans l'urgence de la pénurie de logements et sous la pression démographique de l'après-guerre, ils ont été, pour des raisons de disponibilités foncières, fréquemment implantés en périphérie, leur acceptation politique ayant été plus facile dans des communes alors dirigées par le PCF (Masclet, 2005). S'il en résulte des héritages en termes de localisation, il est aisé de constater (voir carte 1) que de forts contrastes continuent d'exister, en dépit de la loi SRU (Solidarité et Renouvellement urbains) du 13 décembre 2000, qui fixe comme objectif une distribution moins hétérogène du parc social entre les communes de plus de 1 500 habitants en région Île-de-France (Desponds, 2010, 2014). De ce fait, les grands ensembles constituent un indéniable marqueur de différenciation sociospatiale pour la banlieue parisienne.

Depuis les années 1980, ces grands ensembles constituent un emblème des dysfonctionnements urbains (Peillon, 2001) et ils se trouvent au cœur des dispositifs mis en place par la puissance publique en vue de résoudre le « problème des banlieues », qu'il s'agisse des opérations de renouvellement urbain : GPU (Grands Projets Urbains) de 1991, GPV (Grands Projets de Ville) de 1999 ou, à partir de 2004, opérations de rénovation coordonnées par l'ANRU (Agence nationale pour la rénovation urbaine). Simultanément, les périmètres concentrant les plus grandes difficultés sociales (chômage, déscolarisation, etc.) ainsi qu'une forte concentration de grands ensembles et d'habitats dégradés ont été identifiés comme des zones urbaines sensibles (ZUS) par une loi de 1996[3]. Les bilans annuels réalisés par l'ONZUS (Observatoire national des zones urbaines sensibles), construits à partir d'indicateurs variés, sont censés mesurer l'efficacité des politiques de discrimination positive

---

[3] Loi 96-987 du 14 novembre 1996 dite « Pacte de Relance pour la Ville ».

territoriale mises en œuvre sur ces ZUS. Leurs résultats demeurent toutefois très contrastés (Bergel, Foucher, Rouault et Thomas, 2007 ; Musiedlak, 2011).

Si la banlieue parisienne ne se résume pas aux grands ensembles, ceux-ci ont été progressivement imposés comme une figure métonymique. Les décideurs politiques ont leur part de responsabilité dans un tel glissement, qu'ils appartiennent à un bord ou à un autre de l'échiquier politique. Initiée sous le septennat présidentiel de Valéry Giscard d'Estaing (1974-1981), la politique de la ville est ensuite portée par la gauche, lors du mandat législatif qui court de 1981 à 1986. Dans chacun des deux cas, cette politique « de la ville » est censée concerner l'intégralité des espaces et des populations urbaines. Elle se réduit en fait à une politique des banlieues déclarées « sensibles », soit les communes simultanément caractérisées par une forte importance du parc social et par une proportion élevée de populations étrangères (Chevallier, 2005). Lorsque Jacques Chirac lance en 1995 l'idée d'un « plan Marshall des banlieues » ou quand Fadela Amara, secrétaire d'État chargée de la Politique de la Ville, engage en 2008 le « Plan Espoir Banlieues », sont également concernées les communes les plus défavorisées et les plus marquées par l'immigration étrangère, alors qu'elles ne représentent qu'une faible part des communes de banlieue. Cette confusion dans la dénomination est coutumière des milieux médiatiques pour lesquels « banlieue » rime avec problèmes sociaux et débats sur l'immigration. Corollairement, ce terme appelle de manière systématique des connotations péjoratives ou dévalorisantes. Compatissantes dans le meilleur des cas.

Les questions touchant au logement social (voir carte 1) et celles concernant l'immigration (voir carte 3) convergent toutefois de manière objective à partir de la fin des années 1970, lorsque la droite libérale accorde aux travailleurs immigrés, majoritairement masculins, la possibilité du regroupement familial. Rendant possible la venue en France des épouses et des enfants, cette mesure ouvre à ces populations l'accès au parc social, particulièrement dans les banlieues parisiennes, lyonnaises et marseillaises. Progressiste sur le plan social, humaniste sur le plan privé, cette mesure a toutefois pour effet de cristalliser le fantasme d'une immigration incontrôlée, attirée par les prestations sociales d'un État-providence déjà en perte de vitesse (Bachmann et Le Guennec, 2002). Cette critique est portée par différents secteurs de la droite parlementaire mais elle devient rapidement l'apanage d'une extrême droite en pleine renaissance. Ayant réussi à fédérer des groupuscules jusque-là éclatés, Jean-Marie Le Pen construit le Front national sur le thème de « l'immigration-invasion », ce qui lui permet de capitaliser ses premiers succès électoraux au début des années 1980. Métonymie spatiale, les grands ensembles de banlieue se chargent alors d'une nouvelle signification au tournant des années 1980.

Peuplés de populations étrangères et de leurs descendants de nationalité française, ils incarnent désormais la métonymie politique d'une société française qui ne parvient pas à assumer son passé colonial ainsi que les conséquences que cette histoire implique (Stora, 2005 ; Blanchard, Bancel et Lemaire, 2005).

Carte 1 : Taux de logements sociaux dans les communes de l'agglomération parisienne (hors Paris) en 2001 et en 2007.

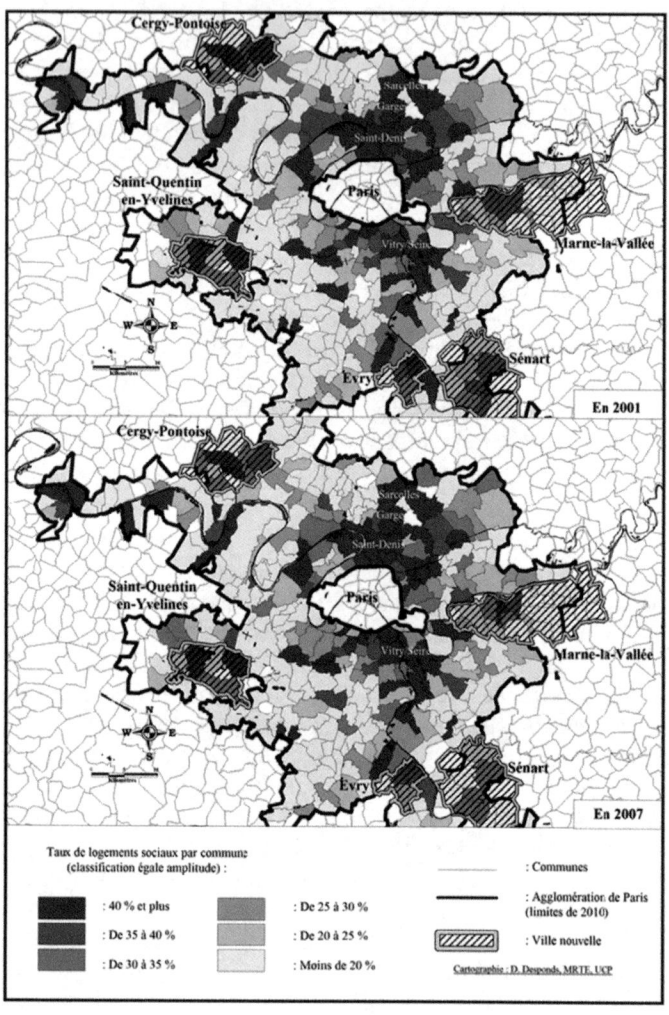

Sources : DGUHC (pour le parc social) et DGI fichiers Filocom (pour les résidences principales).

3) La géographie sociale comme un remède aux métonymies abusives

La banlieue française, particulièrement la banlieue parisienne, est ainsi en proie à des jeux métonymiques qui renvoient aux spasmes récents de l'histoire politique française, particulièrement à la phase de décolonisation des années 1950 et 1960. Pour rompre avec ces réductions et afin d'objectiver des contrastes et des dynamiques sociospatiales par ailleurs bien réels, il importe de mobiliser des données et de les interpréter. Celles qui sont exploitées dans le cadre de ce chapitre proviennent de la statistique publique : il s'agit des recensements généraux de population de l'Insee puis, depuis 2004, des nouveaux recensements s'appuyant sur des sondages annuels. Pour les données fiscales, la DGI (Direction générale des impôts) rend accessible, tous les deux ans et à certaines conditions, les fichiers Filocom (Fichier des logements par communes). Les informations sur le parc locatif social proviennent quant à elles de la DGUHC (Direction générale de l'urbanisme, de l'habitat et de la construction). Les cartes qui en résultent ne prétendent pas à l'exhaustivité mais elles permettent de prendre la mesure des dynamiques complexes qui affectent la banlieue parisienne.

Outre la relation abusivement établie entre banlieue et grands ensembles, celle qui lie banlieue et paupérisation fait également partie des figures imposées. Dans un cas comme dans l'autre, la banlieue ne peut se résumer à de telles simplifications. Pour le second, la répartition des catégories sociales indique au contraire une part croissante prise par les CPIS (Cadres et Professions intellectuelles supérieures) dans les populations communales, simultanément à un affaiblissement des catégories populaires (soit les PCS regroupant les employés et les ouvriers). Les premiers représentaient en 1999, 18,5 % de la population active de la banlieue telle que définie précédemment (ouvriers : 19,7 %). En 2006, les taux sont respectivement de 22,3 et de 17 %.

De telles évolutions résultent de l'attraction exercée par l'ensemble de l'agglomération parisienne sur les catégories aisées, en relation avec un marché de l'emploi et un marché de l'immobilier tous deux spécifiques. La désindustrialisation en cours, en première couronne comme dans la vallée de la Seine, contribue par ailleurs à faire chuter la part des ouvriers. La distribution spatiale de l'ensemble des catégories socioprofessionnelles n'est donc pas homogène, les données fiscales en fournissant une indication indirecte. Reflet de la pyramide sociale, les données fiscales ont toutefois pour avantage d'inclure l'ensemble des ménages, y compris les ménages retraités, dont la proportion a récemment augmenté du fait du vieillissement de la population. Ces ménages, particulièrement lorsqu'ils sont issus de l'immigration, sont moins imposés que les ménages d'actifs ayant récemment emménagé, aux revenus généralement supérieurs (Clerval, 2013). Les données fiscales ont donc pour effet de réduire le biais attaché à l'examen exclusif des populations actives.

Si la comparaison terme à terme des années 2001 et 2007 (carte 2) n'est pas totalement pertinente en raison d'une modification dans le mode de calcul de l'impôt, il est néanmoins possible de distinguer les principaux contrastes : les communes de l'Ouest parisien se caractérisent par une faible proportion de ménages non imposés alors que cette dernière est fréquemment supérieure à 50 % dans les communes proches de Paris et situées au nord ou au nord-est. La mise en relation des données fiscales avec la géographie des CPIS montre une forte corrélation négative[4] (plus les CPIS sont présentes, plus la part des non imposés diminue), inversement dans le cas des ouvriers. L'hypothèse d'une corrélation similaire pourrait également être mise en évidence si était pris en compte le taux de chômage par communes (voir carte 4). La banlieue parisienne ne se résume donc pas à la précarité sociale, pas plus qu'elle ne correspond à la présence des grands ensembles. Si les contrastes sociaux y sont particulièrement marqués, les populations les plus ségréguées ne sont pas les catégories populaires mais, davantage, certaines catégories aisées (Préteceille, 2001, 2006) dans une logique qu'on pourrait qualifier de sécessionniste (Jaillet, Perrin et Ménard, 2008).

L'arrivée de populations provenant d'horizons multiples constitue un point commun à l'ensemble des métropoles mondiales. Paris et ses banlieues s'inscrivent dans cette logique en accueillant un nombre important d'étrangers ou d'immigrés. S'agissant de la présence des populations de nationalité étrangère ou issues de l'immigration, les données statistiques révèlent également de profondes nuances (voir carte 3), même si les données disponibles ne sont qu'incomplètement satisfaisantes. Il est d'abord nécessaire de rappeler que la catégorie des populations étrangères ne coïncide pas avec celle des populations immigrées. Chaque année, une partie des migrants internationaux peut en effet acquérir la nationalité française et, de ce fait, ne plus être comptabilisée dans la catégorie des étrangers. Inversement, des populations immigrées peuvent être détentrices de la nationalité française, par exemple celles qui sont issues des départements et des régions d'outre-mer. Par ailleurs, les populations étrangères résidant en France peuvent difficilement être analysées de façon fine. Considérant

---

[4] Si l'on prend en compte le taux d'actifs CPIS en 1999 et le taux de ménages non imposés en 2001, le coefficient de corrélation est de -0,7225 pour les communes de la banlieue parisienne tandis que le coefficient de détermination s'élève à 0,522. Avec les données du recensement de 2006 pour les CPIS et les données fiscales de 2007 pour les ménages non imposés, les valeurs restent voisines : -0,7213 pour le coefficient de corrélation et 0,520 pour le coefficient de détermination.

cette variable comme une donnée « sensible », l'Insee ne fournit pas de détails sur les nationalités, même si ces informations sont recueillies lors des opérations de recensement. En dépit des restrictions concernant la précision des données, la carte 3 montre le faible nombre des communes où les populations étrangères sont surreprésentées (plus de 25 % de la population communale totale). Concentrées au début des années 2000 sur un axe nord-sud entre Saint-Denis et Sarcelles, ces implantations tendent toutefois à s'élargir à partir des ancrages initiaux (Desponds et Bergel, 2013-b).

Carte 2 : Profil fiscal des communes de l'agglomération parisienne (hors Paris) : taux de ménages non imposés à l'impôt sur le revenu en 2001 et en 2007.

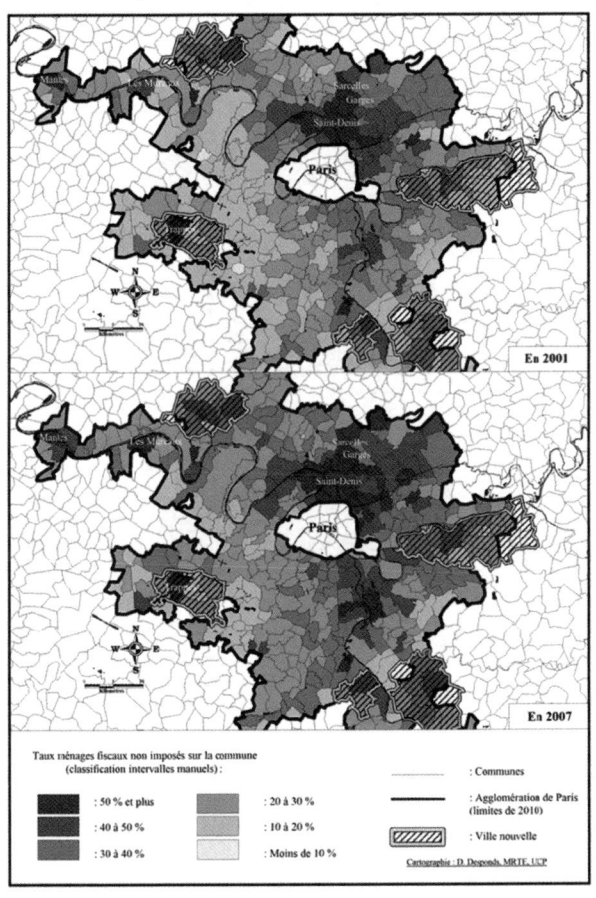

Source : DGI, fichiers Filocom.

Carte 3 : Profil des communes de l'agglomération parisienne (hors Paris) selon la nationalité : taux de personnes étrangères en 2009.

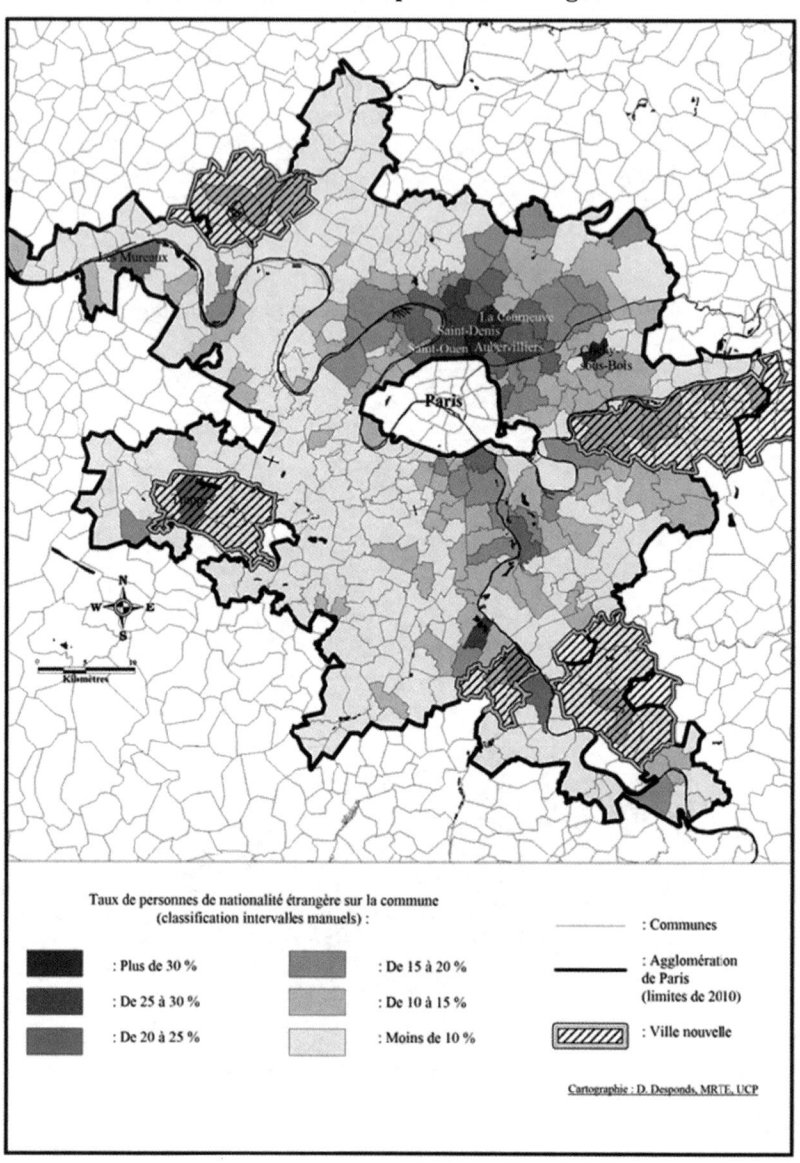

Source : Insee, nouveau recensement 2009.

4) Des métonymies alarmistes qui contribuent à masquer les enjeux

Alors que la banlieue parisienne est un espace complexe, qui ne peut être appréhendé de manière unilatérale par des critères simples, elle se trouve souvent réduite à des discours alarmistes portant sur l'échec des politiques d'intégration, sur l'enkystement des poches de pauvreté, sur le développement de soi-disant « zones de non-droit », sur la pénurie d'emplois et sur la menace de nouvelles émeutes urbaines. Ces problèmes existent, ils ont contribué à structurer les politiques urbaines concernant des périmètres où se concentrent les plus fortes difficultés (Donzelot, 2006). Il serait toutefois hasardeux d'occulter les dynamiques générées par le système urbain global auxquelles appartiennent aussi ces différentes banlieues parisiennes (Guilluy, 2010).

L'ensemble de l'agglomération est tout d'abord concerné par de fortes mobilités résidentielles qui contribuent à modifier le profil social des communes (Berger, 2011). Le renforcement du poids des CPIS et le renchérissement des prix de l'immobilier à l'intérieur de Paris conduisent ces « élites » à investir de nouveaux espaces. Le processus a été identifié dans des communes de l'ouest proche de Paris (Levallois-Perret, Issy-les-Moulineaux, etc.) mais il concerne également certaines communes localisées en Seine-Saint-Denis (Desponds et Bergel, 2013-a), département pourtant connu pour ses difficultés sociales et ses taux élevés de logements sociaux. Inscrire les espaces de la banlieue dans le temps permet d'identifier les mouvements qui les affectent et les transforment : la banlieue parisienne ne se situe pas en marge de ces dynamiques même si, aux échelles locales, les différentes portions de l'espace banlieusard se trouvent inégalement impliquées.

Le second aspect à prendre en compte concerne l'emploi. Une explication « pleine de bon sens » suggérerait que les taux de chômage élevés enregistrés par certaines communes de banlieue pourraient résulter d'une pénurie d'emplois locaux. Or, si la proche banlieue a perdu de nombreux emplois dans les années 1970-1980, en raison d'une désindustrialisation laissant en héritage de nombreuses friches industrielles, des gains nets ont ensuite été enregistrés, pas seulement sur le pôle tertiaire de La Défense ou sur la zone aéroportuaire de Roissy (voir carte 4). Bien sûr, ces nouveaux emplois n'ont pas les mêmes profils que ceux antérieurement disparus, révélant une mutation économique toujours en cours. La Plaine Saint-Denis est emblématique à cet égard, les entreprises de l'audiovisuel s'étant, entre autres, substituées aux anciennes industries métallurgiques.

Le département de la Seine-Saint-Denis se trouve donc confronté à un paradoxe. Enregistrant de nombreuses créations d'emplois (Saint-Denis, Aubervilliers, Montreuil), il concentre aussi les taux de chômage les plus élevés de l'agglomération. Une telle situation ne peut uniquement s'expliquer par un accès difficile aux emplois dans une logique de « spatial mismatch » (Gobillon, Selod et Zenou, 2007). Elle doit surtout prendre en compte l'inadéquation entre une main-d'œuvre locale peu qualifiée et les caractéristiques de l'offre, dans une logique de « skill mismatch » (L'Horty et Sari, 2012). Il en résulte d'intenses mobilités domicile-travail, qui ne sont plus structurées de façon exclusivement radiale. Révélatrices, ces mobilités posent à la fois la question de l'inadaptation des réseaux de transport et celle de la formation continue de populations actives faiblement qualifiées et faiblement diplômées.

Carte 4 : Taux de chômage des populations actives communales de l'agglomération parisienne (2006, hors Paris) et solde net d'emplois entre 1999 et 2006.

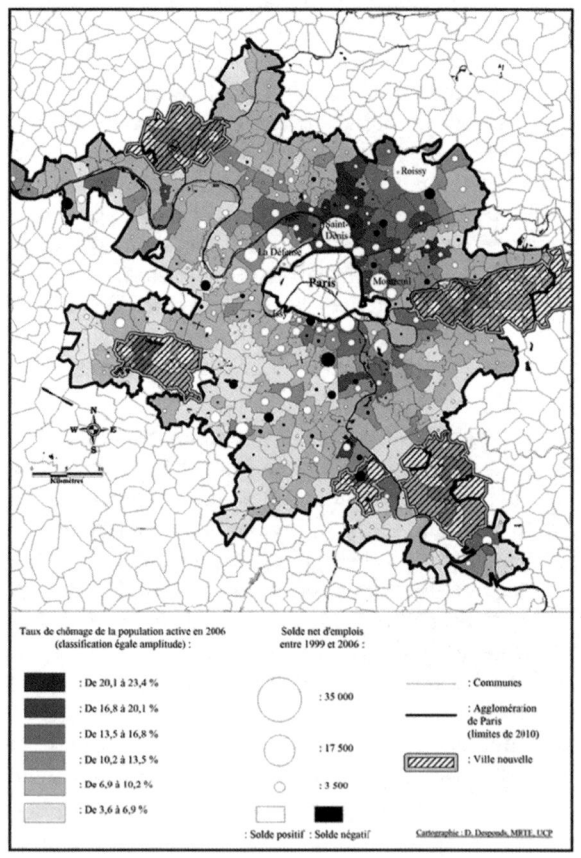

Source : Insee, RGP 1999 et nouveau recensement 2006.

Conclusion. Derrière les métonymies : banlieue-ghetto ou *ethnoburb* ?

Nommée et pensée de façon restrictive, « la » banlieue parisienne est diverse, spatialement et socialement. Ceci ne doit guère surprendre quand sa population regroupe plus de trois fois la population de la ville centre : 7,22 millions pour la banlieue hors villes nouvelles, à comparer aux 2,18 millions de Paris intra-muros (2006). Logiquement, les espaces de la banlieue offrent une palette diversifiée de situations, sur le plan social comme sur celui de la morphologie urbaine, démentant les discours simplistes qui leur sont fréquemment associés.

Bien qu'elle offre une complexité de situations socio-économiques, la banlieue parisienne est trop souvent réduite à la double métonymie de l'immigration et du grand ensemble de logements sociaux. Cette géographie, parfois fantasmée, renvoie à des attendus qui ne sont pas géographiques. Dépourvus d'un discours propre, ces espaces sont devenus les emblèmes des non-dits d'une décolonisation française particulièrement douloureuse. Se télescopant avec les nostalgies liées à la fin des Trente Glorieuses et à l'essoufflement de l'État-providence, les espaces de la banlieue incarnent plus qu'ils n'expliquent une part des blocages de la société française vis-à-vis des mutations récentes. Le recours à une géographie sociale à la fois lucide et apaisante constitue donc un enjeu d'importance. Rompant avec les métonymies abusives, s'appuyant sur des analyses rigoureuses, elle contribue à enrichir le débat, autant qu'à calmer des inquiétudes irraisonnées.

Pour ce faire, il est nécessaire de ne pas limiter les espaces de la banlieue à leur position instantanée au sein du système métropolitain mais de les inscrire dans des dynamiques de longue durée où s'entremêlent réorganisations économiques, politiques d'aménagement, jeux sociaux. Quand la ville-centre se trouve de plus en plus contrainte par des règles d'urbanisme conduisant à la muséification, les banlieues parisiennes recèlent de multiples atouts qu'il est indispensable d'identifier et de valoriser. Ceux-ci sont économiques, avec les mutations de friches industrielles en de nouvelles zones d'activités. Ils sont également socioculturels, avec des formes de cosmopolitisme en train de s'inventer sous nos yeux. Dans des espaces connectés sur le monde par les migrations et au gré des allers-retours entre pays d'origine et pays de résidence, des étrangers s'installent dans les banlieues parisiennes pour y résider mais, aussi, pour y développer de nouvelles activités économiques susceptibles de profiter à l'ensemble de la société urbaine. À rebours des clichés sur les « cités-ghettos » et les « immigrés assistés », peut-être est-il temps d'acclimater en France la notion d'*ethnoburb*, qui vise à rendre compte des externalités positives générées par l'arrivée des migrants (Li, 2009 ; Desponds et Bergel, 2013-b)⁵.

Investir les banlieues, investir dans les banlieues peut donc constituer une chance pour une agglomération parisienne que tous les dirigeants politiques aspirent à confirmer au rang de métropole mondiale, ainsi qu'en témoigne le projet de Grand Paris lancé en 2008. À cette échelle, le devenir de la région urbaine parisienne ne résultera pas uniquement du rayonnement de la ville centre mais également des opportunités offertes par ses banlieues. Si l'on se concentre sur les portions les plus marginalisées de ces espaces, il semble urgent de rompre avec le vocabulaire issu du monde médical, pointant des symptômes ou autres « déviations ». Contrairement aux présupposés de la politique de la ville, ces espaces ne peuvent être appréhendés à la seule échelle locale car ils s'inscrivent dans les dynamiques globales de l'agglomération, à laquelle ils appartiennent totalement. Quant aux populations qui y résident, elles ne peuvent être perçues sous le seul angle de la victimisation du fait de leur position sociale défavorisée. Ces populations sont aussi en mesure de s'appuyer sur le capital social qu'elles détiennent, en lien avec leur parcours migratoire, leur plurilinguisme ou les liens qu'elles conservent avec leur société d'origine. Elles peuvent aussi s'appuyer sur les atouts spécifiques offerts par une grande agglomération afin d'y construire leurs propres chemins et apporter leur part à la dynamique métropolitaine.

Bibliographie

Clerval A. (2013), *Paris sans le peuple. La gentrification de la capitale*, Paris, La Découverte.

Bachmann C. et Le Guennec N. (2002), *Violences urbaines. Ascension et chute des classes moyennes à travers cinquante ans de politique de la ville*, Paris, Hachette, Coll. Pluriel.

Bergel P., Foucher S., Rouault R. et Thomas O. (2007), *Évaluation du contrat de ville de l'agglomération caennaise 2000-2006*, Mission menée par l'UMR CNRS ESO 6590 pour le compte de la préfecture du Calvados, Rapport final, Caen, janvier 2007.

Berger M. (2004), *Les périurbains de Paris*, Paris, CNRS éditions.

Berger M. (2011), « La mobilités des ménages accélère le changement social en Île-de-France », *à la page*, n° 364, IAURIF.

Blanchard P., Bancel N. et Memaire S., *La fracture coloniale. La société française au prisme de l'héritage colonial*, Paris, La Découverte, Coll. Cahiers Libres.

---

5 Selon Wei Li, les *ethnoburbs* (contraction pour *ethnic suburbias*) sont constituées par des populations d'immigrants plus ou moins récentes, auto-organisées à l'échelle locale et simultanément reliées aux courants de la mondialisation économique.

Chevallier G. (2005), *Sociologie critique de la politique de la ville*, Paris, L'Harmattan.

Desponds D. (2014), « L'inégale répartition des logements sociaux : un facteur d'injustice spatiale. Effets de la loi SRU (décembre 2000) dans l'agglomération parisienne », in Guinand S. et Da Cunha A. (dir.), *Penser et produire la ville au XXIe Siècle. Modernisation écologique, qualité urbaine et justice spatiale*, Lausanne, Presses polytechniques et universitaires romandes, Coll. Espace en société, p. 157-177.

Desponds D. et Bergel P. (2013-a), « Transactions immobilières et substitutions socio-résidentielles en Seine-Saint-Denis », *L'Espace géographique*, t. 42, n° 2, p. 115-127.

Desponds D. et Bergel P. (2013-b), « Vers une ethnoburb à la française : ancrages et diffusions des acquéreurs étrangers dans trois départements franciliens », in *Espaces & Sociétés*, n° 154, *Minorités, métropoles et mondialisation*.

Desponds.D. (2012), « Les villes nouvelles de l'agglomération parisienne et les enjeux de la polycentralité », in Duanmu Mei et Hugues Tertrais (dir.), *Espaces croisés*, Paris, Éditions de la Maison des sciences de l'homme, p. 281-296.

Desponds D. (2010), « Les effets paradoxaux de la loi SRU sur le profil des acquéreurs de biens immobiliers. Étude portant sur trois départements d'Île-de-France », *Espaces & Sociétés*, n° 140-141, *Paradoxes de la mixité sociale*, p. 37-58.

Donzelot J. (2006), *Quand la ville se défait. Quelle politique face à la crise des banlieues ?*, Paris, Seuil.

Dufaux F. et Fourcaut A. (2004), *Le monde des grands ensembles*, Paris, Creaphis.

Espaces et Sociétés (2010), *Paradoxes de la mixité sociale*, n° 140-141.

Fourcaut A. (2000), *La banlieue en morceaux. La crise des lotissements défectueux en France dans l'entre-deux-guerres*, préface d'Antoine Prost, Paris, Créaphis.

Guilluy C. (2010), *Fractures françaises*, François Bourin éditeur, Paris, 194 p.

Gobillon L., Selod H. et Zenou Y. (2007), « The Mechanisms of Spatial Mismatch », *Urban Studies*, 44 (12), p. 2401-2427.

Guglielmo R. (1986), « Les grands ensembles et la politique », *Hérodote*, n° 43 *Après les banlieues rouges*, p. 39-74.

Jaillet M.-C., Perrin E. et Ménard F. (2008), *Diversité sociale, ségrégation urbaine, mixité*, Coll. Recherche du PUCA n° 180, CERTU, Grande Arche de la Défense.

L'Horty Y. et Sari F. (2012), *Pourquoi tant de chômeurs à Paris ?*, TEPP – Travail, Emploi et Politiques Publiques n° 2011-11 – FR CNRS 3126, version 1, 24-10-2012.

Li W. (2009), *Ethnoburb : The New Ethnic Community in Urban America*, Honolulu, University of Hawaii Press.

Masclet O. (2005), « Du bastion au ghetto. Le communisme municipal en butte à l'immigration », *Actes de la recherche en sciences sociales* 2005/4 (n° 159), p. 10-25.

Musiedlak Y. (2011), « Les ZUS franciliennes, un paysage contrasté », Insee Île-de-France, *Alapage* n° 356, mai 2011.

Peillon P. (2001), *Utopie et désordre urbains. Essais sur les grands ensembles d'habitation*, La Tour-d'Aigues, Éditions de l'Aube.

Préteceille E. (2006), « La ségrégation sociale a-t-elle augmenté ? La métropole parisienne entre polarisation et mixité », in *Sociétés contemporaines* n° 62, p. 69-94

Préteceille E. (2001), *Les transformations de la ségrégation sociale en Île-de-France 1982-90*, Paris, Cultures et sociétés urbaines.

Stora B. (2005), *La gangrène et l'oubli. La mémoire de la guerre d'Algérie*, Paris, La Découverte, Coll. Poche-essais.

Tellier T. (2007), *Le temps des HLM 1945-1975. La saga urbaine des Trente Glorieuses*, Paris, Autrement « Mémoires / Cultures ».

Vieillard-Baron H. (2011), *Banlieues et périphéries, des singularités françaises aux réalités mondiales*, Paris, Hachette supérieur, Coll. Carré Géographie.

Le droit à la cité

Attachement au quartier stigmatisé dans deux cités du sud de la France

Paul KIRKNESS

Département de Géographie, The University of Edinburgh

Introduction

Le 10 février 2010, l'émission *Appel d'Urgence* diffusée sur TF1 s'intitule « Nîmes : Flics sous haute tension et jeunes délinquants prêts à tout ». Dans l'introduction qui précède le document télévisé, la présentatrice Carole Rousseau prononce les mots suivants :

> Pour beaucoup, Nîmes c'est d'abord les fameuses *férias*. [...] Pour les 400 policiers de la cité gardoise, c'est aussi une ville sous haute tension. Car ce que l'on sait moins, c'est que Nîmes partage avec la ville de Cannes, la première place au hit-parade du plus haut taux de délinquance. Agressions, cambriolages, trafics de drogues, incivilités : Nîmes illustre tous les maux qui font régulièrement l'actualité. Cette délinquance sévit principalement dans les quartiers sensibles de la ville mais touche aussi désormais le centre-ville et les petites communes périphériques.

Ce discours de contagion sous-entend que les quartiers sensibles seraient responsables de la violence qui sévit dans le reste de la ville, et même au-delà de ses frontières. Le spectateur est ensuite transporté, avec une musique de rap en fond sonore, vers une vision aérienne des fameux quartiers sensibles de Nîmes. On aperçoit alors Valdegour et Pissevin, les deux Zones urbaines sensibles (ZUS) qui font l'objet de ce chapitre. Le commentateur poursuit : « Nîmes, son quartier historique, mais aussi ses zones sensibles. » La caméra emprunte ensuite un bref parcours motorisé parmi les tours et les barres de ces cités. Puis, un dirigeant de la BAC apparaît pour décrire la délinquance locale : « C'est du *Scarface* ! C'est du Tony Montana ! Il n'y a pas de loi à part la leur ! »

Ce « documentaire » a été sévèrement critiqué, notamment par le sociologue Laurent Mucchielli (2010). Ce type de représentation a des répercussions à long terme et perpétue la stigmatisation qui affecte de nombreux quartiers français et leurs résidents. Le concept de stigmatisation territoriale provient principalement de la pensée de Loïc Wacquant (2007) qui lui-même ajoute cette forme de stigmate à la liste dressée par Erving Goffman dans son livre phare sur le sujet (Goffman, 1963)[1]. Wacquant tente de comprendre les origines et les conséquences du phénomène de stigmatisation territoriale qu'il rencontre au cours des recherches qu'il a menées à La Courneuve au début des années 1990. Le concept relie la réputation d'un quartier à son lieu géographique ainsi qu'à son histoire et à la structure des types de logement. Pour Wacquant, l'État néolibéral est en grande partie responsable de la stigmatisation territoriale qui affecte un certain nombre de quartiers urbains, puisqu'il est producteur d'un nouveau régime de marginalité urbaine et de « précariat » depuis l'avènement de la période postfordiste dans laquelle nous évoluons (Wacquant 2009 ; 2012).

Suzanne Hall explique que les stigmates opèrent de façon à la fois réflective et prédictive : C'est-à-dire qu'ils perpétuent une réputation acquise au cours du temps, et « qu'ils projettent cette réputation au présent et dans le futur, sous la forme de représentations durables des personnes et de l'espace » (Hall, 2012 : 47)[2]. La distance géographique qui sépare certains quartiers stigmatisés des « centres-villes » français est bien souvent limitée. Le fait même de parler de « centre » reproduit d'ailleurs une séparation psychologique avec des « périphéries » qui restent imaginées plus qu'elles ne sont inscrites dans aucune réalité administrative. Quoi qu'il en soit, les frontières symboliques existent bien et elles reproduisent le cercle vicieux de la stigmatisation territoriale (Begag, 2002). Les distances sont bien plus grandes lorsque l'on considère les caractéristiques économiques et sociales des résidents de ces quartiers populaires comparées à celles des habitants du « centre-ville ». Pour exemple, 56 % des habitants de Valdegour vivraient sous la barre de pauvreté (Zappi, 2013). Bien que cette statistique reste particulièrement élevée, reste que nombre de quartiers populaires français ont des taux d'inactivité qui s'en rapprochent (ONZUS, 2013). La stigmatisation territoriale ne fait qu'accentuer ces différences tout en rendant les résidents de ces quartiers responsables de leurs propres conditions de vie aux yeux du reste de la ville. L'accroissement des mesures sécuritaires qui sont désormais déployées dans ces quartiers n'arrange pas les choses

---

[1] Les trois formes de stigmates soulignées par Goffman sont « les monstruosités du corps », les « tares du caractère » et les « stigmates tribaux que sont la race, la nationalité et la religion qui peuvent se transmettre de génération en génération » (Goffman, 1963 : 15).

[2] Traduit de l'anglais par l'auteur, comme tous les textes cités qui apparaissent en anglais dans la bibliographie.

(Wacquant, 2008a). Alors que les quartiers d'habitat social ont un jour été considérés comme des espaces « en danger », ils sont aujourd'hui considérés comme des « espaces dangereux » (Dikeç, 2007).

Ce chapitre a pour but d'insister sur les attachements territoriaux dont font preuve un grand nombre de résidents de Valdegour et de Pissevin. Pour cela, le chapitre s'appuie sur un peu plus de dix-huit mois de recherche ethnographique et 44 entretiens avec des résidents de ces quartiers, ayant entre 24 et 70 ans. Les liens que décrivent beaucoup de résidents pour ces lieux stigmatisés sont, de prime abord, surprenants. En effet, comme le détaillent un certain nombre de chercheurs, les conséquences matérielles, sociales et psychologiques de la stigmatisation territoriale sont particulièrement éprouvantes, voire même étouffantes. En tant que non-résident de ces espaces, on imagine aisément les habitants se réjouir de quitter un quartier stigmatisé si l'opportunité se présentait. Il est important de ne pas minimiser la stigmatisation territoriale et les coûts qu'elle engendre pour les populations qui la subissent. Toutefois, bien que certains résidents souhaitent en effet quitter Valdegour ou Pissevin, beaucoup d'autres expriment un fort attachement aux quartiers en tant que lieux de vie. Il faut noter que ces attaches territoriales se font parfois en réponse même à la stigmatisation, voire en résistance à ce phénomène. Il est alors logique qu'une grande partie des habitants vivent particulièrement mal le paradoxe qui consiste aujourd'hui à imposer un relogement, encourageant une mobilité non voulue, dictée par la politique de la ville telle qu'elle est déployée aujourd'hui. En effet, les résidents interviewés ont exprimé l'envie d'être plus impliqués dans les décisions concernant l'habitat, le quartier et la communauté, souhaitant que la « participation » soit repensée à l'échelle de politiques publiques urbaines. Ce sont leurs voix que ce chapitre cherche à faire entendre. Ne pas les faire connaître, c'est condamner les quartiers stigmatisés et permettre de légitimer des politiques de démolition, de dispersion, de promotion de mixité sociale qui sont les armes actuelles de la politique de la ville.

Rénovation urbaine et la « dédensification » dans deux quartiers sensibles de la ville de Nîmes

Valdegour et Pissevin sont deux des quatre quartiers à Nîmes qui sont catégorisés comme « sensibles » par la politique de la ville. Ils se situent au sud-ouest de la ville, au sein même des frontières administratives de Nîmes. En cela, ils ne font aucunement partie d'une quelconque « banlieue ». Pourtant, ils sont souvent considérés comme tels par les non-résidents de ces espaces. Pissevin et Valdegour sont les produits types de l'architecture des années 1960, en réponse aux problèmes de logement qui affectaient alors la France entière. Xavier Arsène-Henry, l'architecte de ces deux quartiers les avait imaginés non pas divisés, mais en tant qu'un seul « quartier ZUP ». Situés à l'ouest de Nîmes et aujourd'hui séparés par l'avenue Kennedy, les cités sont aussi appelées ZUP nord (Valdegour) et ZUP sud (Pissevin) par leurs habitants. Chaque quartier a ses particularités.

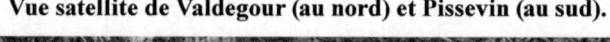
Vue satellite de Valdegour (au nord) et Pissevin (au sud).

Source : Google Maps ©2014.

Avec 12 000 habitants Pissevin est beaucoup plus étendu que Valdegour et possède plus de commerces, dont un supermarché de proximité et une pharmacie. On y trouve aussi un centre social important, un café et un marché très fréquenté le mercredi. De l'autre côté de l'avenue, Valdegour est décrit par Nîmes Métropole (2006)[3] comme une « citadelle » et un « labyrinthe ». On retrouve ces deux termes dans un rapport de la Fédération nationale des offices HLM (FNOHLM, 2007 : 100). Aujourd'hui, le quartier ne compte que 5 000 habitants environ. Il en a perdu 3 000 en dix ans, et ce en partie à cause de la politique actuelle de démolition planifiée dans les contrats signés avec l'Agence nationale de rénovation urbaine (ANRU). Les rapports publiés sur Valdegour montrent

---

[3] La communauté d'agglomération comprenant 24 communes, dont celle de Nîmes.

Le droit à la cité

Le centre-ville de Nîmes se situe à 3 kilomètres de Valdegour et Pissevin.

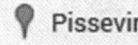

🌐 Nîmes historic centre

Source : Google Maps ©2014.

que près de 90 % du parc de logements est constitué de logement social. Il faut préciser que Valdegour est situé sur un beau terrain de garrigue. La cité est construite sur une colline qui offre à beaucoup de ses résidents une magnifique vue sur le reste de Nîmes et la garrigue des alentours. Il est indéniable que sans la cité et les représentations qui l'accablent, la valeur du sol serait bien supérieure à ce qu'elle peut valoir aujourd'hui[4].

C'est dans ce contexte que Nîmes a signé avec l'ANRU un contrat ayant pour objectif de rénover certains quartiers classifiés en ZUS[5], en incluant Valdegour mais en excluant partiellement Pissevin des plans concernant

---

[4] Voir Vieillard-Baron (2007).
[5] Notons que les autres quartiers sont Chemin-Bas-d'Avignon, à l'est de Nîmes, et Sabatot, à Saint-Gilles, qui fait partie de la communauté d'agglomération Nîmes Métropole.

Nîmes Métropole. Les objectifs affichés concernant Valdegour sont une dédensification de l'habitat accompagnée d'une « diversification » de l'offre sur place, espérant ainsi encourager un phénomène de mixité sociale. La ville et les bailleurs sociaux n'ont pas attendu l'établissement d'une convention avec l'ANRU pour procéder à des démolitions[6] mais la signature du contrat aura entraîné la démolition de 342 logements supplémentaires (FNOHLM, 2007 : 104). Les familles furent déplacées vers Pissevin mais aussi vers d'autres régions de Nîmes Métropole, parfois bien plus loin. Au total, le relogement hors quartier concerne 262 logements et certaines familles doivent aller jusqu'à Bouillargues, une petite ville se situant à une vingtaine de minutes de Valdegour en voiture (FNOHLM, 2007). Pourtant, bien des déplacés ne possèdent pas ce moyen de transport. La destruction des liens sociaux mise en avant par nombre de chercheurs (Baudin et Genestier, 2006 ; Faure, 2006 ; Gilbert, 2009 ; Zittoun, 2004) s'ajoute au fait que beaucoup d'habitants de Valdegour ont été relogés à Pissevin, à une distance géographiquement réduite, mais dans des immeubles insalubres qui pourraient à l'avenir apparaître dans un programme de démolition. En effet, le 10 février 2014, un avenant à la convention de rénovation urbaine a été signé et un programme d'actions « emblématiques » a été conclu pour le quartier de Pissevin où 80 logements sociaux doivent être démolis avec « reconstruction hors site »[7]. Le premier signe d'un « renouvellement » de Pissevin fut la démolition de trois cages d'escaliers dans la cité, incluant la mosquée du quartier qui devra trouver de nouveaux locaux (Lefranc, 2012).

Stigmatisation et intériorisation ?

La stigmatisation territoriale a plusieurs effets particulièrement néfastes sur la vie de ceux qui vivent dans le lieu stigmatisé. Ceux-ci ont été commentés dans le détail, entre autres par Loïc Wacquant (2007 ; 2008b) mais aussi par Pierre Bourdieu (1993). Ses conséquences les plus visibles sont le chômage de longue durée, aggravé par les préjugés de potentiels employeurs, mais aussi la précarité qui touche une large partie des personnes vivant dans ces lieux. La stigmatisation affecte aussi les actions et les décisions d'opérateurs de secteurs publics ou privés (attitudes de la police ou des services sociaux ; désinvestissement économique…) ; elle influence les élaborations des spécialistes en production symbolique (journalistes, intellectuels, politiques, *think-tanks*…) ; elle agit sur

---

[6] En 2000, Habitat du Gard fait démolir une partie d'immeuble sur la place Avogadro puis en 2002, une partie conséquente de la barre Newton est réduite en poussière. Finalement, la tour Jean Perrin et ses seize étages sont détruits en 2004.

[7] <http://www.nimes-metropole.fr/quotidien/habitat/politique-de-la-ville/programme-anru.html>.

les opinions et actions des élites de l'État, entraînant une série de politiques publiques qui façonnent la marginalité urbaine contemporaine (Wacquant, 2007 : 69). Tout ceci tend à laisser penser que, s'ils venaient à acquérir le capital culturel ou économique nécessaire, les résidents de quartiers stigmatisés français choisiraient de quitter les cités dans lesquelles ils vivent. Pourtant le projet de recherche mené a permis de mettre en lumière que les attaches territoriales étaient bien présentes, malgré les représentations négatives produites ailleurs.

Deux habitants interviewés sur trois ont assuré qu'ils n'opteraient pas pour un départ si l'occasion venait à se présenter. Lors de tous les entretiens, les personnes répondant aux questions étaient conscientes des lourds problèmes que connaissent les résidents de leurs quartiers mais pour autant, beaucoup se déclarent liés. Les habitants ont démontré qu'ils avaient des opinions bien plus ambivalentes vis-à-vis de leur lieu de vie que ne le suggère la théorisation de la « violence symbolique ». En schématisant, celle-ci voudrait que les « dominés » incorporent leur statut et leur position sociale. Ceci se fait avec leur consentement implicite puisque, pour penser la domination, ils ne disposent que d'une catégorie de pensée qui est elle-même imposée, à savoir celle des dominants[8]. La position dominée ou dominante des groupes dans la société est « confortée par des "effets de lieu" subordonnés à la qualité des structures et des dynamiques de l'espace géographique ainsi qu'à ses représentations » (Sélimanovski 2009 : 120). Ainsi, la stigmatisation du territoire et du bâti aurait pour effet de légitimer une vision du quartier en termes de site repoussoir que les habitants ne pourraient logiquement que vouloir fuir.

Une citation de Loïc Wacquant illustre parfaitement l'idée de l'intériorisation de la stigmatisation du « haut » de l'échelle, vers le « bas » de la société :

> Tous les fonctionnaires haut placés [...] ont parlé des quartiers ouvriers qui se dégradent en périphérie urbaine avec un trémolo d'angoisse et de dégoût dans la voix. Tout, dans leur ton, leur vocabulaire, leurs postures et leur gestuelle, exprimait le regret d'être responsable d'une mission et d'une population dégradées et donc dégradantes. J'ai ensuite trouvé le même sentiment de dégoût et d'indignité au plus bas de l'échelle urbaine, parmi les résidents de la cité des Quatre Mille dans la banlieue industrielle parisienne (Wacquant, 2009, p. 116-117).

Il est vital de ne pas sous-estimer le caractère injuste et diffamant de la stigmatisation territoriale. C'est pourquoi il est important d'éclairer

---

[8] Ceci est entre autres transmis par le biais de l'école et de l'enseignement. Voir Bourdieu et Passeron (1970).

la stigmatisation telle qu'elle est vécue par les résidents des quartiers pour montrer que certaines attaches territoriales existent et que celles-ci pourraient bien être la conséquence directe de la stigmatisation d'un lieu. Cela a déjà été discuté par le géographe Tom Slater (2013), qui affirme que plus un quartier est pauvre et marginalisé, plus les résidents semblent y être attachés. Il considère que *les liens sont d'autant plus forts lorsque ceux-ci se développent en réponse à la marginalisation dans les quartiers populaires* et il parle alors d'*emplacement*. Ce terme est destiné à détourner l'attention du « déplacement » vers ce qui est déjà là dans un quartier et qui pourrait être perdu en cas de démolition de logements (Slater, 2013 : 388, citant Crookes, 2011). Lanas *et al.* (2012) ont trouvé des situations équivalentes lors de leurs recherches au nord de la Finlande : Plus les communautés étaient désignées comme vivant dans des « villages isolés », plus elles affirmaient des liens étroits avec le territoire et déclaraient avec fierté qu'elles s'identifiaient avec ces espaces perçus comme invivables. Devant la possibilité de s'en évader, les interviewés déclaraient qu'ils étaient liés au point de vouloir rester sur place quoique l'État finlandais puisse proposer comme alternative. De tels exemples devraient nous pousser à considérer la possibilité d'accroître la participation aux prises de décision par des populations qui sont les cibles mêmes de politiques urbaines publiques. Comme le dit Stephen Steinberg (2010 : 222), « une politique qui affirme que la démolition d'habitations va servir les intérêts de ceux dont les habitations sont détruites est une imposture grotesque ».

Le relogement de populations, parfois forcé, aurait des coûts psychologiques et émotionnels importants. Ceci a été décrit par la psychiatre Mindy Fullilove (2004) qui parle de « choc des racines » apparaissant à la suite de démolitions et des déplacements de populations qui s'en suivirent (*root shock*). Le fait d'être déraciné de son groupe social, de sa famille, de son capital social potentiel est bouleversant pour les résidents New Yorkais qu'elle a étudiés. Selon elle également, des retentissements peuvent se faire sentir sur la ville entière. Elle n'est pas la seule à avoir démontré que les effets sociaux et psychologiques sont importants. Déjà en 1969, Marc Fried avait parlé de profonds sentiments de chagrin. Il décrit le véritable deuil (« *grieving for lost homes* ») des anciens résidents de West Boston ayant vécu un véritable traumatisme à la suite de la destruction totale de leur quartier. Porteous et Smith (2001) décrivent les mêmes sentiments de dépression, de stress, de rage et de ressentiment ainsi qu'une même impression d'avoir été laissé pour compte dans la prise de décision impliquant l'avenir du quartier. Ils appellent « domicide quotidien » la destruction d'habitats et le relogement forcé de populations de quartiers populaires et fortement stigmatisés, afin de « re-dynamiser » une partie de la ville. Ils relèvent à quel point cette destruction et les relogements de population qui s'en suivent sont devenus acceptables puisqu'il est communément reconnu que les relogés auront une vie meilleure ailleurs. Cette idée mérite d'être repensée.

Malgré la stigmatisation, l'attachement au quartier perdure

Le *Journal de Valdegour* (JDV) fut en grande partie lancé en réponse aux images stigmatisantes nées à l'extérieur des quartiers « sensibles ». Le journal permet de produire des images des quartiers[9] qui soient moins sensationnelles que celles que l'on rencontre communément. On y trouve des « mauvaises nouvelles » comme des bonnes. Le JDV a un grand nombre de lecteurs dans le quartier mais il est également diffusé ailleurs dans la ville. Il permet alors de propager des images plus positives du quartier, au-delà des frontières symboliques qui séparent Valdegour et Pissevin du reste de la ville. Lors d'un entretien réalisé avec Jean-François Pascal, un des éditeurs du journal, il explique que le JDV participe à « briser l'image du ghetto et démontrer que Valdegour pourrait parfaitement être un quartier comme les autres s'il n'était pas aussi stigmatisé par des gens qui n'y ont jamais posé les pieds ». Il précise à quel point la vie dans les quartiers est rendue plus difficile à cause des représentations négatives de l'espace et des résidents. Est-ce que la stigmatisation existe parce qu'un nombre de difficultés sociales coexistent dans ces espaces ou bien est-ce que la stigmatisation est à l'origine de ces « effets de lieu » ? La réponse de l'éditeur à cette question est intéressante :

> [C]'est la poule ou l'œuf ? Qu'est-ce qui est arrivé en premier ? On a la même réponse. Le fait est qu'ils sont tous les deux là […] C'est mal vu d'être au chômage dans notre société. Et alors, quand on met plein de chômeurs ensemble et qui sont d'origine étrangère, alors là, c'est vraiment super mal vu. À côté, rien n'est fait pour les sortir de leur situation de précarité *justement* parce qu'ils vivent dans ces quartiers. Ta question est pas si importante pour moi. Ce qui l'est c'est de savoir comment lutter contre la stigmatisation et ça ne se fera qu'avec des politiques publiques appropriées. Elles doivent prendre en compte le fait qu'il y a plein de gens qui aiment le quartier et qu'on va juste déplacer le problème si on les bouge d'ici sans répondre aux autres problèmes. […] Au lieu de dépenser leurs millions pour faire tomber les immeubles, ils auraient pu demander aux gens d'ici ce qu'ils voulaient. On aurait eu autre chose, parce que personne n'est contre la rénovation en principe, évidemment. C'est même plus que nécessaire mais la démolition, vraiment pas.

Ce qui prime pour beaucoup de résidents, c'est que la stigmatisation donne une légitimité à des politiques publiques, présentées comme

---

[9] Bien que les bureaux soient situés à Valdegour, le journal présente aussi des informations sur Pissevin.

des « investissements », qui n'ont rien à voir avec les investissements qu'auraient souhaité les habitants si on les avait consultés. Les démolitions d'immeubles ont des effets psychologiques importants sur les résidents et sur les attaches qu'ils ont forgées avec le bâti. Il est évident que le lancement d'un journal local ne peut être possible que si les participants ont un certain attachement à leur quartier. Un article en particulier illustre ce point et je le cite dans sa quasi-totalité tant il exprime de façon émouvante l'attachement profond que Atman K. a pour son quartier et le bâtiment que l'on va détruire pour « dédensifier » Valdegour :

> C'est parti, c'est au tour de la barre Galilée d'être détruite [...]. La démolition des 170 logements [...] vient de commencer. [...] Aujourd'hui, les terrasses s'écroulent sous les coups de boutoir des engins de chantier et les pierres qui tombent sont autant de souvenirs de mon enfance qui s'effritent et se brisent comme ces tristes morceaux de bétons. Bientôt Galilée ne sera plus et un grand vide prendra sa place, aérant un quartier, que la ville veut moins dense et ce grand vide inondera quelques années encore mon cœur.
>
> C'est entre les murs chauds et doux d'un appartement spacieux et confortable de Galilée qu'a débuté mon enfance et c'est sur les terrasses ensoleillées de cet immeuble que ma passion pour le sport est née et que j'ai tapé dans mes premiers ballons [...]. L'image de cet immeuble reste comme une des plus belles dans mes souvenirs d'enfance. Chaque soir en revenant de l'école nous nous asseyions sur les bancs de la terrasse et on rigolait de longues heures entre copains savourant ces heures douces et insouciantes.
>
> Je comprends mieux l'expression : « c'était mieux avant » (Atman K., 2011).

Raymonde[10], une retraitée, explique qu'elle a aussi été expulsée de son appartement de Valdegour, qu'elle décrit comme « correct », vers un logement de Pissevin qu'elle juge être bien plus délabré.

> L'immeuble est vraiment dans un état lamentable et c'est sûr qu'ils vont le faire sauter. C'est tellement pourri ici qu'un de mes voisins a même fait une grève de la faim pour changer d'habitation. C'était une bonne idée parce qu'il a fini dans *Midi Libre* lui au moins.

Raymonde est déçue par le quartier. Elle se sent un peu moins en sécurité (« Ici, je les connais pas les jeunes »), délaissée, elle ne connaît pas ses voisins. Âgée, la montée de la colline pour atteindre Valdegour et retrouver les proches qui lui restent n'est pas chose aisée et « de toute façon, ça n'est plus le quartier que je connaissais et que j'aimais. Avant, on pouvait dire que Valdegour c'était un peu à nous. Mais ils nous ont bien fait comprendre que c'était dans notre tête ça. » Comme beaucoup d'autres, Raymonde aimait beaucoup Valdegour sans pour autant avoir été aveugle quant aux difficultés quotidiennes qui y régnaient.

---

[10] Les noms utilisés ne sont pas forcément les vrais noms des personnes interrogées.

Le droit à la cité

Les exemples d'attachement au quartier sont nombreux mais dans l'intérêt d'une synthèse appropriée de ces phénomènes, le chapitre se concentre sur certains cas précis. Il est toutefois important d'insister sur le fait qu'une seule personne interviewée sur trois a précisé vouloir quitter son quartier. Les autres étaient plus ambivalentes vis-à-vis de Valdegour et Pissevin. Environ 25 % des interviewés ont déclaré vouloir vivre dans le quartier à tout prix. Le cas de Christian est exemplaire : Après avoir pris sa retraite, cet instituteur qui avait longtemps enseigné dans le quartier de Pissevin où il vivait a pris la décision de déménager dans le centre de Nîmes. Lors de l'entretien, il décrit à quel point il s'est « rapidement ennuyé sans les copains », sans la relation qu'il avait tissée avec les jeunes du quartier. Rapidement, il a pris la décision d'emménager à nouveau dans Pissevin pour retrouver un monde qu'il connaissait et aimait profondément. Comme beaucoup, Christian s'est engagé pour le quartier de Pissevin mais aussi pour celui de Valdegour. Depuis plusieurs années, il a, avec beaucoup d'autres, créé un nouveau comité de quartier pour les deux cités. Si la représentativité d'un tel comité peut être mise en doute, ne pouvant pas forcément parler au nom de tous, il faut insister sur le fait que ce comité suit de près la politique menée par la mairie, en particulier celle qui concerne les « quartiers ». Cela permet de débattre au sein du quartier certaines questions normalement décidées dans le « centre », loin des zones prioritaires.

Denis Merklen (2009 : 23) parle d'une nouvelle « policité » à base territoriale et souligne que les quartiers populaires sont aussi des quartiers politiques d'où émanent de nombreuses mobilisations collectives qui créent de nouveaux rapports avec les institutions. Cela pourrait contredire la thèse selon laquelle la stigmatisation territoriale empêche l'action collective (voir Wacquant *et al.*, 2014 : 6). Cette policité semble se développer dans les cités de Valdegour et de Pissevin où les associations et les comités de quartiers sont de plus en plus actifs. Toutefois, il est important de rappeler que la politique est présente à tous les niveaux et bien des résidents non engagés ont aussi des attitudes de contestation vis-à-vis de la politique de la ville.

Un résident très impliqué localement, Bilal explique que pour lui, la stigmatisation nourrit l'attachement aux « quartiers » de Nîmes :

> Au début c'était évident que l'identification au quartier comptait plus que tout pour les jeunes. « Zup nord » ou « Zup sud », ils s'identifiaient totalement aux espaces. Pourtant c'est des espaces qui font peur à tous les autres de Nîmes qui vont te dire que c'est des quartiers tout pourris. C'est marrant d'y penser comme ça, mais le fait que les quartiers soient stigmatisés pour ci ou pour ça... [...] [E]n fait tu peux te dire que ça forge une contre-culture chez les résidents. Surtout chez les jeunes mais les jeunes ça grandit ! Et aujourd'hui, moi je rencontre plein d'autres générations qui sont toutes aussi attachées à Pissevin.

La littérature sur l'appropriation des quartiers stigmatisés par les « jeunes » est abondante et il existe aussi de nombreux écrits insistant sur le fait que l'appropriation se fait en partie en développant une « contre-culture » (Faure et Garcia, 2005 ; Cannon, 1997). Il est intéressant de noter que ces appropriations se font par d'autres classes d'âge. L'observation du terrain à Valdegour ou Pissevin, où des personnes de tous âges se rencontrent dans les lieux publics pour discuter, illustre que les lieux n'appartiennent pas qu'aux « jeunes ». Il est aussi utile de préciser que les lieux ne sont pas « aux mains des hommes du quartier », comme cela m'avait été expliqué par un haut responsable de la politique de la ville à Nîmes. L'appropriation du quartier existe en parallèle avec celui de développer une approche plus participative dans la prise de décision. Sonia, une résidente de Valdegour, décrit sa tristesse face à la destruction de la tour Archimède, décision prise dans le cadre des contrats avec l'ANRU :

> La démolition de ces tours, c'est carrément humiliant quoi. Ils te disent ce qui va se passer sans te demander ton avis. J'ai vécu dans Archimède. J'ai joué dans les couloirs, on s'est caché de nos parents et de la police quand on faisait des bêtises… On connaissait le bâtiment mieux que personne et c'était vraiment le nôtre de bâtiment. […] J'ai des cousins qui y ont vécu aussi et les parents ont dû partir pour qu'ils démolissent. Ils étaient vraiment déchirés. Tout le monde savait que le bâtiment avait ses mauvais côtés. Mais ça faisait partie d'eux en fait, Archimède et le quartier… Le truc c'est qu'ils ne veulent pas que tu participes aux décisions de toute façon. C'est super frustrant quand tu as des idées qui sont bien plus logiques que les leurs.

Dans cet extrait Sonia exprime aussi son désir de participer elle-même aux prises de décision. En tant que résidente elle pense avoir un meilleur jugement. L'expérience et le vécu des résidents ont été ignorés systématiquement dans les décisions prises avec l'ANRU, et ce jusqu'à la signature des contrats. D'après Renaud Epstein (2012 : 93), ceci est une règle quasi généralisée et rares sont les villes où a eu lieu une quelconque « concertation ». Fatima, une résidente de Valdegour, exprime son désarroi face au manque de considération accordée aux résidents de son quartier par la politique de la ville :

> Il y a zéro respect pour nous. Ils te disent : « Vous êtes pas contents ? On vous amène les moyens pour rénover. » […] Mais ils arrivent avec les bulldozers ! Attends une minute… […] Ils te disent qu'ils vont rendre le quartier plus sympa, mais après ils sont là à te dire que tu dois t'en aller […]. Ça avait rien à voir avec la rénovation ou rendre le quartier plus vivable, etc. L'idée, ça a toujours été de nous faire quitter le quartier pour que le quartier devienne mieux, en gros […]. Le pire pour tout le monde, […] c'est qu'ils ont pensé : « C'est des gros imbéciles, ils vont jamais comprendre ce qu'on fait ! » C'est ça qui nous rend fous.

Le droit à la cité

Fatima se sent dupée par une politique non participative. Le manque de concertation crée de la rage chez elle et chez d'autres. Beaucoup d'autres interviewés expriment leur colère ou leur tristesse : « la rage qui me vient quand je pense à ce que c'était » ; « jamais je n'aurais pensé que du béton me manquerait autant » ; « le quartier, on nous l'a volé. »

Une dernière citation permet de mesurer la frustration et le désir d'être plus impliqué dans le remodelage du quartier. Jean, un chômeur qui réside à Pissevin depuis plusieurs années décrit ses peurs et ses souhaits quant à l'avenir de la politique de la ville :

> Je sais que le quartier a des petites failles par-ci, par-là. Quel quartier n'en a pas... [O]n nous prend pour des cons parce qu'on habite à Pissevin [et] on n'a pas notre mot à dire. Mais je vous jure qu'on sait mieux que n'importe qui ce qu'il y aurait à améliorer. Elle est où la concertation ? Si seulement ils écoutaient au lieu de venir nous sermonner des bêtises. Tout le monde serait d'accord pour discuter, faire ça ensemble. Tout le monde ici paie un loyer... Et démolir alors que t'as des listes d'attente plus longues que mon bras pour du logement social. C'est qu'ils veulent pas changer le quartier ! Ils veulent le faire disparaître, un point c'est tout !

Conclusion

Le « domicide quotidien » tel qu'il est décrit par Porteous et Smith (2001) est souvent considéré, en dehors des cercles académiques, comme relativement positif. La mixité sociale est mise en avant comme nécessaire pour toute politique urbaine à mener. L'argument développé ici insiste sur le fait que certains résidents réclament un droit qui leur est nié par les acteurs et les institutions de la politique urbaine. Élaborée par Chester Hartman aux États-Unis (1984) dans le contexte du combat contre les déplacements liés à la gentrification, le *right to stay put* (« droit à rester sur place ») doit être imaginé comme composante majeure du droit à la ville. C'est aujourd'hui un des nombreux combats menés par le Right to the City Alliance aux États-Unis[11]. La demande de politiques urbaines laissant place à la participation de résidents est un autre cheval de bataille de cette organisation[12].

La stigmatisation d'un quartier ou d'un territoire ne produit pas nécessairement l'incorporation absolue des représentations négatives par les résidents. Les deux tiers des habitants interrogés ont décrit les attachements plus ou moins forts à leurs lieux de vie tout en reconnaissant

---

[11] La publication du rapport *We Call These Projects Home* en 2010 est une illustration (voir Slater, 2013 : 384). Traduit de façon approximative, ceci signifie, « nous sommes chez nous dans ces "cités" ».

[12] Voir aussi Maeckelbergh (2012) et Newman et Wyly (2006).

à quel point ceux-ci ont été perçus négativement dans les médias, aussi bien locaux que nationaux[13]. Ces résultats se rapprochent de ceux réalisés par plusieurs autres chercheurs dans des contextes nationaux différents, au Danemark (Jensen et Christensen, 2012) et en Grande Bretagne (Slater et Anderson, 2012). On retrouve aussi les mêmes attaches et ambivalences dans une étude récente du quartier des Quatre Mille, à La Courneuve, où Loïc Wacquant avait mené ses recherches il y a une vingtaine d'années (Garbin et Millington, 2012). Là, comme à Nîmes, les résidents savent que les quartiers sont fortement stigmatisés par les prises de décision liées aux politiques publiques urbaines, qu'elles soient locales ou nationales. Certains résidents s'organisent collectivement pour lutter contre les représentations négatives de leur quartier ainsi que pour gérer les effets de la stigmatisation territoriale. D'autres subissent l'angoisse d'un relogement forcé (ou celle d'un relogement potentiel, ce qui est presque pire), la destruction d'un lieu de vie, avec son histoire et les souvenirs qu'il laissera. « Voir cet espace arraché, donné à quelqu'un d'autre ou passé au bulldozer reste parmi les injustices sociales les plus épouvantables » (Slater, 2013 : 384).

Il a été démontré que la résistance à la stigmatisation se trouve *déjà* dans l'affirmation même par les résidents qu'il existe bien un lien fort avec un lieu pourtant méprisé et considéré comme effrayant par ceux qui y sont étrangers (Kirkness, 2014). Dire qu'on aime un quartier qui est fortement déconsidéré, c'est déjà un geste politique puisque cela implique *l'obligation* de repenser la politique de la ville telle qu'elle est pratiquée aujourd'hui. Juliet Carpenter (2014) explique que la « participation » est présente en théorie et sur le papier dans beaucoup de projets de rénovation urbaine, mais en pratique, l'écoute favorise plutôt les élites et les populations restent muettes. Ce chapitre s'intitule « droit de cité », mais il aurait pu s'appeler « droit de rester sur place *dans* la cité ». C'est le rôle des personnes travaillant sur l'urbain de rappeler qu'il y aura toujours ceux qui pensent qu'un espace stigmatisé, c'est « chez eux ». Il y aura ceux qui souhaitent s'en aller, mais on ne peut pas ignorer les attachements aux lieux et les voix de ceux qui les habitent. Les recherches menées sur le sujet ont habilement démontré les coûts terribles qu'engendre la stigmatisation territoriale pour ceux qui y sont confrontés au quotidien. Il est toutefois vital de garder le *right to stay put* en tête dans les futures analyses de quartiers stigmatisés. Il nous faut, en tant que chercheurs, affirmer que les résidents de quartiers d'habitat social réclament le droit de prétendre au sol sur lequel ils vivent et qu'ils souhaiteraient avoir la possibilité de modeler l'avenir de ces espaces à leur façon. Ceci n'est pas simplement

---

[13] Un exemple : « Nîmes, la cité désertée » de Fabrice Tassel, paru dans *Libération* le 3 février 2012. On y présente « une population principalement maghrébine » vivant dans le « béton », où la police n'ose plus aller le soir tombé et où règne « une culture de l'assistanat ».

une demande homéopathique. Les personnes rencontrées pensent qu'elles *devraient* au moins avoir le droit de participer aux prises de décisions urbaines et administratives et de refaire, un tant soit peu, le quartier à leur manière. Si en tant qu'universitaires nous ne parvenons pas à entendre et à faire entendre les voix qui réclament ces droits, alors nous donnons de la légitimité aux politiques de démolition et de relogement de populations.

Bibliographie

Atman K., « Démolition », in *Journal de Valdegour*, 2011, octobre, n° 68, p. 3.

Baudin, Gérard et Genestier, Philippe, « Faut-il vraiment démolir les grands ensembles ? », in *Espaces et Sociétés*, 2006, vol. 124-125, n° 2-3, p. 207-222.

Begag, Azouz, « Frontières géographiques et barrières sociales dans les quartiers de banlieue », in *Annales de Géographie*, 2002, vol. 111, p. 265-84.

Bourdieu, Pierre, « Effets de lieu », in Pierre Bourdieu (dir.), *La misère du monde*, Paris, Seuil, 1993.

Bourdieu, Pierre et Passeron, Jean-Claude, *La reproduction : Éléments pour une théorie du système d'enseignement*, Paris, Minuit, 1970.

Cannon, Steve, « *Paname city rapping* : B-Boys in the *banlieues* and beyond », in Alec Hargreaves et Mark McKinney (eds.), *Post-Colonial Cultures in France*, Londres, Routledge, 1997, p. 150-166.

Carpenter, Juliet, « Listening for "unheard voices" ? Giving a voice to the banlieues through community participation in urban regeneration », The Banlieue Far From the Clichés, Oxford Brookes University, 3 avril, 2014a.

Carpenter, Juliet, « Giving a voice to the *banlieues* ? Spaces of participation in urban regeneration projects », in *Francosphères*, 2014b, vol. 3, n° 2, p. 129-143.

Crookes, Lee, *The Making of Space and the Losing of Space : A Critical Geography of Gentrification-by-Bulldozer in the North of England*, thèse de doctorat, Department of Town and Planning, University of Sheffield, 2011.

Dikeç, Mustafa, *Badlands of the Republic*, Oxford, Blackwell Publishing, 2007.

Epstein, Renaud, « ANRU : Mission accomplie ? », in Jacques Donzelot (dir.), *À quoi sert la rénovation urbaine ?*, Paris, Presses universitaires de France, 2012, p. 51-97.

Faure, Sylvia, « De quelques effets sociaux des démolitions d'immeubles : Un grand ensemble HLM à Saint-Étienne », in *Espaces et Sociétés*, 2006, vol. 124-125, n° 2-3, p. 191-206.

Faure, Sylvia et Garcia, Marie-Carment, *Culture hip-hop, jeunes des cités et politiques publiques*, Paris, La Dispute, 2005.

Fried, Marc, « Grieving for a lost home : Psychological costs of relocation », in James Wilson (ed.), *Urban Renewal : The Record of Controversy*, Cambridge (MA), MIT Press, 1969, p. 359-379.

Fullilove, Mindy, *Root Shock : How Tearing Up City Neighbourhoods Hurt America*, New York, Ballantine Books, 2004.

Garbin, David et Millington, Gareth, « Territorial stigma and the politics of resistance in a Parisian *banlieue* : La Courneuve and beyond », in *Urban Studies*, 2012, vol. 49, n° 10, p. 2067-2083.

Gilbert, Pierre, « Social stakes of urban renewal : Recent French housing policy », in *Building Research and Information*, 2009, vol. 37, n° 5-6, p. 638-648.

Goffman, Erving, *Stigma : Notes on the Management of Spoiled Identity*, Londres, Penguin Books, 1963.

Hall, Suzanne, *City, Street and Citizen : The Measure of the Ordinary*, New York, Routledge, 2012.

Jensen, Sune Qvotrup et Christensen, Ann-Dorte, « Territorial stigmatization and local belonging : A study of the Danish neighbourhood Aalborg East », in *City*, 2012, vol. 16, n° 1-2, p. 74-92.

Kirkness, Paul, « The *cités* strike back : Restive responses to territorial taint in the French *banlieues* », in *Environment and Planning A*, 2014, vol. 46, n° 6, p. 1281-1296.

Lanas, Maija, Rautio, Pauliina, Syrjälä, Leena, « Beyond educating the marginals : Recognizing life in northern rural Finland », in *Scandinavian Journal of Educational Research*, 2012, vol. 57, n° 4, p. 385-399.

Lefranc, Édith, « Où reloger la mosquée ? », in *Midi Libre*, dimanche février 2012.

Maeckelbergh, Marine, « Mobilizing to stay put : Housing struggles in New York City », in *International Journal of Urban and Regional Research*, 2012, vol. 36, n° 4, p. 655-673.

Merklen, Denis, *Quartiers populaires, quartiers politiques*, Paris, La Dispute, 2009.

Mucchielli, Laurent, « Nîmes et Cannes, les Chicago français : TF1 a encore frappé ! », in *Rue 89*, article disponible en ligne : <http://blogs.rue89.nouvelobs.com/laurent-mucchielli/2010/10/16/nimes-et-cannes-les-chicago-francais-tf1-a-encore-frappe-171484>.

Newman, Kathe et Wyly, Elvin, « The right to stay put, revisited : Gentrification and resistance to displacement in New York City », in *Urban Studies*, 2006, vol. 43, n° 1, p. 23-57.

Nîmes Métropole, « Nîmes : Programme de rénovation urbaine », Ateliers régionaux de la ville, La Ciotat, 10 avril 2006, disponible en ligne : <http://www.crpv-paca.org/9-publications/pdf/arv_pdfs/interventions_arv9/atelier_nimes.pdf>.

ONZUS, « Observatoire national des zones urbaines sensibles : Rapport 2013 », Paris, Les Éditions du CIV, La Documentation Française, 2013.

Porteous, J. Douglas, et Smith, Sandra, *Domicide : The Global Destruction of Home*, Londres, McGill-Queens' University Press, 2001.

Right to the City Alliance, *We Call These Projects Home*, 2010, document disponible en ligne : <http://www.cdp-ny.org/report/We_Call_These_Projects_Home.pdf>.

Sélimanovski, Catherine, « Effets de lieu et processus de disqualification sociale : Le cas de Strasbourg et du Bas-Rhin », in *Espace, Populations, Sociétés*, 2009, vol. 1, p. 119-133.

Slater, Tom, « Expulsions from public housing : The hidden context of concentrated affluence », in *Cities*, 2013, vol. 35, p. 384-390.

Slater, Tom et Anderson, Nkitsi, « The reputational ghetto : Territorial stigmatisation in St. Paul's, Bristol », in *Transactions of the Institute of British Geographers*, 2012, vol. 37, n° 4, p. 530-546.

Steinberg, Stephen, « The myth of concentrated poverty », in Chester Hartman et Gregory Squires (eds.), *The Integration Debate : Competing Futures for American Cities*, New York, Routledge, 2010, p. 213-227.

Vieillard-Baron, Henri, « La géographie prioritaire en question : Synthèse prospective et approche de deux villes méridionales : Nîmes et Béziers », in *Territoires 2030*, 2007, vol. 4, n° 2, p. 129-140.

Wacquant, Loïc, « Territorial stigmatization in the age of advanced marginality », in *Thesis Eleven*, 2007, vol. 91, p. 66-77.

Wacquant, Loïc, « Ghettos and anti-ghettos : An anatomy of the new urban poverty », in *Thesis Eleven*, 2008a, vol. 94, p. 113-118.

Wacquant, Loïc, *Urban Outcasts : A Comparative Sociology of Urban Marginality*, Cambridge, Polity Press, 2008b.

Wacquant, Loïc, « The body, the ghetto and the penal State », in *Qualitative Sociology*, 2009, vol. 32, n° 1, p. 101-129.

Wacquant, Loïc, « The State as producer of urban marginality », discours inaugural, « Urban Marginality and the State : The production and Management of Precarity in the City », Collège de France, Paris, 20 juin 2012.

Wacquant, Loïc, Slater, Tom et Borges Perreira, Virgilio, « Territorial stigmatization in action », in *Environment and Planning A*, 2014, vol. 46, n° 6, p. 1270-1280.

Zappi, Sylvia, « Dans les cités de Nîmes, malgré les travaux, la misère persiste », *Le Monde*, 18 février 2013.

Zittoun, P., « Conflits autour de la démolition : La politique du logement en question », in *Mouvements*, 2004, vol. 35, n° 5, p. 87-95.

Médias, rénovation urbaine et associations artistiques

Faiseurs d'images dans les quartiers populaires en France

Barbara MOROVICH

École nationale supérieure d'architecture de Strasbourg-AMUP

Depuis quelques années, nous interrogeons la place et le rôle des associations au sein des projets de rénovation urbaine en France[1]. Les associations constituent des acteurs incontournables, mais comment se relient-elles aux dispositifs institutionnels engendrés par les rénovateurs ? Dans ce chapitre, nous montrerons que des collectifs artistiques entretiennent une relation complexe avec les acteurs du renouvellement urbain, parfois en collaboration parfois en alternative à la vision que la rénovation tente d'imposer. Comment les acteurs étudiés travaillent-ils, en marge, en parallèle ou en collaboration par rapport à l'exigence du changement des images[2] ? La rénovation urbaine implique une renégociation des images des quartiers qu'elle touche, mais quels en sont les processus ? Des groupes d'artistes (collectifs, associations, etc.) par leurs actions opèrent un travail de métissage entre des imaginaires différents qui ouvrent d'autres lectures des territoires concernés, mais ces faiseurs d'imaginaires sont-ils à même de combattre les images

---

[1] Morovich, B., 2012, « Quartier réel, quartier rêvé : parcours des femmes et rénovation urbaine à Strasbourg », in S. Ertul, J.-Ph. Melchior, V. Caradec (dir.), *Dynamiques des parcours sociaux. Espace, temps, profession*, Presses universitaires de Rennes (PUR) ; Morovich, B., 2014, « Hautepierre – Fabrique associative et rénovation urbaine », in C. Mazzoni et A. Grigorovschi (dir.), *Strasbourg actuel 2 : Ourlets urbains dans la ville mosaïque*, ENSAS-AMUP, Strasbourg.

[2] Cet impératif est une priorité des rénovations urbaines qui visent à impulser de la « mixité », c'est-à-dire un processus visant le changement des populations. Voir à ce propos le rapport 2013 du Comité d'évaluation et de suivi (CES) de l'Agence nationale pour la rénovation urbaine (ANRU), *Changeons de regard sur les quartiers. Vers de nouvelles exigences pour la rénovation urbaine*. Pour le concept de mixité : Bidou-Zachariasen C. & Blanc M. (dir.), 2010, « Paradoxes de la mixité sociale », *Espaces et Sociétés*.

stéréotypées ? Les artistes seraient-ils réellement en mesure de faire émerger des images alternatives ou seraient-ils surtout des médiateurs au service de la rénovation urbaine ? De plus, qui dit passeur dit également producteur car il y a des décalages entre la parole des « habitants » et leur traduction par des artistes engagés. Mais tout d'abord, il faut admettre que les images stigmatisantes qui concernent les quartiers populaires sont le fruit d'une construction historique dont nous ne détaillons ici que la dernière phase[3].

Les quartiers populaires : des imaginaires contrastés

Les quartiers populaires en France sont pour la plupart des cas communiqués à travers une vision stéréotypée, engendrée par le fait que ceux qui regardent et qui communiquent sur ces quartiers (chercheurs, journalistes, politiques…) ne sont pas socialement les mêmes que ceux qui habitent les lieux en question. Dans cette médiatisation pèserait l'absence de représentants des populations concernées « susceptibles de prendre en charge de façon autonome l'image publique des banlieues »[4]. Dans ce sens, Pierre Bourdieu[5] définissait les « cités » françaises comme « difficiles à décrire et à penser », pointant l'incapacité à restituer une vision complexe de ces territoires, malgré la présence de différents producteurs d'images. De plus, une connivence étroite entre une branche de la sociologie et le journalisme a permis l'installation d'un parallèle entre la banlieue française et les ghettos américains[6]. Cette lecture a été fortement critiquée[7], toutefois elle a dominé, et domine encore parfois, la lecture des faits relatée par des médias, soucieux de donner des informations sensationnalistes et en compétition les unes avec les autres[8]. Selon Sylvie Tissot et Jean Rivière, on continue d'associer aux quartiers populaires des pathologies et des images qui lient les comportements aux formes urbaines, on y souligne l'insécurité et une ambiance grise et morne.

---

[3] Julie Sedel retrace la fabrication historique des images médiatiques négatives depuis la construction des grands ensembles : Sedel, J., 2009, *Les médias & la banlieue*, Paris, Le Bord de l'eau.

[4] Battegay, A. et Boubeker, A., 2008, *Les images publiques de l'immigration*, Paris, CLEMI/L'Harmattan. Cit. par Sedel, 2009, p. 46.

[5] « *On espère ainsi produire deux effets : faire apparaître que les lieux dits "difficiles" (comme aujourd'hui la "cité" ou l'école) sont d'abord difficiles à décrire et à penser et qu'il faut substituer aux images simplistes, et unilatérales (celle que véhicule la presse notamment), une représentation complexe et multiple, fondée sur l'expression des mêmes réalités dans des discours différents, parfois inconciliables* ». Pierre Bourdieu, *La misère du monde*, Paris, Seuil, 1993, p. 14.

[6] Cette position a été portée surtout par le sociologue Alain Touraine.

[7] Voir, entre autres, les travaux de Loïc Wacquant et Sylvie Tissot.

[8] Sedel, 2009, p. 48 et s.

D'autres stéréotypes concernent les « habitants », un mot qui est en-soi ambigu et dépersonnalisant. De plus, les médias semblent s'intéresser aux banlieues seulement lors des campagnes précédant les élections : moments auxquels on parle de ces espaces de manière particulièrement négative[9]. Les analyses médiatiques ont des retombées évidentes sur l'image générale des banlieues, car « les malaises sociaux n'ont une existence visible que lorsque les médias en parlent »[10]. La production d'images n'est qu'un aspect, le plus visible, d'une stigmatisation des classes populaires en France et participe à construire et entretenir les inégalités sociales. Il serait cependant partiel et inexact d'attribuer la construction des stigmates uniquement aux médias ; comme l'a souligné Patrick Champagne, il s'agit d'une production collective dont les médias sont les agents les plus visibles[11]. En outre, les groupes sociaux habitant les quartiers populaires acceptent parfois l'assignation par un phénomène d'identification à l'identité dominée qu'on leur impose. Dans d'autres cas, ils la combattent. Mais sont-ils producteurs d'images qui sont communiquées ? Un déplacement du regard vers des dynamiques microsociologiques permettra d'apercevoir la complexité des imaginaires dans un quartier populaire de Strasbourg[12].

Dans le cas présenté, les images produites par des personnes qui habitent le quartier peuvent paraître schizophrènes par leur divergence et complexité : parfois négatives quand il s'agit de parler des « jeunes » ou de certaines familles, le plus souvent ces images sont très positives, notamment lorsqu'elles mettent en avant des qualités méconnues du quartier (bon vivre, qualités des relations de voisinage, espaces verts et piétons…)[13]. À travers l'analyse d'une cinquantaine d'entretiens sur les

---

[9] « La construction médiatique des banlieues. Retour sur la campagne présidentielle de 2007 », *Métropolitiques*, 7 mars 2012. URL : <http://www.metropolitiques.eu/La-co…>

[10] Bourdieu, 1993, p. 95.

[11] Champagne, P., 1990, *Faire l'opinion. Le nouveau jeu politique*, Paris, Minuit, p. 239-240.

[12] Le quartier de Hautepierre, à l'ouest du centre-ville de Strasbourg, a été conçu à la fin des années 1960, une période marquée par une phase de refiguration des grands ensembles, et notamment par la réduction de leur taille. À Hautepierre des « mailles » hexagonales, résidentielles et d'activité sont séparées par des réseaux routiers et les circulations à l'intérieur sont des cheminements piétons et paysagers. Les mailles sont donc conçues comme des « villages » ou des « hameaux », avec, en leur sein, des surfaces relativement importantes réservées aux services, dont une partie jamais construits.

[13] Nous nous basons notamment sur les résultats des enquêtes au sein du quartier de Hautepierre, menées par nous même et par Pauline Gaucher (association Horizome). Depuis 2008, nous menons un terrain anthropologique à Hautepierre à travers plusieurs méthodologies : des entretiens sur des parcours de vie, l'observation des pratiques de l'espace et l'implication au sein du milieu associatif du quartier nous permettant l'étude des impacts de la rénovation urbaine « en train de se faire ».

modes de vie et le rapport aux espaces du quartier, nous constatons que, de manière générale, les images des personnes qui habitent Hautepierre, tout âge confondu, restituent une réalité beaucoup plus variée que celle véhiculée par les médias[14]. Les discours et les images des habitants s'inscrivent dans des sous-ensembles qui renversent la perspective négative venant de l'extérieur et la substituent avec des contre-réalités : l'image de la convivialité est opposée à celle de la violence, celle de la multiculturalité est mise en avant, la qualité des espaces verts et piétons est opposée à l'absence de qualité dans les espaces construits, l'image de la jeunesse comme un atout est opposée à celle de la jeunesse déviante. Ces discours montrent qu'au-delà de l'appropriation des stigmates – dynamique qu'on utilise surtout vis-à-vis de l'extérieur en conformité aux discours dominants – il existe au sein des quartiers populaires une dynamique interne de fabrication d'images globalement positives qui concernent des tentatives de revalorisation de soi. Sont ces images destinées à rester sans rebondissement ? Quel est le rôle de certains passeurs d'image ? Mais tout d'abord, comment les acteurs de la rénovation urbaine – élus, chargés de missions et techniciens – interagissent-ils avec ces discours et quelles images produisent-ils en relation avec des projets artistiques ?

Le pouvoir du changement des images : le travail sur la mémoire

Au sein des projets de rénovation urbaine, le changement d'images correspond à un enjeu important. C'est en effet en relation à la création de nouveaux imaginaires se référant à une réalité plus rassurante et moins liée aux déviances que les politiques de rénovation peuvent espérer promouvoir

---

[14] Des questionnaires semi-directifs sur les parcours de vie et les parcours résidentiels. Dans l'analyse des mots, 29 mots sur 112 sont négatifs ou interprétés de manière négative lors de l'entretien : Atonie, Autre monde, Bruit, Cloisonné, Dangereux, Dégradé, Dégradation, Dortoir, Enclave, Incivilité, Insécurité, Labyrinthe, Mauvaise image, Mauvaise image Mauvaise image, Méfiant, Pas de filles, Paumé, Peur, Police, Police, Repoussant, Révolté, Saleté, Sous-équipé, Uniforme, Violence, Zone. 83 mots sont positifs ou interprétés de manière positive lors de l'entretien : Accueillant, Agréable, Animé, Attachement, Autre culture, Avenir, Avenir, Avenir, Avenir, Bien-être, Chaleureux, Chaleureux, Chaleureux, Chaleureux, Comme les autres quartiers, Convivial, Convivial, Convivial, Convivial, Convivial, Convivial, Convivial, Cosmopolite, Cosmopolite, Cosmopolite, Diversité, Diversité, Diversité, Diversité, Diversité, Dynamique, École, Espace, Famille, Famille, Grand, Grand, Grand, Fierté, Fraternel, Interculturel, Interculturel, International, Mélange, Mélange, Multiculturel, Multiculturel, Partage, Partage, Populaire, Populaire, Potentiel, Potentiel, Potentiel, Potentiel, Pas raciste, Pratique, Pratique, Proximité, Respect, Respect, Respect, Riche en Jeunes, Richesse, Serviable, Solidarité, Sport, Surprenant, Tout, Tout, Tramway, Tramway, Travail, Verdoyant, Verdure, Verdure, Verdure, Verdure, Verdure, Vert, Vert et blanc, Vivable.

la « mixité sociale ». Cette dernière nous invite-t-elle à réfléchir à des processus de changement de population au sein des quartiers populaires (résidentialisations, gentrifications progressives) ou correspond-elle à une réelle volonté de déstigmatiser les quartiers et leurs habitants ? Afin de répondre à cette question, il faudra, dans un premier temps, analyser quelques représentations produites par la rénovation urbaine.

Dans le quartier strasbourgeois de Hautepierre, depuis le milieu des années 2000, les mairies successives (la droite, puis la gauche depuis 2008) ont opté pour la rénovation urbaine après 40 ans d'existence du quartier et sa dégradation progressive. Les services de la Ville de Strasbourg, en concertation avec l'Agence nationale de la rénovation urbaine (ANRU), produisent à l'occasion des projets urbains accompagnés par une multiplicité de discours et d'images qui tournent autour de quelques principes tels que la volonté de « casser le ghetto », de « désenclaver le quartier », d'y apporter la « mixité ». De l'autre côté, on peut remarquer le peu de valorisation de l'existant, notamment des transformations/ appropriations habitantes. Concrètement, pour remédier aux défauts constatés – illisibilité des espaces, enclavement, manque de centralité du quartier – la solution préconisée est la clarification des espaces à travers la « résidentialisation » c'est-à-dire la progressive privatisation d'espaces collectifs et à travers des tentatives de renforcer la mixité sociale, afin de faire revenir les classes moyennes dans le quartier[15]. Les documents de communication de la rénovation urbaine insistent particulièrement sur ces aspects qui coïncident avec l'éloignement, parallèle, des situations considérées les plus déviantes à travers des actions de démolition/ reconstruction. Il faut aussi signaler que, comme le souligne Christine Lelevrier[16], à Hautepierre on assiste également à des « re-concentrations » de ces familles délogées dans les parties les plus pauvres du quartier qui n'intéressent pas la rénovation, mais d'autres parties du quartier sont fortement intéressées par des mutations urbaines. Afin de donner la mesure de ces changements, les plaquettes éditées par les services du projet de rénovation urbaine (PRU) montrent une profusion d'images comparatives de l'avant et de l'après-rénovation. Parallèle à ces discours est celui qui insiste sur l'image du quartier jardin[17]. Les plaquettes

---

[15] Lelevrier, C., 2010, « La mixité dans la rénovation urbaine : dispersion ou re-concentration ? », *Espaces et sociétés* n° 140-141, p. 59-74 ; Morovich, B., 2012, « Concertation et projet urbain à Hautepierre : la structuration d'une démocratie participative », *Revue des Sciences Sociales, numéro spécial 47, La ville durable*, Université de Strasbourg, p. 64-73.

[16] Lelevrier, cit.

[17] Dans une plaquette, appelée « Quel projet pour votre quartier ? Parlons-en ! » de 2008, des dessins sur la thématique de l'espace vert sont pléthore : des nombreuses pelouses, des arbres…

mettent en avant un « axe vert », une « ambiance jardin », une « ambiance paysagère », ainsi que la volonté de « faire de Hautepierre un quartier jardin ». Pourtant, l'axe vert ne correspond pas toujours à une réalité de la rénovation : si on compare les images des plaquettes à celles de la réalité, le décalage est saisissant quant à la volonté (quartier vert et paisible) et la réalité (place plus importante donnée à la voiture, bétonnage et réduction des espaces verts...).

Le discours du changement d'images est souvent accompagné par l'exigence de faire œuvre de mémoire. Dans ce cas, plus que vers des imaginaires liés au jardinage et au quartier vert, la rénovation urbaine se tourne vers des artistes[18]. Cette volonté de mettre en avant « la mémoire des habitants » correspond à la création par l'ANRU, en juin 2013, d'un groupe d'experts intitulé « Mémoire et histoire des quartiers populaires »[19] qui a pour but « de favoriser et valoriser les démarches mémorielles et historiques des quartiers populaires » comme on peut le lire sur le site de l'ANRU. L'intervention artistique permettrait aux habitants d'appréhender les changements en cours tout en faisant œuvre de mémoire. Quelles sont les retombées de cette incitation à la conservation de mémoire dans le quartier populaire étudié ?

À partir de 2009, les acteurs de la rénovation urbaine à Hautepierre invitent différents partenaires (structures éducatives, artistes, associations...) à travailler sur cette question notamment à l'occasion d'imminentes démolitions d'immeubles. Deux projets sont menés en 2011, dans une classe de CE2 et une classe de CP. Le premier porte le titre « Quand les élèves imaginent le nouvel espace de la place B. Une initiation créative architecturale ». Il s'agit de maquettes réinventées de l'immeuble à démolir, avec des espaces de vie imaginés par les enfants selon leurs souvenirs. Dans l'autre projet, photographique, l'artiste tisse avec les enfants, l'histoire d'une dégradation progressive de l'immeuble. Ces petites histoires inventées avec des artistes extérieurs, qui ne connaissent ni les enjeux de la rénovation ni les lieux, se superposent à la réalité complexe et aux souvenirs des habitants. Au final, de tels projets

---

[18] L'impact de l'action culturelle et de projets artistiques au sein des rénovations urbaines est notamment souligné par Élisabeth Auclair : Auclair, É. « Comment les arts et la culture peuvent-ils participer à la lutte contre les phénomènes de ségrégation dans les quartiers en crise ? », *Hérodote* 3/ 2006 (n° 122), p. 212-220.

[19] Voir notamment la tribune du ministre délégué chargé de la Ville François Lamy dans Libération du 27 juin 2013 <http://www.liberation.fr/politiques/2013/06/27/dans-les-quartiers-populaires-le-pouvoir-de-memoire_914244>. Déjà en 2000, la « circulaire Tasca » (19 juin) intitulée « Culture pour la ville, cultures de la ville » invitait les artistes à prendre, dans les quartiers populaires, un rôle au sein d'une démocratie culturelle renouvelée et incitait la circulation des projets entre centre et périphérie.

ont surtout un but de communication et sont utilisés dans différents « Journaux de la Rénovation Urbaine » à côté des « mots des élus »[20].

Des projets mémoriels sont également menés au sein d'une association d'artistes basée au sein du quartier. Horizome a été créé en 2006 par des étudiants en sciences sociales et en art de l'Université de Strasbourg et de l'École supérieure des arts décoratifs de Strasbourg. En 2008, cette association, en collaboration avec l'artiste Marguerite Bobey, a élaboré un projet transdisciplinaire (anthropologie, art et urbanisme/architecture) pour les 40 ans du quartier de Hautepierre, ayant pour but principal d'impulser une de-stigmatisation à travers l'élaboration d'images valorisantes. Il s'agissait, comme nous verrons plus loin, non pas d'inciter à une « mixité sociale », mais plutôt à valoriser les groupes sociaux déjà présents, leurs vécus et mémoires, et les transformations spatiales qu'ils engendraient. En 2012, des travaux artistiques liés à la mémoire ont été produits, au sein d'Horizome, par deux artistes vidéastes, Hervé Roesch et Nathalie Dolhen. Basé sur des entretiens biographiques semi-directifs avec des habitants relogés, ce projet a abouti à une production sonore, une installation partant des traces des habitants, un film documentaire, une petite publication et une exposition. Au-delà de la libération de la parole de quelques habitants que ces projets ont facilitée, ce n'est pas en premier lieu la sauvegarde des témoignages qui intéresse le projet de rénovation, mais surtout le fait de pouvoir en faire une œuvre communicable. De plus, le caractère éphémère de la plupart des œuvres contribue à la difficulté à faire émerger des mémoires habitantes légitimes. Si, comme on le verra, au sein de la même association certains projets artistiques échappent à la commande politique et communiquent des images alternatives, les formes de communication des projets restent surtout celles, officielles, des médias classiques.

Des projets pour valoriser les quartiers populaires

Comment la construction de ces imaginaires s'entrecroise-t-elle avec les visions plurielles des « habitants » ? Nous abordons plus particulièrement les productions d'Horizome et analysons ici des passerelles existantes entre les discours et les images des habitants et des actions associatives, à travers notamment l'intervention artistique nourrie par une vision transdisciplinaire qui puise dans les sciences sociales. Une réflexivité s'impose également dans cette analyse : la démarche réflexive nous pousse tout d'abord à analyser l'implication et le rôle du chercheur dans le champ des rapports sociaux. C'est à travers

---

[20] Morovich, B., 2014, « Entre stigmates et mémoires : dynamiques paradoxales de la rénovation urbaine », *Articulo – Journal of Urban Research*, Numéro Spécial n° 5. URL : <http://articulo.revues.org/2529> ; DOI : 10.4000/articulo.2529.

un engagement toujours « maîtrisé » (Althabe) que nous allons justifier l'ambiguïté de notre position.

Avant d'analyser les projets de l'association Horizome, il faut d'abord signaler le contexte au sein duquel ces imaginaires se fabriquent. Dans les dernières années, plusieurs artistes manifestent la volonté de donner des images différentes des quartiers populaires français, ces postures de valorisation apparaissant notamment en réaction à la stigmatisation des médias. À partir de 2004, l'artiste JR conçoit « Portrait d'une Génération » des affiches grand format qui représentent des « jeunes de banlieue » grimaçants et défiant le passant des quartiers bourgeois de la capitale. Ces portraits « questionnent la représentation sociale et médiatique d'une génération que l'on ne s'attendrait à voir qu'aux portes de Paris »[21]. En 2010, l'artiste Nicolas Clauss expose pour la première fois son installation « Terres arbitraires »[22]. Il met le spectateur face à vingt-huit écrans d'où s'échappent 300 visages de « jeunes de banlieue » qui installent une relation entre celui qui est regardé et celui qui regarde. Ces visages proviennent de plusieurs quartiers classés « sensibles » et « c'est surtout le silence des principaux intéressés, ainsi mis en exergue dans un dispositif sobre et efficace, qui invite à vouloir entendre qui ils sont et non pas ce qui est dit sur eux ». Cette volonté de valoriser les quartiers populaires émerge aussi de l'intérieur des quartiers eux-mêmes. Une différence fondamentale est à signaler entre les collectifs plus politiques, composés par des membres de la société civile issus des banlieues, et les artistes nommés auparavant, le plus souvent issus d'autres contextes urbains. L'émergence du discours politique correspond à une réactivation de thèmes déjà présents lors de la « marche pour l'égalité et contre le racisme » de 1983 : l'antiracisme, le droit à la parole des dominés, l'ouverture par rapport à l'altérité. Ce sont des caractéristiques d'un ensemble de discours associatifs portés par des personnes d'origine migrante, installées en France depuis deux ou trois générations. Les personnes concernées, le plus souvent d'origine maghrébine ou africaine, sont désormais en grande partie françaises, cependant elles sont regardées et « parlées » à travers des discours ethnicisants, les identifiants à des « immigrés ». En réaction à ces effets d'imposition et afin de porter des images valorisantes, naissent des actions menées par des collectifs engagés. Nous indiquons notamment l'initiative menée par le CUAC ayant abouti au temps fort « Initiative quartiers populaires », en avril 2012 à Toulouse et qui, déjà en 2011, interroge des acteurs culturels sur

---

[21] <http://www.jr-art.net/fr/projets/portrait-dune-generation>.
[22] <http://www.nicolasclauss.com/terresarbitraires/index.htm> voir aussi <http://blog.mondediplo.net/2012-05-15-Regarder-autrement-la-jeunesse-des-quartiers>.

le pourquoi de l'impopularité des quartiers populaires[23]. Plus récemment, Mohamed Mechmache, président d'ACLEFEU, collectif qui affirme porter la parole des banlieues, participe à la fondation d'un mouvement pour soutenir les revendications des quartiers populaires pour « redonner du pouvoir d'agir aux habitants des quartiers, de ne plus laisser d'autres parler à leur place »[24]. Le but commun de ces actions est la volonté de porter la parole d'acteurs qui sont d'habitude « parlés » par les autres.

À la croisée de ces entreprises, à la fois d'artistes individuels et de collectifs politiques, des associations d'artistes engagés répondant à une volonté d'interpeller les images des quartiers populaires voient le jour. Leurs acteurs sont le plus souvent (mais pas toujours) issus de contextes urbains favorisés. Selon Élisabeth Auclair[25], le collectif parisien Cochenko, revendiquerait notamment un « activisme en douceur, poétique, politique et ludique », entre le champ social, l'action culturelle et l'engagement militant. Cet activisme ne serait pas en rupture avec les institutions.

Le cas de l'association Horizome est similaire, son installation dans un quartier populaire favorise le dialogue et la production de discours en lien avec ceux des acteurs du territoire. D'autre part, le croisement de trois champs disciplinaires (sciences sociales, art et urbanisme) à travers la « transdisciplinarité »[26] incite à la compréhension d'une réalité urbaine complexe. Grâce à son regard d'ensemble, la transdisciplinarité contribue notamment à la critique d'un savoir fragmenté et, au sein des projets en relation avec la rénovation urbaine, refuse la séparation artificielle entre les volets « technique » et « humain ».

De plus, l'expression artistique, à travers les arts graphiques et les technologies de l'information et de la communication qui caractérisent une partie importante des productions d'Horizome, favorise une circulation de la parole de manière horizontale. C'est notamment sur quelques projets artistiques numériques et sonores que nous voudrions nous attarder, par

---

[23] Le Couac, Collectif Urgence d'Acteurs Culturels est « un collectif transdisciplinaire ouvert. Il fonctionne sous une forme associative et fédérée des individus et des structures culturelles d'initiative indépendante implantées à Toulouse et en région, qui ont décidé de s'organiser pour réfléchir et agir sur la définition des politiques culturelles ». <http://couac.org/-Missions-et-fonctionnement-> Voir aussi : www.quartiers-populaires-toulouse.org et <http://initiativequartierspopulaires.wordpress.com/>.

[24] <http://www.lemonde.fr/societe/article/2014/09/05/dans-les-quartiers-un-sentiment-d-indifference-de-la-gauche-au-pouvoir_4482769_3224.html>.

[25] Auclair, É., 2012, « La réappropriation de l'espace public, pour une ville créative et partagée : l'exemple des projets menés par le collectif Cochenko », communication au Colloque *Engagements et tensions autour de la rénovation urbaine*, Paris, ENSA Paris Val de Seine, 25 et 26 janvier 2012.

[26] La transdisciplinarité a été théorisée par Edgar Morin et Basarab Nicolescu dans les années 1980. Le mot lui-même a été inventé par Jean Piaget dans les années 1970.

leur capacité, d'une part à mettre en place des formes participatives et de démocratisation du savoir et, d'autre part, par leur aptitude à restituer des mémoires alternatives.

Le numérique propose un nouveau rapport au temps et à l'espace, notamment à travers la notion de simulation, fortement présente dans les espaces virtuels en 3D et en temps réel[27]. Internet et la 3D jouent souvent un rôle important dans la médiation grâce à leur qualité de réservoir mémoriel ouvert à tous : l'idée est d'ouvrir un espace public virtuel afin de construire un champ en mouvement et en évolution et de créer des interactions. Certains projets transdisciplinaires de l'association Horizome sont le fruit du travail d'artistes, anthropologues, habitants et acteurs associatifs[28]. Des portraits d'habitants, par exemple, sont issus d'entretiens semi-directifs en relation avec les espaces de vie des personnes interrogées. Des phrases sur le quartier, sélectionnées par les interviewés, apparaissent avec leur consentement dans des projections en 3D (figure 1).

Figure 1 : Site HTP3D, portrait d'habitant

La démarche amène les habitants du quartier, notamment les plus jeunes, à accéder à l'expérimentation en contribuant à la modélisation de l'outil pendant des stages. Des projets sonores sont également menés en partant de l'idée que les bruits sont également des témoins privilégiés de l'évolution perpétuelle de la ville, la transformation de sa morphologie,

---

[27] Buci-Glucksmann, C., 2004, « L'art à l'époque virtuel », in Amey, C., Olive, J.-P. (dir.), *Frontières esthétiques de l'art*, Arts 8, Paris, L'Harmattan.

[28] HTP3D : le site de Hautepierre 3D participatif a été conçu par l'artiste Grégoire Zabé.

les changements d'habitudes ou encore les variations d'ambiance et les basculements d'état. Le SONar, une cabine-outil permettant l'exploration sonore[29] permet à l'expérimentateur de redécouvrir son quotidien et de capturer des sons ambiants sur le territoire urbain (figure 2).

Figure 2 : Le SONar

Un dispositif numérique à l'intérieur de la cabine permet la superposition de témoignages et d'interprétations à ces sons ambiants, sur la base d'un questionnaire semi-directif diffusé sur l'interface. L'idée du projet SONar est de permettre l'expérimentation des usages des archives sonores et l'accessibilité de l'outil numérique à un large public, pour la mise en place d'une éducation à l'écoute. La méthode envisagée implique donc un projet coconstruit progressif et processuel. Un ensemble d'archives sonores immatérielles est mis progressivement en ligne sur le « Radar urbain »[30]. Parallèlement, les paroles récoltées ont donné lieu à des bricolages sonores, dans lesquels des enfants du quartier de Hautepierre ont créé eux-mêmes leur propre montage sonore[31]. L'impact de ces projets, qui restent le plus souvent expérimentaux et, par manque de moyens financiers, ne peuvent pas donner lieu à une très large diffusion, est difficilement quantifiable. L'aspect positif est l'initiation à ces techniques et l'accès à ces projets au

---

[29] Le Sonar a été conçu par Grégoire Zabé et Pauline Desgranchamp, designer sonore et doctorante, dans le cadre d'un projet d'Horizome.

[30] Radar Urbain est une plate-forme culturelle, informative, mémorielle et collaborative pour les quartiers périphériques de Strasbourg. Ce projet de l'association Horizome a été coordonné par G. Zabé.

[31] Lors de l'atelier « Sons d'ici » mené par Marine Froeliger, artiste et médiatrice, Horizome, août 2014.

sein d'ateliers ou lors d'expositions. Dans ce dernier cas, ces projets sont montrés à un public varié, les expositions d'Horizome (une exposition par an depuis 2010), étant fréquentées par un nombre assez important (plusieurs centaines) de personnes, habitant différents quartiers de la ville.

Combattre les stéréotypes ?

Avant de venir à l'impact des projets sur le changement des images au sein de la presse, nous souhaitons présenter quelques brèves vidéos dont l'intérêt est celui d'être postées sur le site de l'association et d'être donc visibles au plus grand nombre[32]. Les quatre vidéos que nous analysons ici ont un point commun : elles décrivent la vie du quartier et montrent la relation entre des personnes bien précises, des sujets non stéréotypés, et leurs espaces. Dans « Les murmures ont des oreilles : contes et légendes urbaines de Hautepierre » (2011), vidéo transdisciplinaire à partir d'un atelier avec des enfants coordonné par l'artiste Nathalie Dohlen, des filles décrivent leurs espaces préférés, dont une majorité n'existe plus car démolis ou changés par la rénovation urbaine. La vidéo a donc un rôle mémoriel et restitue des aspects du premier paysage urbain hautepierrois. Dans le même sens, deux vidéos de l'artiste en résidence Rossella Piccinno, « Unexpected visit » (figure 3) et « Here/There. Evidences of proximity », les deux datant de 2012, mettent en relation la présence d'habitants, du passé et du présent, avec des espaces en mutation.

Figure 3 : Vidéo « Visites inattendues »

---

[32] Le site est visité une dizaine de fois chaque jour.

Finalement, dans les « Demoiselles du foot »[33] (2013) on explique que, dans le quartier, de plus en plus de filles choisissent de faire du football. L'image centrale, celle de la narratrice-réalisatrice Hanan Omar, jeune femme voilée parfaitement à l'aise avec son discours féministe, est déroutante par rapport au stéréotype de la « fille musulmane invisible ».

Dans ces quatre vidéos, l'imprégnation au sein du quartier, soit par le fait d'y habiter (Hanan Omar), d'y être en résidence (Rossella Piccinno) ou de le fréquenter régulièrement (Nathalie Dolhen) a comme effet un regard particulier qui plonge dans des vies bien réelles. Mais quel est l'impact de ces images qui décrivent des individus et leur parcours singulier, sur les images médiatiques ? Quel est l'impact global de ce travail associatif sur les images véhiculées par la presse du quartier de Hautepierre ?

Pour répondre à cette question, nous analysons les articles (42 en tout) que le quotidien principal d'Alsace, *Les Dernières Nouvelles d'Alsace* (DNA), a consacré depuis 2009 aux actions d'Horizome. D'ores et déjà, il faut tenir compte du fait que sur les 42 articles, la très grande majorité (32) sont des « brèves » qui relatent, de manière très succincte (une ou deux lignes), des événements ou projets de l'association. Sur les 10 articles restants, deux portent sur des artistes en résidence, trois se concentrent sur le processus de rénovation et plus particulièrement sur les nouveaux noms des rues de Hautepierre – processus auquel Horizome a participé – un seul article porte sur le projet général de l'association, deux sur les expositions, et deux sur le projet participatif d'aménagement de l'espace public « Place Érasme ». Le ton des journalistes est toujours le même : ils décrivent leur sujet sans porter de jugement et faisant parler des acteurs différents. Plutôt que d'analyser le contenu, qui est positif envers les actions menées par Horizome et aussi envers la rénovation urbaine, nous analysons ici certaines des images qui accompagnent les articles, et des mots qui apparaissent dans ces écrits.

Le premier article qui parle d'Horizome[34] montre l'image d'une artiste, une jeune femme souriante habillée en pantalon, de face, devant une dame voilée qui est de dos et dont on aperçoit seulement des lunettes et un visage rond. Dans un deuxième article qui porte sur la démarche de choix de dénomination des nouvelles rues engendrées par les travaux de

---

[33] Le film s'inspire également du film « *Demoiselles du Ring* », documentaire de 52 minutes d'Ilana Navaro que l'association Horizome avait montré au sein d'un « Ciné-café » en 2013.

[34] DNA, 27 octobre 2009, *La mémoire du quartier*. Légende de l'image : « L'association Horizome se donne pour but de travailler sur la mémoire du quartier pour mettre en valeur sa richesse ».

rénovation[35], l'image représente une fontaine délabrée, et un enfant loin, assis sur la fontaine qui tourne le dos à la caméra. Dans un troisième article[36] qui concerne le travail de mémoire fait par deux artistes au sein d'Horizome sur une commande de la rénovation urbaine, une image est extraite du film d'Hervé Roesh : de loin, on voit un homme marcher, de dos, dans un espace assez vide ; l'homme, un des protagonistes du film, se dirige vers un immeuble de 10 étages qui vient d'être réhabilité. Dans une quatrième image[37], relative à un article sur le projet participatif « Place Érasme », un projet d'aménagement de l'espace public, l'image des structures construites est au premier plan, un garçon est assez loin et de dos, des personnes sont encore plus loin.

Ces quelques images[38] indiquent clairement une relation aux individus photographiés : les personnes du quartier sont toutes représentées de dos, de loin, indiquant une véritable distance entre le photographe (et donc le lecteur) et les personnes photographiées. D'autre part, certains titres ou légendes nous interpellent. Dans une légende on peut lire : « Maille Catherine. Les habitants le nomment "le champignon", bientôt cet espace aura un nom », contradiction entre le nom d'usage (le champignon), qu'on considère illégitime (bientôt cet espace aura un nom), et un nom futur. Le titre d'un article : « Après les tours la vie continue » fait référence à un imaginaire typique des grands ensembles, alors qu'Hautepierre n'a aucune tour. Mais encore plus, la relation avec les personnes du quartier est, dans les articles, pour la plupart générique, vague et superficielle : ils sont nommés « les habitants » (30 fois), on utilise pour les nommer seulement des prénoms aussi bien pour des enfants que des adultes (10 fois) et seulement 6 fois apparaissent des prénoms et des noms. Cette faible subjectivation contraste avec l'individualisation forte des autres acteurs (artistes, anthropologues, architectes, élus, experts, chargés de mission…) qui sont tous appelés par leur prénom et nom (36 fois). Si, dans la presse, l'impact des projets d'Horizome est plutôt positif, d'autre part les images et les mots pour communiquer ces projets correspondent à des postures toujours stéréotypées, bien différentes de celle du projet lui-même.

Du côté de la réception du projet par les élus et par les acteurs de la rénovation urbaine, leur intérêt n'est pas des plus significatifs, sauf quand il s'agit de projets en relation à la rénovation urbaine, comme

---

[35] DNA, 18 juin 2011, *Dénomination des nouvelles rues : les habitants pourront voter.* Légende : « Maille Catherine. Les habitants le nomment "le champignon", bientôt cet espace aura un nom ».

[36] DNA, 12 décembre 2012, *Après les tours la vie continue.* Légende : « "À chantier ouvert" : construire sa vie après la démolition ».

[37] DNA, 31 août 2014, « Les jeux sont faits ! ». Légende : « Des jeux, des bancs, et la place Érasme prend vie ».

[38] Il y en a en tout 9, dont 1 plan.

la dénomination des nouvelles rues, ou les travaux sur la mémoire de l'immeuble démoli (4 articles en tout). Dans les deux cas, les élus et les chargées de mission pour le projet de rénovation sont présents aux expositions et ces projets sont également communiqués par des plaquettes et des périodiques en lien avec les travaux (notamment dans le *Journal de la Rénovation Urbaine*).

Conclusion : un espace intermédiaire fragile

La nécessité de reconnaître la multiplicité des points de vue et les « fabriques » du regard est impérative au sein des quartiers populaires. À travers ces quelques exemples, il apparaît que le rôle de certains médiateurs associatifs a une importance cruciale dans la production d'images dissonantes. À travers la transdisciplinarité, l'association Horizome a mis en place un « espace intermédiaire », un espace de négociation et de rencontre entre des acteurs et des langages différents. L'impact de ces projets sur les changements d'images ne semble pourtant pas pouvoir contraster les images médiatiques dominantes qui, comme le dit Patrick Champagne, sont le résultat d'une production collective dont les médias sont seulement les agents les plus visibles. Si les collectifs d'artistes nous semblent bien faire émerger des images alternatives, ce ne sont pas leurs images qui sont le plus souvent communiquées par les médias, mais celles choisies par les pouvoirs politiques qui utilisent les images produites par les associations les mettant au service de la rénovation urbaine. Cependant l'enjeu d'Horizome est également d'aménager, au sein du pilotage de la participation, des marges de liberté amenant à la conception d'outils indépendants de lecture des réalités urbaines, notamment numériques et sonores. Ces projets seraient à même de mieux communiquer des imaginaires différents, si d'expérimentaux ils pourraient devenir plus pérennes et donc plus diffusés.

Finalement, la relation complexe entre ces collectifs artistiques et les acteurs du renouvellement urbain, provoquant d'ailleurs des tensions au sein des acteurs associatifs eux-mêmes, est régie également par la précarité des financements, pour lesquels chaque année des nombreux dossiers et demandes doivent être renouvelés. La fragilité de ces associations est donc une autre conséquence à prendre en compte dans ce rapport de force inégalitaire.

Bibliographie

Agence nationale pour la rénovation urbaine (ANRU), *Changeons de regard sur les quartiers. Vers de nouvelles exigences pour la rénovation urbaine*. Comité d'Évaluation et de Suivi (CES), ANRU, Paris, 2013.

Auclair, E., « Comment les arts et la culture peuvent-ils participer à la lutte contre les phénomènes de ségrégation dans les quartiers en crise ? », *Hérodote* 3/ (n° 122), 2006, p. 212-220.

Auclair, E., « La réappropriation de l'espace public, pour une ville créative et partagée : l'exemple des projets menés par le collectif Cochenko », communication au Colloque *Engagements et tensions autour de la rénovation urbaine*, Paris, ENSA Paris Val de Seine, 25 et 26 janvier 2012.

Battegay, A. et Boubeker, A., *Les images publiques de l'immigration*, Paris, CLEMI/L'Harmattan, 2008.

Bidou-Zachariasen C. & Blanc M. (dir.), « Paradoxes de la mixité sociale », *Espaces et Sociétés*, 2010.

Bourdieu, P., *La misère du monde*, Paris, Seuil, 1993.

Champagne, P., *Faire l'opinion. Le nouveau jeu politique*, Paris, Minuit, 1990.

Buci-Glucksmann, C., « L'art à l'époque virtuelle », in Amey, C., Olive, J.-P. (dir.), *Frontières esthétiques de l'art*, Arts 8, Paris, L'Harmattan, 2004.

Lelevrier, C., « La mixité dans la rénovation urbaine : dispersion ou reconcentration ? », in *Espaces et sociétés* n° 140-141, 2010, p. 59-74.

Morovich, B., « Quartier réel, quartier rêvé : parcours des femmes et rénovation urbaine à Strasbourg », in S. Ertul, J.-Ph. Melchior, V. Caradec (dir.), *Dynamiques des parcours sociaux. Espace, temps, profession*, Presses universitaires de Rennes (PUR), 2012.

Morovich, B., « Concertation et projet urbain à Hautepierre : la structuration d'une démocratie participative », *Revue des Sciences Sociales, La ville durable*, Université de Strasbourg, 2012.

Morovich, B., « Hautepierre – Fabrique associative et rénovation urbaine », in C. Mazzoni et A. Grigorovschi (dir.), *Strasbourg actuel 2 : Ourlets urbains dans la ville mosaïque*, ENSAS-AMUP, Strasbourg, 2014.

Morovich, B., « Entre stigmates et mémoires : dynamiques paradoxales de la rénovation urbaine », *Articulo – Journal of Urban Research*, Numéro Spécial 2014, n° 5. URL : <http://articulo.revues.org/2529> ; DOI : 10.4000/articulo.2529.

Rivière J. et Tissot S., « La construction médiatique des banlieues. Retour sur la campagne présidentielle de 2007 », *Métropolitiques*, 7 mars 2012. URL : <http://www.metropolitiques.eu/La-construction-mediatique-des.html>.

Sedel, J., *Les médias & la banlieue*, Paris, Le Bord de l'Eau, 2009.

Défendre la mixité sociale
« *Cosmopolitan hope from below* »

Beth S. EPSTEIN

New York University Paris

Un article du *Monde* datant du 7 mars 2014 titre : « Un office HLM devant le tribunal pour discrimination raciale » et poursuit : « L'affaire met en lumière les pratiques de bailleurs face au flou de la notion de "mixité sociale" »[1]. La mixité sociale, l'un des objectifs phares de la politique de la ville depuis les années 1950, est largement perçue comme un moyen progressiste d'assurer l'accès aux ressources aux plus démunis. Mais, comme le suggère cette affaire révélée par *Le Monde*, d'aucuns considèrent qu'elle sert aussi à couvrir des pratiques discriminatoires. Rapportant la décision de M. Tieboyou, « d'origine ivoirienne, » de porter plainte contre une société de HLM qui ne lui a pas attribué de logement au motif que cela contreviendrait à l'idéal de « mixité sociale », l'article cherche à élucider les tensions et les malentendus à l'œuvre dans ce type de pratiques administratives. Il mentionne que M. Tieboyou, en tant qu'employé de la RATP, « fait partie de la "classe moyenne" », mais que, malgré cela, il ne peut prétendre à un meilleur logement que l'appartement décrépit qu'il partage avec sa mère dans le 20ᵉ arrondissement de Paris. Dans sa plainte, M. Tieboyou cite les propos d'un agent de l'office HLM déclarant « qu'il était d'origine africaine et qu'il y avait déjà assez de Noirs dans la tour ». Dans un entretien qui accompagne l'article, Christophe Guilluy, géographe, explique que « la difficulté est que le mot "mixité" recouvre sans le dire une dimension ethnique qui, elle-même, officiellement, en France, n'existe pas ».

La contradiction décrite ici, à l'image de Janus aux deux visages, n'a rien d'exceptionnel dans les discussions sur les questions de race, de discrimination et d'inégalités sociales en France. Elle présente, d'un côté,

---

[1] Ce chapitre est basé sur les recherches financées par la *Wenner-Gren Foundation for Anthropological Research*, le *Social Science Research Council*, et la *French-American Foundation*. Merci à Juliet Carpenter et Christina Horvath pour leur travail sur ce volume, et à Catherine Lorente pour son aide à la traduction.

des initiatives destinées à améliorer la redistribution des ressources sur le territoire, et, d'un autre, des mécanismes qui dissimulent une pratique discriminatoire, les deux pôles étant liés puisque les décisions prises au nom de la redistribution déterminent qui a droit à ces ressources et dans quelle proportion. En soulevant des problèmes récurrents qui touchent « les banlieues en difficulté » – ces zones périurbaines qui depuis quarante ans, et surtout depuis les troubles qui ont secoué la France en 2005, cristallisent les défis auxquels les centres urbains doivent faire face dans un monde globalisant, post-colonial, et post-industriel – ces deux pôles pris dans une impasse résument bien le cadre de ce débat, qui oscille entre, d'une part, des questions d'inégalités socioéconomiques, et, d'autre part, des questions de discrimination raciale.

On pourrait considérer que cette contradiction constitue un exemple de ce que Nancy Fraser nomme « la justice anormale ». Composée de « paradigmes concurrentiels », la justice anormale résulte de différences conceptuelles qui mènent à « une hétéroglossie du discours de justice » (2008 : 396). Ici, elle repose à la fois sur une logique sociale de redistribution et sur sa remise en question par les revendications d'une justice de la reconnaissance qui défend la primauté de la diversité ethnoraciale comme un champ significatif de la vie sociale. Cette contradiction révèle à quel point une politique de la mixité qui agit sur et à travers des notions de différence ethnoraciale peut nuire au bien-être de ses bénéficiaires. En effet, comme certains s'évertuent à le démontrer, d'autres avec quelque réticence, les efforts de la part de l'État pour éviter la concentration de minorités ethniques dans les « ghettos » communautaristes renforcent, du moins en partie, un cadre normatif qui conditionne la perception de la communauté ethnique comme problème nécessitant une intervention étatique. Toutefois, cette lecture d'une justice de la reconnaissance qui affirme et reproduit la validité de ces catégories peut être battue en brèche. On pourrait en effet estimer que c'est justement en cherchant à rompre avec ces catégories que la mixité sociale déploie sa plus grande force.

Conçue avant tout pour corriger les inégalités socio-économiques, la politique de la mixité sociale était une idée centrale du développement des zones périurbaines d'après-guerre, où la construction de logements publics était envisagée pour faire fonctionner l'ascenseur social au profit des revenus bas et modérés. Dans la mesure où elles constituent un nombre disproportionné d'habitants de ces quartiers, les populations d'origine minoritaire ou immigrée sont particulièrement visées par ces stratégies qui cherchent aussi à éviter la formation de « ghettos » afin d'assurer que les populations d'origine immigrée aient accès aux ressources nécessaires pour s'intégrer dans la société française. Telle est, du moins, la justification la plus fréquemment donnée à la finalité de ces stratégies. Cependant, comme le souligne l'article du *Monde* précédemment cité, on peut se demander si derrière la dimension sociale, explicite dans la politique de mixité, ne se cache pas une dimension raciste dissimulée par la logique de redistribution. Comment comprendre, sinon, les problèmes de discrimination, d'exclusion, et de sentiments de déchéance, de la part de certaines tranches de la population, si ce n'est en reconnaissant les effets discriminatoires de l'idéal républicain qui nie la différence (*difference-blind*). Les voix critiques qui s'élèvent à cet égard cherchent à révéler à quel point le républicanisme à la française, en minimisant la pertinence des facteurs ethnoculturels dans le champ social au profit d'enjeux dits plus vitaux tels que construire un tissu social cohérent à travers les diverses populations du territoire, finit par nier la réalité sociale et créer une zone de non-dit. Pour ces critiques, qu'elles résultent de la question de la mixité sociale, de l'angoisse liée aux « ghettos » et au communautarisme, ou de l'inquiétude par rapport au « problème immigré » des banlieues troubles, la mise en place du contrat républicain donne lieu à des pratiques discriminatoires infléchies de caractère racial qui, dans une vision républicaine qui nie la notion de race, n'osent pas dire leur nom (Fassin & Fassin, 2006 ; Mbembe, 2011 ; Simon, 2008 ; Stoler, 2011)[2].

Selon Fraser, de telles réclamations aident à élargir « le champ de la contestation… rendant visibles, et critiquables, les formes néfastes de la méconnaissance et des fausses représentations » (2008 : 402). Les demandes pour une justice de la reconnaissance révèlent les inégalités concentrées pour la plupart, mais pas exclusivement, dans les banlieues pauvres, offrant d'autres moyens de comprendre le statut de deuxième classe auquel les immigrés et leurs descendants sont trop souvent assignés, et, de ce fait, aident à « défier les injustices que la grammaire précédente a élidées » (2008 : 402). Pourtant il me semble que Fraser n'interroge pas assez les logiques sur lesquelles se fondent ces revendications. S'agit-il seulement de revendications concurrentes qui révèlent des angles morts ignorés par d'autres notions de justice, ou existe-t-il des différences qualitatives entre ces réclamations et leurs effets auxquelles nous devons aussi prêter attention ?

Dans ce chapitre, je cherche à éviter cette binarité afin de mieux examiner l'interpolation de ces considérations sociales et ethnoculturelles dans le contexte de l'idéalisation de l'intégration sociale dans la banlieue, et de pointer d'autres facettes de ces phénomènes que cette tension n'arrive pas à saisir. Passant en premier lieu par une réflexion historique,

---

[2] Voir aussi Conklin (1998), Saada (2007), Shepard (2006), Wilder (2005) sur l'exploitation et le maintien de la « différence » dans les efforts fournis pour implanter les principes républicains dans les colonies et, entre autres, Amselle (2008) et Wieviorka (2008, 2012) sur la déclinaison de ces questions en France.

je considère ces initiatives d'abord comme la manifestation visible d'une volonté idéologique de réaliser un paysage social intégré et cohérent à travers la diversité de la France contemporaine. Liées aux concepts tels que l'équilibre, la solidarité, et le vivre-ensemble, la mixité sociale et d'autres pratiques connexes sont imprégnées d'impératifs moraux, particulièrement aigus depuis l'arrivée de la « crise » des banlieues, à savoir celui de contenir les forces endémiques de désintégration sociale, telles qu'on se les représente sévissant dans les quartiers « en difficulté ». Ces impératifs agissent comme un véritable prisme à travers lequel passent les dimensions sociales et ethnoculturelles de cette politique. Je cherche ensuite à m'éloigner de ce contexte de crise afin de m'intéresser plus précisément aux effets réels de la mixité, à sa capacité, tout simplement, de créer des collectivités mixtes, capables de briser les notions normatives d'ethnicité et de diversité, et de réfléchir sur le sens de la différence dans les contextes pluriels. Par-delà la panique morale qui encadre la discussion sur les banlieues françaises, que pouvons-nous voir dans la vie ordinaire ?

La mixité sociale complique les logiques sous-tendant une politique de la reconnaissance dans la mesure où ses effets déstabilisent le présupposé des identités fixes, contenues dans de telles réclamations. La mixité permet, au contraire, l'émergence de ce que Paul Gilroy nomme « *cosmopolitan hope from below* » ou « espoir cosmopolite d'en bas » (2005 : 67), un cosmopolitisme construit des rencontres de la vie urbaine quotidienne qui défient les catégorisations réductrices auxquelles les revendications de reconnaissance se réfèrent par nécessité. Mon souci est de constater non seulement les conséquences de ces politiques mais aussi de réfléchir sur ce qu'elles peuvent induire dans la constitution des revendications identitaires. Je soutiens que les controverses soulevées par ces politiques dépassent le seul débat sur les risques qu'elles font courir, à savoir mobiliser les catégories ethniques et sociales à des fins néfastes. Elles soulèvent aussi un débat sur le fondement même des revendications d'une justice identitaire et des opportunités de rupture offertes par la constitution des communautés mixtes.

L'économie morale de l'espace urbain

Plusieurs formes de la notion de mixité sociale ont accompagné la croissance de la banlieue française depuis son développement à la sortie de la Deuxième Guerre. Fixant comme cible les différences de classe sociale, cette politique se poursuit dans le but de promouvoir une justice distributive à travers la dispersion des habitants de statut socio-économique défavorisé dans les quartiers « mixtes », en partant du principe que là ils auraient un meilleur accès aux ressources assurées par la taxation des classes moyennes. Avec la mixité, l'espoir est que les habitants aux revenus faibles seront moins vulnérables aux tensions sociales liées au stress économique

(Palomares, 2008). Les considérations de distinctions de type ethnoculturel, alors présentes dans ces pratiques, y sont régulièrement subsumées par la préoccupation dominante de la classe sociale, qui se traduit aujourd'hui par une politique d'aveuglement à la différence.

Cette orientation reste compatible avec le modèle français d'intégration selon lequel les populations diverses doivent trouver leur intérêt commun à partir des actes quotidiens d'engagement qui leur permettent de bénéficier des opportunités et des ressources de la sphère publique et de participer à leur constitution. Envisagées comme une partie vitale du maintien de « l'équilibre » nécessaire au fonctionnement sain d'un quartier, d'un bloc d'habitations, ou même d'une cage d'escalier, la mixité sociale et d'autres pratiques proches sont ainsi revêtues d'une charge morale, elle-même évoquée à son tour pour expliquer le dysfonctionnement qui pèse sur les quartiers en difficulté souffrant précisément, dit-on, du fait qu'ils ne sont pas assez mixtes (Fourcaut, 2004 ; Fourcaut & Paquot, 2002 ; Pinçon, 1981 ; Voldman, 1990).

À la fin des années 1960 et au début des années 1970, alors qu'un nombre grandissant d'ouvriers d'origine étrangère, recrutés pour travailler dans une France en plein boom, commençait à s'installer avec leurs familles, on imaginait qu'eux aussi feraient partie de ce mélange. Comme d'autres qui pouvaient tirer profit de cette organisation résidentielle, les résidents d'origine étrangère devaient bénéficier de ces politiques permettant l'accès aux lieux de la vie quotidienne, ce qui devait faciliter leur insertion dans les contours plus larges de la société française. Ainsi des pratiques qui d'un certain point de vue peuvent sembler résolument discriminatoires sont, d'un autre point de vue, articulées comme une force de progrès social dans la mesure où elles doivent aider à réduire les tensions sur le long terme. Olivier Masclet cite, par exemple, un document signé en 1972 par l'adjoint au maire de Gennevilliers, commune du nord-ouest de Paris alors administrée par une équipe communiste, qui atteste d'un effort concentré "pour aller vers une diminution du pourcentage des travailleurs immigrés dans notre commune" (2001 : 151) pour la principale raison qu'ils coûtaient cher et que leur capital politique était négligeable. Cependant on pourrait aussi voir dans l'anxiété liée à la « surpopulation » d'immigrés dans un seul endroit – autrement dit la crainte des ghettos et du communautarisme – une préoccupation quant à leur capacité de devenir « français » – apprendre la langue, surmonter les défis de l'administration française, s'adapter à la rigueur des codes sociaux – et de devenir davantage isolés par la suite par la suite (Gaspard, 1995 ; Lallaoui, 1993 ; Pétonnet, 1979 ; Schain, 1985)[3].

---

[3] On peut citer, par exemple, cette déclaration faite dans un rapport soumis en 1983 aux autorités d'une ville nouvelle de la région parisienne : « Les travailleurs sociaux

Depuis la fin des années 1950, la notion quasi scientifique de seuil de tolérance, maintenant transformée en euphémisme d'« équilibre », est invoquée pour que le nombre de personnes issues de l'immigration ne soit pas important dans les contextes résidentiel ou institutionnel, ceci afin d'éviter des mécanismes de rivalité ou de rejet (MacMaster, 1991). De plus, le désir que les immigrés, comme n'importe qui courant un risque d'exclusion, intègrent le corps social est construit sur la crainte des dangers de stigmatisation, de désintégration sociale et de dissolution de la sphère collective républicaine. « La communauté ethnique, ça crée du racisme, obligé ! » m'a dit un jour une jeune femme française. Sa remarque m'a frappée, autant par sa certitude que par son manque de vision d'autres solutions possibles à cette forme d'organisation sociale[4]. La mixité sociale, ou autrement dit l'intégration tout court, est donc mise en place pour maintenir la paix sociale, et assurer que ceux qui appartiennent à cette catégorie curieuse et nébuleuse « des exclus », parmi lesquels on compte, mais pas exclusivement, les immigrés et les minorités ethniques, puissent avoir accès aux ressources nécessaires pour faire partie du contrat social. Autrement dit, l'espoir est qu'en se mélangeant ils s'incluent et apprennent ainsi à jouer le jeu correctement et à contribuer à sa reproduction.

La charge morale derrière ces phénomènes est visible dans les angoisses parfois profondément ressenties concernant la dissolution sociale dans les quartiers et les conséquences d'un mélange qui ne se ferait pas. Comme le montrent Bacqué *et al.*, il en résulte un souci particulier relatif aux classes moyennes – « les garants de la cohésion sociale grâce à leur fonction à "équilibrer la population" » (2010 : 260, voir aussi Wilson, 1987) – et des inquiétudes quant à ce qui pourrait arriver – certains diraient ce qui s'est déjà produit dans les quartiers désavantagés des banlieues en difficulté – si les classes moyennes quittaient les lieux, laissant derrière elles des zones urbaines appauvries. Cette préoccupation apparaissait déjà dans les années 1850 lors du démantèlement de la capitale par Haussmann, comme en témoigne ce rapport de 1855 :

> Les circonstances qui forcent les ouvriers à s'éloigner du centre de Paris ont été généralement signalées comme ayant des conséquences fâcheuses sur leur conduite et leur moralité. Autrefois, ils occupaient en général les étages du haut des maisons qu'occupaient au reste des familles d'entrepreneurs

---

du quartier ont attiré l'attention de l'EPA ce qui leur paraît être une concentration excessive de populations immigrées, hors de proportion avec ce qu'ils connaissent dans les autres quartiers, pouvant donc générer des phénomènes de rejet, des difficultés d'intégration au quartier, et des problèmes des fonctionnements des équipements, en particulier scolaires » (Hamet 1983 : 1).

[4] Le souvenir de la Seconde Guerre mondiale et des dangers du communautarisme dans lesquels la France s'est compromise sont fréquemment signalés dans ce débat. Voir Blum & Guérin-Pace (2008), Gaspard (1995).

d'industrie et de gens relativement dans l'aisance. Une sorte de solidarité s'établissait entre les habitants de la même maison. On se rendait quelques services réciproques. Les ouvriers trouvaient en cas de maladie ou de chômage beaucoup de secours et d'assistance et, d'un autre côté, une sorte de respect humain imprimait un caractère de régularité dans les habitudes ouvrières. En se transportant au nord du canal Saint-Martin ou même en dehors des barrières, les ouvriers habitent où ne se trouvent pas de familles bourgeoises et se trouvent privés de secours et affranchis du frein que leur donnait précédemment ce voisinage (dans Chevalier, 1978 : 342).

La stigmatisation qui relève des distinctions de classes sociales signalée par ce texte, se poursuit de nos jours à travers l'idée que le dysfonctionnement potentiel des classes populaires peut, et même doit, être géré par des formes d'urbanisme bien planifiées. Ceci est perçu comme une question d'ordre public qui tombe par conséquent sous la responsabilité de la fonction publique.

En effet, un des soucis principaux sous-tendant les itérations multiples de la mixité sociale est précisément que les forces du marché, déclenchées par l'haussmannisation, ne sont nullement adéquates à gérer de telles choses, et que, justement, les zones où se concentrent les populations d'un niveau socio-économique défavorisé sont encore plus vulnérables à la détresse sociale, et ont besoin de l'intervention publique pour ne pas être davantage dégradées. La mixité sociale est donc vue aussi comme une forme de prévention, une façon de « partager le fardeau ». Comme le montre Masclet, cette idée était promulguée par rien de moins que les municipalités communistes, piégées entre le devoir de rendre accessibles les services publics à leurs électeurs des classes moyennes et inférieures, afin de rester viable politiquement, et le coût en conséquence d'avoir à servir la « misère du monde » (Masclet, 2001 ; Schain, 1985)[5]. Vue à la fois comme une forme de solidarité, la mixité sociale constitue aussi une façon de se protéger – l'équivalent de la *polis* française, ce que les « gated communities » (communautés à accès restreint) sont à la ville néolibérale : autrement dit un moyen de s'assurer que les autres – les malheureux, les pauvres, les exclus – ne reviennent pas vous hanter dans un effet de boomerang.

Et pourtant, il est clair que la mixité sociale constitue bien davantage. L'idée, après tout, n'est pas de repousser les moins avantagés en dehors de

---

[5] Cette phrase a été mémorablement utilisée par Michel Rocard en 1989, alors Premier ministre, comme justification à une politique restreinte d'immigration. Sur les lois et les décrets utilisés pour inciter les villes à partager les coûts multiples du logement des populations aux bas revenus, en particulier la loi relative à la solidarité adoptée en 2000, voir Bacqué *et al.* (2011).

la ville, mais de les y inclure, dans des proportions appropriées. Ce qui signifie que ces politiques n'excluent pas ouvertement, mais autrement – la discrimination, justifiée par le principe flou de l'intérêt général, prenant ici d'autres formes. Parce que même si les autorités sont réticentes à l'avouer, au moins dans l'attribution du logement public où elles exercent un contrôle, elles veillent à ce qu'il n'y ait pas trop d'immigrés, ou de familles nombreuses ou monoparentales, dans un seul bâtiment ou une seule cage d'escalier (Epstein, 2011, 2012 ; Masclet, 2001 ; Simon, 1999 ; Tissot, 2005). Elles le font avec la conviction que, tout comme les « familles bourgeoises » devaient exercer un frein moral sur les membres de la classe ouvrière avant qu'ils soient contraints de déménager au-delà de l'enceinte sous les effets de l'haussmannisation, les familles françaises moyennes aideront les immigrés à « devenir français », ou l'action collective aidera les exclus à surmonter leur supposé dysfonctionnement social, ou les classes inférieures s'élèveront par les simples mécanismes de contact, et par leurs propres aspirations à se réaliser dans les couches supérieures (Sintomer, 2001).

Ce sont donc ces aspects de la mixité sociale que les réclamations d'une justice de la reconnaissance cherchent à montrer, afin d'éclairer comment ces façons de gérer l'intérêt collectif sont construites sur les conceptualisations de certaines catégories de personnes qui retournent ce qu'elles sont contre elles. Une politique de la reconnaissance cherche à rendre ces phénomènes explicites, à faire exploser la justification morale de ces pratiques afin d'en montrer l'autre face, et comment ils font des immigrés, des pauvres ou des « gens de couleur », le problème à régler. Comme le suggère Fraser, ces argumentations mettent en évidence des formes de discrimination, cachées derrière la logique dominante de redistribution, en montrant comment elles fonctionnent à travers des distinctions sociales, entre ceux qui ont besoin d'être mélangés et ceux chez qui ils seront par la suite introduits.

Cependant, afin d'être efficaces, les revendications identitaires doivent faire appel aux mêmes formes de catégorisation normative, ce qui ne fait que renforcer les notions d'identité de groupe qui dès le début sous-tendent ces pratiques discriminatoires. D'où l'importance de considérer d'autres aspects de la mixité sociale et leur déroulement dans la vie de tous les jours. En créant, justement, des communautés mixtes, ces politiques ouvrent la voie à une multitude d'initiatives qui ont le pouvoir de défier, transcender, ou interrompre les cadres normatifs dans lesquels les groupes et leurs identités sont habituellement conçus. Nous devons rester attentifs au potentiel de ces espaces mixtes et pluriels afin de repenser les moyens mis à notre disposition pour les appréhender et sortir de l'impasse circulaire dans laquelle sont engagés les débats sur les inégalités entre race et classe.

La vie ordinaire

Je voudrais maintenant décrire un moment de mon travail de terrain, mené il y a quelques années dans une ville nouvelle de la région parisienne. Ce moment révèle significativement d'autres aspects de la mixité, souvent négligés par les débats décrits jusque-là, notamment le potentiel générateur de ces configurations à passer outre les catégories ethnoculturelles si souvent utilisées pour les décrire. Par-delà le fait que les pratiques d'intégration amènent les personnes d'origines diverses à vivre ensemble dans des situations mixtes, ce qui importe ici est que les fondements idéologiques mêmes de ces pratiques rompent avec ou, au moins, ouvrent le débat sur les catégories normatives de race et de culture qui sont par ailleurs utilisées pour cadrer et rendre compréhensibles les rencontres de type pluriculturel.

Le moment que je décris se déroule en étage, dans un appartement duplex en crépi blanc cassé typique des années 1980, donnant sur une petite place bordée d'autres maisons du même type, certaines déjà dans un état de délabrement. Je me joins à un groupe de onze femmes qui se retrouvent toutes les semaines pour un cours d'alphabétisation : deux femmes originaires du Maroc, trois de la Côte d'Ivoire, trois de l'Inde, une femme sénégalaise, une autre haïtienne, et puis Éliane, française, l'enseignante. Son cours est offert par une association locale créée à la fin des années 1980 par un groupe de femmes africaines désireuses de créer un lieu d'échanges et de services, qui depuis est devenu l'un des plus importants centres sociaux avec pour vocation d'aider les familles immigrées de ce département du nord-ouest de Paris.

Outre les cours d'alphabétisation, Éliane enseigne la santé et l'éducation domestique. Ce jour-là elle a invité une sage-femme de l'hôpital local à venir parler aux femmes de la santé génésique et de ce à quoi elles devraient attendre si elles accouchaient dans un hôpital français. Au mur, Éliane a affiché les silhouettes d'une femme et d'un homme nus, dont les parties du corps sont amovibles. Elle montre un vagin en gros plan. « Quand vous allez chez le gynécologue, explique-t-elle, même si c'est un homme, il ne voit que ça. Il ne vous regarde pas comme une femme. Pour lui, vous êtes comme une voiture, il ne fait que regarder sous le capot de la voiture. Il n'y a aucune raison d'avoir peur. » Elle explique le rapport sexuel et la grossesse, les maladies sexuellement transmissibles et la contraception. « Ici, nous ne parlons que des aspects mécaniques, dit-elle à Laila, une jeune femme ivoirienne qui commence à afficher un sourire embarrassé. Ce que je vous dis n'est pas choquant, c'est naturel, il n'y a aucune raison de trouver cela amusant. »

La sage-femme, qui s'appelle Brigitte, fait passer un livre, intitulé *Naître*, dans lequel elle montre les images magnifiées de la conception et de la gestation chez l'homme. Elle montre une photo d'un ovule quittant l'ovaire, d'un ovule passant par la trompe de Fallope, et du moment de la conception. Les images ont été élargies, précise-t-elle, et les couleurs ajoutées pour les rendre plus perceptibles. Les images sont abstraites, on dirait d'un autre monde. « Tu peux vraiment voir le bébé ? demande Fatou, la femme sénégalaise, pendant qu'Éliane et la sage-femme parlent de ce qui se passe pendant une échographie. Tout ? J'en ai entendu parler mais je ne l'ai jamais fait. J'ai fait tous mes bébés moi-même toute seule dans ma chambre. » Fatou n'a jamais reçu les allocations de grossesse et d'accouchement auxquelles elle devait normalement avoir droit. Étant l'une des multiples épouses de son mari, sa situation en tant que femme et mère n'a jamais été déclarée. Sur le plan administratif, elle n'existe pas.

Yasmine, originaire du Maroc, mentionne qu'elle n'a pas eu ses règles depuis à peu près un an. Cela l'inquiète car elle aimerait avoir un bébé. Une des femmes ivoiriennes intervient. « Chez nous, en Afrique, explique-t-elle, il y a des fois où le bébé reste à l'intérieur pendant des années, même quand les femmes ont leurs règles. C'est une maladie, mais maintenant avec la médecine africaine, ça arrive moins souvent. Mais peut-être qu'elle est enceinte », dit-elle, en indiquant Yasmine. Brigitte essaie de trouver une réponse et puis elle s'arrête. « Bon, *no comment* » dit-elle. « Oui, répond Éliane, visiblement frustrée, ce n'est pas la peine... »

À ce moment précis de contact, dans un quartier parfaitement ordinaire de la banlieue parisienne, on voit le système rationnel de la Sécurité sociale française se heurter aux complexités de la famille polygame et de ses femmes multiples, les images du système de la reproduction humaine qui valent le meilleur de la science-fiction se confronter à l'histoire de « l'enfant qui dort » pendant des années dans le ventre de sa mère. Éliane hausse les épaules, ne sachant comment interpréter de tels mystères, alors que Brigitte me confiera plus tard qu'elle avait compris l'importance de laisser ces croyances intactes, afin de protéger les femmes qui trompent leurs maris pendant de longues absences. La séance l'a secouée, la laissant pensive et émue.

Ce que je trouve remarquable dans ce moment tient à la fois à sa normalité et à son potentiel à surprendre, à déloger, à créer du plaisir. J'y vois une occurrence de ce que Paul Gilroy nomme la « everyday multiculture », ou le multiculturalisme de tous les jours, qu'il considère à la fois « ordinaire » et « gratifiant » (2005 : 67). Pour Gilroy, la gratification passe au-dessus de la « connaissance de soi » générée par l'exposition à autrui, elle est liée à un engagement éthique avec l'extranéité. Les images magnétisées et colorisées d'un ovule et du sperme humains ne sont-elles pas, à leur façon, aussi étranges que le bébé qui attend patiemment dans le ventre de sa mère pendant des années avant de naître ? Je ne défends pas ici un relativisme dépourvu d'esprit critique, ni une politique de tolérance passive, mais je cherche à souligner que de tels mœurs et modes de vie, multiples, divers, et pas toujours cohérents, coexistent régulièrement, sur le même plan, d'une manière qui ni n'entrave la *communitas* ni ne mène à une universalité purement abstraite. Elle sollicite plutôt *l'engagement* et la lutte qui accompagnent les rencontres avec l'inconnu. C'est ici que prend sa source « l'espoir cosmopolite » de Gilroy, qui reconnaît dans ces rencontres les opportunités d'innover et de renouveler nos façons de concevoir le monde.

Ce sont ces aspects de la mixité sociale qui sont souvent perdus dans les critiques de ses effets cachés et discriminatoires – les ouvertures qu'elle permet dans les échanges régénérateurs entre cultures, rompant avec les catégories plus figées de race, de culture, ou de nation, si souvent utilisées pour appréhender de tels moments. Certes, nous pourrions décrire ce qui s'est passé entre ces femmes comme un instant de « choc culturel » mais cela ne ferait que renforcer une notion restreinte de groupe qui était, au contraire, à ce moment-là en train de l'effacer. Une telle lecture nous empêcherait de capter, d'ailleurs, ce qui est potentiellement le plus intéressant dans un tel échange, entre autres les opportunités de contester les idées reçues et d'imaginer d'autres cadres pour penser le monde. Certes, rien ne garantissait que ces femmes allaient quitter le cours avec une compréhension élargie d'elles-mêmes ou des autres, ni que leur discussion n'allait pas servir à renforcer les stéréotypes préexistants sur la médecine « européenne » ou les croyances « africaines » inhabituelles. Mais en quittant cette salle, elles étaient reparties dans le courant de leurs vies quotidiennes où ensemble, et avec d'autres, elles allaient continuer à gérer les tâches de tous les jours – garder leurs rues en sécurité, veiller à ce que leurs enfants échappent aux ennuis, maintenir la propreté des espaces communs autour de leurs appartements – d'une façon qui continue à brouiller et à redessiner les lignes qui les rassemblent et les séparent.

Bâtie sur les présupposés de l'identité de groupe, la politique de la reconnaissance aplatit ou même anéantit le potentiel naissant de la mixité de brouiller les lignes. Elle maintient de surcroît une notion de groupe qui peut discriminer à son tour à travers une compréhension tautologique de la culture – la culture comme cause, la culture comme existant dans ses signes extérieurs – et qui empêche d'articuler les possibilités dynamiques des rencontres multiculturelles contemporaines. Dans cette ville plurielle, peuplée par des individus provenant de France, d'Europe du Sud et de l'Est, du Maghreb et d'Afrique subsaharienne, de Haïti et des Antilles, d'Inde et d'Asie du Sud, il n'est pas rare d'entendre les gens évoquer « la culture » alors qu'ils cherchent à comprendre leurs différences et à faire face et, d'une façon ou d'une autre à gérer, les inégalités que ces différences semblent signifier. La culture est évoquée afin de surmonter les barrières, de diminuer les épreuves de l'exclusion et de respecter la différence. C'est ainsi, par exemple, qu'une femme africaine est invitée à raconter un conte africain à l'école de son enfant dans le but de partager la « richesse » qui est la sienne et de se sentir la bienvenue, ou qu'aux multiples fêtes de quartier de fin d'année les Kabyles, les Vietnamiens, les Ch'tis, les Martiniquais, et d'autres, exposent « leurs cultures » – un costume traditionnel, un plat culinaire, de la musique et de la danse typiques – afin de trouver leur place à l'intérieur de cet ensemble plus vaste.

On peut se demander pourtant si le but ultime de ces festivités n'est pas autant de célébrer la diversité culturelle de cette ville que d'exhiber d'une façon orchestrée la solidarité que la mixité sociale est justement censée favoriser. Défiant ainsi les forces de désintégration sociale avec lesquelles la banlieue est si fréquemment associée, de telles manifestations réduisent toutefois la différence culturelle de tous les jours à ses parties les plus visibles et les plus performatives, ce que Frantz Fanon a nommé il y a quelque temps un « revêtement visible… qui n'est qu'un reflet d'une vie souterraine, dense, en perpétuel renouvellement » (2002 : 212). Les personnes qui participent à ces événements en parlent même comme d'une célébration du « folklore », d'une performance, donc, des « revêtements visibles » loin des rencontres ordinaires de leurs vies quotidiennes. Avec de tels commentaires, les résidents de cette ville signalent alors que, même si la mixité sociale et d'autres politiques, de l'ordre d'un aveuglement à la différence auquel la France tient obstinément, peuvent être vécues comme autoritaires, elles les poussent aussi à se questionner, ou du moins à ne pas accepter comme toutes faites, les catégories qui aplatissent cette « vie souterraine » qui elle, échappe à de telles représentations.

Conclusion

Gilroy soutient que la configuration de l'avenir multiculturel de nos sociétés contemporaines dépend de la capacité actuelle des nations postcoloniales à compter avec leurs héritages coloniaux et racistes. Se référant spécifiquement au Royaume-Uni, il écrit que « la cache honteuse et dissimulée des horreurs impériaux reste une présence non reconnue de la vie culturelle et politique de la Grande-Bretagne pendant la deuxième moitié du XXe siècle. Il n'est pas trop dramatique de dire que la qualité de l'avenir multiculturel du pays dépend de ce qui est maintenant fait avec » (2005 : 94). En revanche, il insiste sur le fait que le seul espoir de passer au-delà de ces horreurs reste le dépassement des conceptualisations ethnoculturelles qui les ont permises. « Nous devons nous poser la question », note-t-il, « de savoir pourquoi notre mouvement se contente si souvent de construire ses conceptions alternatives du monde à partir des simples inversions des lamentables pouvoirs qui nous confrontent, plutôt qu'à partir de conceptions totalement différentes, guidées par une autre moralité politique ? »

Dans ce chapitre, je me suis efforcée de poser ces mêmes questions sur les politiques de la mixité sociale en France. Conçues et exécutées à partir de la construction des différences sociales et ethniques pouvant avoir un impact discriminatoire, ces initiatives ont aussi amené à la création des collectivités mixtes qui résistent et potentiellement sapent les catégories ethnoculturelles normatives utilisées pour cadrer les revendications discriminatoires. D'une part, le débat sur ce sujet et d'autres tentatives de réaliser l'intégration sociale en France ont produit pour un temps une forme de « justice anormale », pour citer Fraser, qui cherche à mobiliser des revendications de reconnaissance afin de mettre en évidence les effets néfastes de ces initiatives sur certaines catégories de personnes. D'autre part, les pratiques d'intégration génèrent les conditions pour le développement de « conceptions alternatives », pour suivre Gilroy, qui défient les formes normatives de catégories ethnoculturelles auxquelles les réclamations pour la reconnaissance se réfèrent. De telles affirmations proviennent des conceptualisations d'identité stable qui, dans le contexte des sociétés hybrides et transnationales – dans un mot, les sociétés mixtes –, deviennent de nos jours de plus en plus difficiles à retenir. Le tumulte du multiculturalisme ordinaire offre la possibilité de telles conceptualisations alternatives, d'où naît l'espoir cosmopolite de Gilroy et d'où jaillit la source de vitalité que constituent les banlieues françaises à nos jours.

Bibliographie

Amselle, Jean-Loup, *L'Occident décroché. Enquête sur les postcolonialismes*, Paris, Pluriel 2008.

Bacqué, Marie-Hélène, Yankel Jijalkow, Lydie Launay, Stéphanie Vermeersch, « Social Mix Policies in Paris, Discourses, Policies and Social Effects », in *International Journal of Urban and Regional Research*, 2011, vol. 35, n° 2, p. 256-273.

Blum, Alain, & France Guérin-Pace, « From Measuring Integration to Fighting Discrimination : The Illusion of "Ethnic Statistics" », in *French Politics, Culture & Society*, 2008, vol. 26, n° 1, p. 45-61.

Chevalier, Louis, *Classes laborieuses et Classes dangereuses à Paris pendant la première moitié du XIXe siècle*, Paris, Hachette 1984.

Conklin, Alice, « Colonialism and Human Rights : A Contradiction in Terms ? The Case of France and West Africa, 1895-1914 », in *The American Historical Review*, 1998, vol. 103, n° 2, p. 419-442.

Epstein, Beth S., « Régime moral dans la sphère publique : intégration et discrimination dans une ville nouvelle française », in A. Raulin & S.C. Rogers (dir.), *Parallaxes Transatlantiques : Vers une anthropologie réciproque*, Paris, CNRS Éditions, 2012, p. 53-78.

–, *Collective Terms : Race, Culture, and Community in a State-Planned City in France*, NY, Berghahn Books, 2011.

Fanon, Frantz, *Les damnés de la terre*, Paris, La Découverte, 2002.

Fassin, Didier, & Éric Fassin (dir.), *De la question sociale à la question raciale ? Représenter la société française*, Paris, La Découverte, 2006.

Fourcaut, Annie, « Les premiers grands ensembles en région parisienne : ne pas refaire la banlieue ? », in *French Historical Studies*, 2004, vol. 27, n° 1, p. 195-218.

Fourcaut, Annie, and Thierry Paquot (dir.), « Le grand ensemble, entre histoire et avenir », in *Urbanisme*, 2002, n° 322, p. 35-80.

Fraser, Nancy, « Abnormal Justice », in *Critical Inquiry*, 2008, vol. 34, n° 3, p. 393-422.

Gaspard, Françoise, *A Small City in France : A Socialist Mayor Confronts Neofascism*, trans. Arthur Goldhammer, Cambridge, MA, Harvard University Press, 1995.

Gilroy, Paul, *Postcolonial Melancholia*, NY, Columbia University Press, 2005.

Hamet, F., Établissement Public d'Aménagement, *Les étrangers à Cergy-St. Christophe. Le cas de la Résidence Mansart*, Cergy, 1983.

Lallaoui, Mehdi, *Du Bidonville aux HLM*, Paris, Syros, 1993.

MacMaster, Neil, « The "seuil de tolérance" : The Uses of a Scientific Racist Concept », in M. Silverman (ed.), *Race, Discourse & Power in France*, Aldershot, UK, Gower Publishing Co, 1991.

Mbembe, Achille, « Provincializing France ? », in *Public Culture*, 2011, vol. 23, n° 1, p. 85-119.

Masclet, Olivier, « Une municipalité communiste face à l'immigration algérienne et marocaine, Gennevilliers, 1950-1972 », in *Genèses*, 2001, vol. 4, n° 45, p. 150-163.

Le Monde, « Un office HLM devant le tribunal pour discrimination raciale », 7 mars 2014, p. 9.

Palomares, Élise, « Itinéraire du credo de la « mixité sociale », in *Projet*, 2008, n° 307, p. 23-29.

Pétonnet, Colette, *On est tous dans le brouillard*, Paris, Galilée, 1979.

Pinçon, Michel, « Habitat et modes de vie, la cohabitation des groupes sociaux dans un ensemble H.L.M. », in *Revue française de sociologie*, 1981, vol. 22, n° 4, p. 523-547.

Saada, Emmanuelle, *Les enfants de la colonie ; les métis de l'Empire français entre sujétion et citoyenneté*, Paris, La Découverte, 2007.

Schain, Martin, « Immigrants and Politics in France », in J. Ambler (ed.), *The French Socialist Experiment*, Philadelphia, ISHI, 1985.

Shepard, Todd, *The Invention of Decolonization : The Algerian War and the Remaking of France*, Ithaca, Cornell University Press, 2006.

Simon, Patrick, « The Choice of Ignorance : The Debate on Ethnic and Racial Statistics in France », in *French Politics, Culture & Society*, 2008, vol. 26, n° 1, p. 7-31.

– « La gestion politique des immigrés : la diversion par la réforme urbaine », in *Sociétés Contemporaines*, 1999, n° 33-34, p. 5-13.

Sintomer, Yves, « Mixité sociale et lutte pour l'égalité », in *Mouvements*, 2001, vol. 3, n° 15-16, p. 218-220.

Stoler, Ann Laura, « Colonial Aphasia : Race and Disabled Histories in France », in *Public Culture*, 2011, vol. 23, n° 1, p. 121-155.

Tissot, Sylvie, « Une "discrimination informelle" ? Usages du concept de mixité sociale dans la gestion des attributions de logements HLM », in *Actes de la Recherche en Sciences Sociales*, 2005, n° 159, p. 54-69.

Voldman, Danièle, « Aménager la région parisienne (février 1950-août 1960) », in D. Voldman (dir.), *Les Origines des villes nouvelles de la région parisienne (1919-1969)*, Paris, Institut d'histoire du temps présent, 1990.

Wieviorka, Michel, *La Diversité, rapport à la ministre de l'Enseignement supérieur et de la Recherche*, Paris, Robert Laffont, 2012.

– « L'Intégration : un concept en difficulté », in *Cahiers internationaux de sociologie*, 2008, vol. 2, n° 125, p. 221-240.

Wilson, William Julius, *The Truly Disadvantaged : The Inner City, the Underclass, and Public Policy*, Chicago, The University of Chicago Press, 1987.

II. LES BANLIEUES – LIEUX DISCURSIFS

De l'exclusion à la « guerre »
Les émeutes de 2005 et 2010 dans la presse française

Isabelle GARCIN-MARROU

Sciences Po Lyon, Elico

Clichy-sous-Bois en 2005, le quartier de la Villeneuve à Grenoble en 2010 : deux lieux et deux moments d'irruption fortement médiatisée de violences dites « urbaines » ; deux événements ayant mobilisé une attention à la fois publique, politique et médiatique ; deux crises dans lesquelles les réactions et décisions politiques ont cherché à réaffirmer la primauté de l'ordre et de la sécurité, et ont engendré des actes et des discours à la tonalité plutôt martiale. Le premier événement aboutit ainsi à l'instauration de l'état d'urgence par le président de la République Jacques Chirac le 8 novembre 2005 ; le second événement amène le président de la République Nicolas Sarkozy à tenir, le 30 juillet 2010, son fameux « discours de Grenoble » dans lequel il déclare notamment : « c'est donc une guerre que nous avons décidé d'engager contre les trafiquants et les délinquants »[1].

Les deux événements s'inscrivent par ailleurs dans une succession de crises fortement médiatisées depuis les années 1980, où la jeunesse des quartiers dits « sensibles » s'affronte aux forces de l'ordre et au cours desquelles la Nation semble redécouvrir les problèmes de relégation économique, politique et sociale que vivent les habitants de ces quartiers.

Depuis les années 1980, par ailleurs, de très nombreux travaux ont été consacrés aux banlieues et à leurs difficultés[2] ; travaux portant sur les

---

[1] <http://m.la-croix.com/Actualite/Monde/Discours-de-Nicolas-Sarkozy_NG_-2010-08-02-555076>, consultée le 30/09/2014.

[2] Il faut indiquer d'emblée que la désignation « banlieue difficile », « quartiers », « banlieue défavorisée » ne feront pas ici l'objet d'une discussion sur ce qu'est « la réalité » des situations économiques des quartiers périphériques aux grands centres urbains. Nous travaillons sur une désignation qui, en tant que telle, produit des effets d'assignation et de stigmatisation. Et nous renvoyons aux travaux, par exemple, des géographes Didier Desponds et Pierre Bergel (2013) qui montrent combien la catégorisation « banlieue défavorisée » peut s'avérer bien trop englobante – et donc

trajectoires des individus, sur les politiques publiques rassemblées sous le vocable de « politiques de la Ville », sur les discours médiatiques et/ou sur les pratiques journalistiques[3]. Le plus souvent, les travaux consacrés aux émeutes ont dégagé un cadre explicatif plurifactoriel des violences ancrées dans des zones d'habitation « concentrant des problèmes de société tels que le chômage, la délinquance, l'insécurité, la mixité ethnique [et] l'échec scolaire » (de Lataulade, 1996 : 276). Ce cadre explicatif a été repris et co-construit[4] par les discours médiatiques consacrés à ces événements récurrents. Pour synthétiser ces travaux – si tant est que cela soit possible, le recours à l'analyse développée par Jill A. Edy peut s'avérer productif. En effet, en analysant les discours médiatiques consacrés aux émeutes de Watts et de Los Angeles, la chercheuse nord-américaine a mis en évidence la mobilisation de deux grands cadres explicatifs qui font appel aux mêmes éléments que ceux déployés par les discours proposés en France : le cadre dit du « *lawlessness behavior* » construit les violences comme comportements délinquants, et celui dit des « *economic and social conditions* » ancre les violences dans les difficultés des habitants des quartiers défavorisés – les ghettos en Amérique du Nord (2006 : 32-33).

Il y a donc là une alternative discursive entre un cadrage prenant fondé sur la prise en compte des difficultés des jeunes auteurs des violences (prise en compte ne justifiant pas la commission d'actes de violence mais restituant les motifs à agir) et un cadrage essentialisant la délinquance en faisant des jeunes gens des êtres de violence par nature (souvent associée à une absence de culture, à une barbarie, etc.). Cette alternative n'apparaît cependant pas de façon équilibrée dans sa convocation par les journalistes et par les médias. Le cadrage dominant des discours renvoie en effet au

---

    peu utile à l'analyse – si l'on examine la situation à partir des données relatives aux stratégies d'acquisition immobilière.

[3] Au nombre de ces très nombreux travaux, retenons, par exemple, Sophie Body-Gendrot (2001), *Les Villes : la fin de la violence ?* ; Angelina Peralva & Éric Macé (2002), *Médias et violences urbaines. Débats politiques et construction journalistique* ; Isabelle Garcin-Marrou (2007), « Des "jeunes" et des "banlieues" dans la presse de l'automne 2005 : entre compréhension et relégation », *Espaces et sociétés* ; Julie Sedel (2009), *Les Médias la banlieue* ; Béatrice Turpin (dir.) (2012), *Discours et sémiotisation de l'espace* ; Didier Lapeyronnie et Michel Kokoreff (2013), *Refaire la Cité. L'avenir des banlieues*.

[4] Les analyses consacrées aux médias comme dispositifs symboliques et sociaux construisant la réalité sociale peuvent se lire, notamment, dans les travaux de Maurice Mouillaud et Jean-François Tétu (*Le Journal quotidien* en 1989) ou de Patrick Charaudeau (*Le Discours d'information médiatique* en 1997). Pour une approche du constructivisme dans les études des médias, nous renvoyons à l'ouvrage fondateur d'Éliseo Veron, *Construire l'événement*, paru en 1981, et au numéro 22 de la revue *Études de Communication*, paru en 1999 et, plus particulièrement, à l'introduction de Bernard Delforce et Jacques Noyer sur le rôle des médias dans le fonctionnement démocratique des sociétés contemporaines.

récit d'une « bataille intérieure » (Foucault, 1975 : 335) qui oppose les jeunes gens, résidant (et souvent nés) dans les banlieues défavorisées, et l'État français, plus prompt à déployer son bras armé qu'à considérer la très inégale distribution des chances d'être un citoyen actif lorsque l'on est domicilié « de l'autre côté du périphérique »[5]. Les travaux existent donc, qui pointent la construction médiatique d'une réalité sociale dans laquelle les jeunes gens auteurs des violences ont peu de chances d'être reconnus dans leur capacité à agir autrement que, précisément, par la violence.

Pourquoi alors, revenir sur ces discours médiatiques et sur les cadres explicatifs mobilisés ? Plusieurs raisons à cela. Tout d'abord, les violences se répètent et les discours ne semblent pas évoluer – ce qui témoignerait d'une incapacité des médias et, au-delà, de la société française toute entière, à décaler le regard ou à faire bouger les cadres de construction de l'événement. Ce point mérite d'être envisagé car il interroge, selon nous, la capacité du discours médiatique – entendu au sens générique du terme – à rompre avec des discours dominants, consensuels et, surtout, alignés sur la seule conception répressive de l'action de l'État. Une autre raison de revenir sur ces discours tient dans le constat réitéré que l'évolution participative des démocraties contemporaines peine à faire reculer une conception du Pouvoir qui s'origine bien en amont de l'émergence des États nations modernes. En effet, la référence aux prérogatives sécuritaires de l'État face à l'irruption des violences a plus souvent à voir avec une pensée sécuritaire du politique, du pouvoir et de l'exercice de la répression qu'avec une conception plus compréhensive des enjeux de l'exercice du pouvoir, conception dans laquelle la progression des individus vers une meilleure intelligence collective de leur destin commun constitue le pendant incontournable de la mission sécuritaire de l'État souverain. Les discours médiatiques contemporains renvoient donc de façon assez asymétrique à ces grandes pensées du politique et il est toujours intéressant de vérifier comment, au-delà de leur caractère aussi éphémère que factuel, ces discours redisent encore et toujours, et de façon majoritaire, la primauté de l'ordre sur la compréhension mutuelle.

Nous proposons donc de revenir sur les discours de la presse d'information générale française tenus à l'automne 2005 et à l'été 2010[6]. Les

---

[5] Pour reprendre le titre d'un documentaire réalisé, en 1998 par Niels et Bertrand Tavernier, et consacré aux habitants de la cité des Grands Pêchers à Montreuil (93).

[6] Le corpus analysé est ainsi constitué :
– 2005 : *Le Figaro*, 29-30/10/2005 ; *La Croix*, 31/10/2005 ; *Le Monde*, 29/10/2005 ; *Le Parisien*, 29-30-31/10/2005 ; *Libération*, 29-30-31/10/2005 ; *l'Humanité*, 31/10/2005.
– 2010 : *Le Figaro*, 17-19-21-22/07/2010 ; *La Croix*, 19/07/2010 ; *Le Parisien*, 18/07/2010 ; *Le Monde*, 18-19-20/07/2010 ; *Libération*, 19-20/07/2010 ; *l'Humanité*, 18-19-22/07/2010.

discours médiatiques sont ici analysés comme des dispositifs symboliques – des technologies de pouvoir qui proposent des récits des interprétations des émeutes et qui, ce faisant, assignent les auteurs des violences à des identités dominées en réaffirmant, au fil des émeutes successives, la primauté de l'ordre et de la sécurité (Garcin-Marrou, 2007 et 2010).

L'analyse proposée se fonde par ailleurs sur les éditions des premiers jours des émeutes. Le but est en effet de saisir, dans le temps chaud de la crise, les « réflexes discursifs » mis en œuvre par les journalistes et leurs médias, lorsqu'il faut produire de la copie médiatique, que la prise de recul est difficile et que les journalistes sont soudain confrontés à l'amplification d'un phénomène qui déstabilise leurs routines (Peralva et Macé, 2002). Ces discours se revendiquent immédiats, « factuels », et ne prétendent pas à autre chose qu'à rendre compte d'une réalité qu'ils observeraient. Pourtant, ces discours participent de la construction de l'histoire commune d'une société et, en ce sens, de l'affirmation des normes selon lesquelles la société intègre les événements à son histoire. À chaque fois, par ailleurs, il apparaît que le cadrage événementiel qui se met en place dans les tout premiers jours n'est que peu modifié par la suite, pour peu que d'autres faits n'impliquent pas une reconfiguration forte de l'événement. Les discours qui se déploient au début de l'événement peuvent donc être compris comme ceux qui expriment la position du journal. Ces discours fonctionnent comme les « mythologies », décrites par Roland Barthes (1957), qui naturalisent des représentations construites des événements et leur donnent la force de l'évidence. Pour comprendre comment ces mythologies s'instaurent, nous travaillons les discours médiatiques dans leurs dimensions narrative et lexicale[7]. Nous cherchons ainsi à saisir comment sont qualifiés les actes de violence, comment sont construites les figures narratives des jeunes gens et comment, *in fine*, les cadres discursifs mobilisés par les médias, lorsque la violence fait irruption, participent de la construction d'un espace symbolique normatif, dans lequel les jeunes habitants des banlieues constituent une nouvelle « classe dangereuse » (Chevalier, 1958)[8]. Analyser ces premières éditions consacrées aux événements, c'est donc saisir comment, dans ce qui apparaît comme des récits « à chaud », se met en place la description de la bataille que l'État livre aux troubles, à la violence et aux jeunes émeutiers, et s'affirme la conception de l'État – la

---

[7] L'analyse narrative renvoie ici aux travaux d'Algirdas Julien Greimas qui propose, à la suite de Wladimir Propp, d'envisager tout récit à partir de sa structure et des relations établies entre les différentes figures de ce récit, afin de dégager les axiologies fondatrices mises en place (1983, *Du Sens* II).

[8] L'ouvrage de référence, paru en 1958, de Louis Chevalier, *Classes laborieuses, classes dangereuses à Paris pendant la première moitié du XIXe siècle* analyse l'assimilation d'une classe ouvrière, vivant dans des conditions socio-économiques très défavorisées, à une classe dangereuse pour l'ordre établi.

sécurité pensée par Thomas Hobbes (1971) *versus* la liberté de la réflexion de Baruch Spinoza (1965).

Le cadrage explicatif des violences : délinquance ou exclusion ?

En 2005 et 2010, la qualification des violences à partir du cadrage de la délinquance est majoritairement présente dans les éditions des premiers jours. Les journaux font tous état des dégâts et des affrontements, et les photos les plus nombreuses – pour lesquelles nous ne pouvons détailler l'analyse – sont celles qui placent le lecteur du côté des forces de l'ordre, « face » aux jeunes gens, et ce même dans les journaux dont le registre discursif est le plus compréhensif avec les motifs à agir des jeunes gens. Or, donner au lecteur une place – symbolique, dans le dispositif iconique – en confrontation avec les jeunes auteurs des violences, c'est l'assigner à une position de victime pour la sécurité de laquelle le rétablissement de la sécurité s'impose.

Cependant, une ligne de partage apparaît rapidement entre des journaux qui situent l'origine des émeutes dans le constat – ou la dénonciation – de violences urbaines récurrentes et ceux qui ancrent leurs récits dans la mise en cause de l'exclusion socio-économique et la dénonciation des violences policières initiales – la mort de Zyed Benna et Bouna Traoré en 2005 et celle de Karim Boudouda en 2010.

Le Figaro et *La Croix*, par exemple, mettent surtout en avant le caractère « sensible » des communes où les violences urbaines – et juvéniles – sont fréquentes ; la délinquance des jeunes gens apparaît donc comme le motif explicatif central des éruptions répétées.

En 2005, *Le Figaro* précise ainsi les éléments suivants : « Aucun lien n'a pour l'heure été établi entre ce contrôle policier [...], la mort des jeunes » et la « guérilla urbaine ». Rien ne paraît donc pouvoir légitimement expliquer l'explosion de violence. En 2010, la crise est reliée par *Le Figaro* au « grand banditisme », et le discours, tout aussi virulent, fait état des « émeutes », « tirs à balles réelles », « commerces incendiés », « grand banditisme aux marges de la société » et « radicalisation », à mettre au compte, selon le ministre de l'Intérieur cité par le quotidien, des « voyous et des délinquants ».

Il est ici utile, pour comprendre les mécanismes de la qualification médiatique et politique des violences comme une « situation de guerre », de rappeler le travail de Daniel Hermant et Didier Bigo (1986) consacré aux politiques de lutte de l'État contre le terrorisme. Dans cet article, les deux chercheurs qualifient deux attitudes possibles des autorités face à la violence : la « dissimulation » et la « simulation ». La dissimulation est une façon pour l'État de dénier aux auteurs de violence une quelconque légitimité politique : « une attitude cynique estime que si le terrorisme est un acte de violence politique, le pouvoir a cependant intérêt pour éviter toute contestation politique, à le réprimer comme un phénomène purement criminel. [...] Le refus de reconnaître l'interlocuteur et ses motivations oblige celui-ci à se justifier sans accéder à un statut reconnu » (1986 : 512). La dissimulation permet donc la négation du caractère éventuellement social ou politique de la violence, qui ne peut donc être que crapuleuse et délinquante.

Parfois, et c'est là le mécanisme en jeu dans les discours analysés, la dissimulation ne suffit plus à réduire la violence et l'État renverse complètement la perspective en simulant l'état de guerre, qui lui permet de déployer de façon forte ses moyens de lutte (rétention d'information, approche sécuritaire de la situation). Ainsi, « assimiler le terrorisme à une technique de subversion utilisée par les "ennemis de la démocratie" revient à occulter l'enjeu du phénomène ». Par ailleurs, « les gouvernements, par cette stratégie, cherchent aussi à rassurer leur opinion publique en raffermissant le contrat de sécurité » (1986 : 513). L'instauration d'un état de guerre, au moins symbolique, légitime la réponse forte et permet, par ailleurs, de peser sur les représentations sociales en réaffirmant la primauté de l'ordre et de la sécurité.

Ces deux registres apparaissent dans les discours du *Figaro* – et de *La Croix*, nous allons le voir – et ils permettent aussi d'expliquer comment le récit factuel des événements produit des éléments de cadrage normatif.

En 2005, *La Croix* titre « Les violences touchent de multiples périphéries urbaines » et les violences sont liées « à la mort, par électrocution, de deux adolescents ». Mais, dans le même temps, un éditorial pointe la « *défiance réciproque* », les « émeutes, voitures brûlées, casseurs encagoulés, [et les] policiers en état de guerre ». Il y a donc par ailleurs une oscillation interprétative, dont s'explique le quotidien qui hésite entre ne pas « minimiser les faits », en créant « l'amalgame entre toutes les cités et tous les jeunes de ces quartiers », et « grossir démesurément les événements », en déduisant que « la violence s'est emparée de toutes les banlieues, devenues zones de non-droit ». La récurrence des violences urbaines est donc, pour *La Croix*, la cause de l'événement et cette récurrence témoigne d'une situation qualifiable par la délinquance de quelques-uns qui provoque un état de guerre.

En 2010, le quotidien est encore plus affirmatif : les « violences urbaines », « affrontements », « pillages » et « tirs à balles réelles » sont le fait d'une « cinquantaine de casseurs », d'une « délinquance issue des cités défavorisées » qui s'ancre dans une « économie souterraine ». Le discours pointe donc la délinquance comme issue d'une situation économiquement difficile – l'économie souterraine – mais cette difficulté économique est articulée à une violence récurrente, intrinsèque à cette économie et facteur explicatif majeur de la crise. Il faut noter par ailleurs que *La Croix* fonde son discours sur une répétition extrêmement fréquente de la formule « violences urbaines », formule qui donne consistance à un phénomène devenant la seule cause possible de chaque événement ponctuel.

Ces deux quotidiens insistent donc sur les problèmes généraux de violences qui touchent certaines communes de banlieue et qui témoignent d'une remise en cause forte du contrat social et politique, contrat au terme duquel l'État est le seul détenteur du monopole légitime de la violence (Weber, 1959). Chaque irruption de violence – chaque événement – constitue alors une rupture inacceptable de l'ordre républicain. La rupture induite par la délinquance devient le cadre de compréhension unique de l'irruption des violences et cette délinquance est construite, par les récits, comme conduisant à une situation de guerre intérieure.

De leur côté, *Le Parisien* et *Le Monde* dénoncent aussi fermement les violences, mais tentent de prendre en compte l'exclusion socio-économique.

En 2005, *Le Monde* relie le drame initial et les violences par un titre, « Nuit d'émeute à Clichy-sous-Bois après la mort de deux adolescents ». Le quotidien cite un enseignant du collège de Clichy qui explique que le « quartier n'est pas dangereux [mais] se distingue seulement par un taux de chômage plus élevé qu'ailleurs ». Un imam est également interrogé, qui explique que « tout est parti d'un contrôle de police [que] les arrestations sont souvent musclées et [que] les jeunes se sont sentis humiliés ». Le quotidien inclut donc la mention de l'exclusion dans son récit.

En 2010, le récit imbrique plusieurs éléments de cadrage : « Grenoble [est une] ville pilote sous tension », en proie aux « violences » et aux « échanges de tirs ». Mais la tension décrite a une cause identifiable ; la présence, sur le trottoir, du corps de la victime des tirs policiers : « Sa mort, quasiment au pied de son immeuble, et l'arrivée tardive des pompes funèbres – le corps recouvert d'un drap est resté longtemps sur le trottoir – ont provoqué une tension qui n'a cessé de croître… ». De plus, le maire, interrogé, explique que « c'est un quartier difficile, avec des jeunes touchées par la précarité ». « Toutefois [complète le quotidien] depuis plusieurs années, une économie parallèle faite de trafics de stupéfiants et d'armes de plus en plus simples à trouver s'y développe ».

Le discours est donc un peu plus compréhensif en 2010 qu'en 2005 et la prise en compte de la violence faite aux jeunes, via la description du corps du braqueur resté sur le trottoir, est notable. Mais le quotidien fait également mention de la situation économique très dégradée qui génère une économie parallèle inacceptable au regard de la norme socio-politique.

Pour *Le Parisien*, en 2005, « Clichy [est] toujours sous tension après la mort de deux jeunes », et « le drame a fait surgir la colère, l'angoisse,

Regards croisés sur la banlieue

l'incompréhension ». L'écart à l'ordre coïncide, dans le discours du *Parisien*, avec un écart au centre urbain. Les « jeunes des cités » vivant dans les « quartiers difficiles » sont en marge, aussi, dans leurs comportements.

En 2010, ce mélange des deux cadrages est réitéré : le journal décrit la « nuit d'émeutes » et les « violences urbaines », les « tirs » après la mort d'un « braqueur », « truand chevronné ». La mention des actes délinquants est donc nette, mais elle est accompagnée de la citation d'un habitant, dans un encadré : « si on les avait intégrés socialement, il n'y aurait jamais eu ces violences ». Le quotidien fait donc coïncider le cadrage par l'exclusion avec celui par la délinquance, même s'il conclut sur le fait que « ce mal-être des jeunes ne doit pas tout justifier ».

En 2005, comme en 2010, seuls deux journaux du corpus retenu construisent leur récit quasi exclusivement à partir du cadrage de l'exclusion : *l'Humanité* et *Libération*. Il faut signaler par ailleurs que ces deux quotidiens ne sont pas dominants dans l'espace de l'information générale ; leur diffusion est relativement faible. Leurs cadrages méritent donc d'être repérés car ils se distinguent symboliquement, mais il faut nuancer la possibilité de leurs discours d'inscrire fortement leurs récits des événements dans les représentations collectives.

Pour *Libération*, en 2005, les jeunes gens sont poussés à la violence par une situation qui « les enrage » et par le sentiment qu'ils « sont jugés d'avance ». L'éditorial est d'ailleurs titré « Ghettos » et le lien est directement établi entre la poursuite policière, la mort des deux adolescents et les violences : « Violences à Clichy-sous-Bois après la mort de deux jeunes ». Le quotidien incrimine donc ce qui apparaît comme l'élément déclencheur ponctuel – une violence policière – et la situation aussi insupportable que durable des impasses sociales et politiques dans lesquelles sont enfermés les jeunes habitants des banlieues. Les discours opposent donc, dans l'examen des causes des émeutes, deux violences ; celle de l'exclusion économique et socio-politique, et celle des jeunes gens poussés à la délinquance.

En 2010, le cadrage est identique. Les « violences urbaines » sont expliquées, en encadré, par l'interview d'un commerçant du quartier, « Rachid, patron de la salle de sport incendiée », qui dessine le tableau : « les façades ont été refaites, on a mis de l'argent ici. Mais peut-être pas comme il faut. Ce qu'il faut, c'est faire en sorte que les gens ne se replient pas sur eux-mêmes et sur leurs problèmes ». Sur ce fond de dénonciation de l'exclusion socio-économique, la description de l'état de guerre constitue alors une mise en accusation de l'État, et cette accusation est renforcée par une photo très impressionnante du GIPN pris de profil, en action. La médiation visuelle proposée ici fait du lecteur l'observateur d'une scène de guerre ainsi décrite : « ce déploiement de force reste la seule réponse du gouvernement, qui ne fait que renforcer la "ghettoïsation" ». Enfin, un éditorial complète le récit : « le ministre devenu président a échoué lamentablement » ; « il faut une politique éducative, sociale, économique et culturelle d'envergure, à la hauteur du désespoir qui perdure depuis des décennies au pied des tours de nos cités ».

Le quotidien *l'Humanité* n'est pas en reste et dénonce aussi l'exclusion qui frappe les jeunes gens. En 2005, les « jeunes révoltés », « issus de l'immigration », qui « se sentent exclus » et « enfermés dans des ghettos », dénoncent leurs conditions de vie par la voix du journal : « il n'y a pas de logement, pas de travail, pas de budget pour la mairie de Clichy, on nous met dans des caves, et ça, il faut le dire à monsieur Sarkozy. Nous voulons être reconnus, intégrés ». Et le quotidien cite un élu du parti communiste, conseiller régional : « il n'y a rien d'acceptable dans les violences exercées par les jeunes, mais les violences qui leur sont exercées n'ont aucune excuse ».

En 2010, le fait que la victime des tirs policiers ait commis un délit initial – le braquage d'un casino – ne remet pas en question le cadrage du quotidien qui décrit l'« explosion de colère » consécutive à l'affrontement entre le braqueur et la police : « un des braqueurs est abattu en pleine rue. La victime : Karim Boudouda, considéré comme un enfant du quartier ». Cette mort violente, « jeunes et habitants du quartier [la] vivent comme le résultat d'injustices latentes et accumulées ». C'est alors l'engrenage de la violence : « des affrontements entre forces de l'ordre et jeunes du quartier » ont lieu et donnent lieu à des « tirs à balles réelles ».

Dans *Libération* comme dans *l'Humanité*, donc, les discours identifient deux violences, l'une économique et socio-politique (l'exclusion), et l'autre juvénile (la délinquance) ; mais c'est bien la violence de l'exclusion qui est fermement dénoncée à partir de la description des impasses sociales – et politiques – dans lesquelles sont enfermés les jeunes habitants des communes de banlieue.

Deux cadrages sont donc à l'œuvre dans la construction médiatique de la qualification des violences : la délinquance comme cause générale dans la survenue d'une crise et/ou l'exclusion comme cause récurrente des violences. Et, dans le cas du *Monde* et du *Parisien*, les deux cadres semblent pouvoir être mobilisés en même temps, quoique de façon déséquilibrée.

Mais des analyses plus complètes des discours – analyse narrative, analyse du dispositif éditorial et analyse des photos – montrent que c'est le cadrage « délinquance » qui fonde le mode narratif dominant. Les articles s'ouvrent et se ferment sur les questions de maintien de l'ordre, les photos montrent les jeunes du point de vue des forces de l'ordre et les schémas narratifs font surtout état de la défaillance sécuritaire, donc de la nécessité, pour l'État, d'y remédier.

Cette prédominance de la position sécuritaire devant être déployée face aux violences se retrouve dans la qualification de la figure des jeunes émeutiers. Ceux-ci sont décrits comme constituant une nouvelle classe dangereuse, y compris pour le bras armé de l'État, les policiers, qui sont directement menacés par l'agir violent des jeunes gens.

Les jeunes émeutiers : une nouvelle « classe dangereuse » ?

En 2005 comme en 2010, l'assignation des jeunes gens à une figure narrative délinquante, et donc menaçante, se trouve ainsi mobilisée par la majeure partie des journaux. Cette assignation indique en creux – du fait du déséquilibre du récit au profit d'une figure menaçante et dominante, la nécessité de l'usage de la force légale pour venir à bout d'actes intolérables dans une société démocratique. Et ce sont à nouveau *La Croix* et *Le Figaro* qui se retrouvent porteurs des discours les plus sécuritaires, rejoints par *Le Monde*.

La Croix rappelle ainsi, en 2005, les images « d'émeutes, de voitures brûlées, de casseurs encagoulés [et] de policiers en état de guerre » ; il dénonce « les bandes », « les caïds du quartier » et les « délinquants de plus en plus jeunes ». En 2010, le quotidien distingue la « cinquantaine de casseurs qui prétendaient réagir à la mort sous les balles d'un truand » des « habitants traumatisés devant l'extension d'une économie souterraine mêlant le milieu ». Notons ici l'usage du verbe introducteur « *prétendre* » qui vient réduire à néant l'invocation de la mort du jeune braqueur comme élément déclencheur des violences, tandis que l'exercice de la violence policière n'est ni questionné ni construit comme la possible explication de l'explosion de colère des jeunes gens.

Quant au *Figaro*, il décrit en 2005 « l'empreinte de la barbarie et de la sauvagerie gratuite » sur des « casseurs encagoulés [qui] montrent leur haine », les « jeunes gens pleins de haine » et les « barbares » issus des « banlieues sensibles ». En 2010, les auteurs des violences sont des « voyous et des délinquants », des « voyous des cités » parmi lesquels se trouve un « tireur qui visait les policiers ».

De son côté, *Le Monde* décrit en 2005 des « bandes » et des « émeutiers », et précise que les jeunes gens agissent en « incendiant », en « caillassant » et en « vandalisant ». En 2010, le journal est encore moins compréhensif et fait état d'« une trentaine de jeunes armés de battes de base-ball et de barres de fer [qui] ont tout cassé sur leur passage ». Le journal ajoute que « plusieurs coups de feu ont été tirés ».

La figure des jeunes auteurs des violences est donc, fondamentalement, une figure de l'altérité, fondée sur leurs actes et, faut-il le rappeler, sur leur relégation à la fois spatiale, symbolique et politique dans des quartiers où, précise *Le Figaro*, règne la « barbarie ». Par ailleurs, la qualification des jeunes gens proposée par *Le Monde* repose notamment sur la mention de leurs compétences[9] à agir, i.e., de leurs armes, qui contreviennent totalement à ce qu'un État et une société peuvent tolérer.

En 2005, *Le Parisien* intégrait quelques rares éléments du cadre de l'exclusion et proposait un discours plus compréhensif dans sa qualification des jeunes gens décrits, certes, comme des « assaillants » et des « émeutiers », vivant dans des « quartiers difficiles », participant à des « scènes de guérilla urbaine » et « montant à l'assaut » des forces de police. Les jeunes auteurs des violences étaient cependant désignés comme des « jeunes » ou des « adolescents », « jeunes du quartier du Chêne-Pointu » ou « jeunes des cités ». Le journal indiquait aussi le « mal-être des jeunes issus de l'immigration ».

En 2010, le registre compréhensif disparaît et laisse place à une construction beaucoup plus ferme de la menace que constituent les jeunes gens. Des « émeutiers », « 30 à 50 jeunes casseurs », s'affrontent aux policiers qui « vont même se retrouver en danger de mort ». Les « jeunes casseurs pillent » et s'en prennent aux biens des habitants du quartier en incendiant des voitures. *Le Parisien* interroge ainsi un habitant qui constate : « on n'a plus de voiture pour partir en vacances ». La mise en cause des jeunes gens est donc attribuée par le journal aux habitants du quartier eux-mêmes : c'est là le signe d'une altérité ultime de ces jeunes gens qui forment une classe dangereuse, non seulement pour le centre urbain et les forces de l'ordre, mais aussi pour leurs voisins habitant dans le même espace de relégation. Les énoncés du *Parisien* identifient donc beaucoup plus nettement, en 2010 qu'en 2005, les jeunes auteurs des violences comme une figure socialement menaçante.

La position compréhensive vis-à-vis des jeunes gens est à nouveau tenue par *Libération* et *l'Humanité* : la violence des jeunes gens est identifiée, mais elle est renvoyée à une situation plus générale d'exclusion politique et sociale. Par ailleurs, les jeunes auteurs de violences sont décrits comme étant, finalement, les victimes des violences policières qui ont instauré un « état de guerre » et qui marquent l'exclusion plus générale dont sont victimes les jeunes gens.

Un éditorial de *Libération* en 2005 annonce ainsi clairement la perspective : les violences sont « une réaction typique des ghettos ethniques ». Le quotidien en appelle alors à la mise en œuvre des « propositions de discrimination positive » pour les « *jeunes habitants de Clichy* ».

---

[9] Il s'agit là de compétences narratives, au sens greimassien du terme, telles qu'elles peuvent être proposées par le narrateur dans l'organisation du récit et des figures qui le portent.

En 2010, le discours décrit des jeunes gens discriminés socialement, économiquement et politiquement, qui se trouvent confrontés au déploiement de la force publique.

> Le quartier de la Villeneuve, ainsi cerné d'hommes en armes, donne l'impression d'une ville en état de siège. Dans la nuit de samedi à dimanche, de nouvelles voitures ont brûlé, une quinzaine selon la police. Et, à nouveau, des tirs à balles réelles, depuis un immeuble [...] Sous l'œil des journalistes, un CRS vise dans le noir les immeubles avec son fusil à lunettes. Les heurts, violents, entre jeunes et CRS dureront toute la nuit.

C'est donc bien là le récit d'une situation de guerre contre un ennemi intérieur qui est proposé par *Libération*, mais ce récit vise à dénoncer la militarisation de la situation et l'excessif déploiement de force face à des jeunes gens dont il faudrait, plutôt, comprendre la colère : « il n'est pas question de nier la délinquance et les trafics qui existent dans certains quartiers, mais pour espérer les endiguer, il faut aussi en comprendre les causes ». En effet, toujours selon le quotidien, « 41,7 %, c'est la part de jeunes entre 15 et 24 ans au chômage dans les zones urbaines sensibles (ZUS), d'après une statistique de 2008 ». Le jugement narratif est donc sans appel et se déploie dans un éditorial accusateur : « la droite n'a fait que creuser le gouffre qui existait entre les jeunes des cités et les figures de l'autorité républicaine ».

L'Humanité insiste, dès 2005, sur le malaise des « jeunes issus de l'immigration », les « jeunes révoltés » qui « se sentent exclus » et « enfermés dans des ghettos ». La dénonciation de l'exclusion, à la fois spatiale et économique, par l'usage du terme « ghetto » qualifie la violence socio-politique qui est faite aux jeunes gens et permet de préciser les raisons qui peuvent expliquer la flambée de violence.

En 2010, *l'Humanité* réitère son discours compréhensif : « la violence est une forme d'expression de la précarité, certes regrettable mais toujours combattable » ; une expression « de la ghettoïsation de ce quartier [...] des discriminations, du chômage ou de la disparition des services publics ». Par ailleurs, le quotidien communiste est clair, « c'est surtout ce phénomène de ghettoïsation qu'il faut corriger ». Enfin, la violence de l'État est dénoncée et la construction de la figure menaçante des jeunes gens est négativement qualifiée, comme relevant de la simulation (la « mystification sécuritaire ») : la politique apparaît ainsi « marquée par la provocation et le mépris ».

Pour *Libération* et *l'Humanité*, les violences relèvent donc d'une confrontation qui réduit le processus démocratique à un rapport de forces entre l'État et les jeunes gens. Par ailleurs, les deux quotidiens qualifient les jeunes gens comme des « victimes d'un jugement social préétabli et stigmatisant », ce qui leur permet de « ne pas juger les

De l'exclusion à la « guerre »

jeunes gens seulement à partir de leurs violences » (Garcin-Marrou, 2007 : 30).

Les discours médiatiques comme technologies de pouvoir : la plasticité socio-politique mise à l'épreuve

Les discours des premiers jours de chaque événement permettent donc de dégager les logiques qui fondent les récits médiatiques, et ces logiques sont d'autant plus importantes à saisir qu'elles structurent de façon sous-jacente la factualité des récits et qu'elles participent de la réaffirmation de cadres normatifs implicites. La qualification des violences est effectuée selon deux grands cadres de référence ; la délinquance absolue dans *la Croix* et *Le Figaro*, et l'exclusion centrale dans *l'Humanité* et *Libération*. *Le Monde* et *Le Parisien* oscillent entre les deux cadres, mais identifient la délinquance comme motif dominant. Deux conceptions de l'ensemble socio-politique sous-tendent ces cadres d'interprétation.

La première conception, proposée par Hobbes (1971), fait de la sécurité la raison d'être de l'État. La violence est comprise comme ce contre quoi le processus politique s'établit ; elle doit donc être réduite pour permettre, avant toute chose, la pérennité de la République. Dans cette conception, donc les violences des jeunes gens ne peuvent être que dénoncées et condamnées ; et les journaux dont les discours identifient la délinquance comme problème principal ancrent leurs récits dans cette conception surtout répressive de l'État. Dans ces récits, les termes qui établissent l'altérité menaçante des jeunes gens les assignent à une identité délinquante qui les relègue aux marges du social. Cette délinquance des individus – dont nous pouvons rapidement noter qu'elle est renforcée par les photographies nombreuses et impressionnantes des dégâts – permet par ailleurs aux journaux de dire de façon implicite la nécessité du contrôle social et sécuritaire ; la répétition des actes violents rend alors « acceptable l'ensemble des contrôles judiciaires et policiers qui quadrillent la société » (Foucault, 1975 : 335). D'autres éléments sont parfois identifiés comme des violences qui peuvent expliquer la violence des jeunes gens : les erreurs des politiques, le racisme ambiant, les difficultés socio-économiques ou les brutalités de la police. Mais presque tous les journaux se retrouvent dans la dénonciation des actes de cette nouvelle classe dangereuse que constituent les « jeunes de banlieue »

La seconde conception, qui renvoie à la philosophie de Spinoza (1965), pose la nécessité de donner à l'ensemble socio-politique une double fondation ; celle de la contrainte, incontournable, car les passions humaines peuvent être destructrices, et celle de la compréhension et du progrès de l'esprit humain vers la liberté, par la participation active des individus au destin de leur ensemble d'appartenance. La répression de la violence, dont l'État ne peut faire l'économie, doit s'articuler avec la compréhension de son origine par la société, et le progrès démocratique repose sur la capacité de tout un chacun à devenir un citoyen. Dans cette perspective, il apparaît que l'exclusion, qui prive les jeunes gens de leur possibilité à être des citoyens, est un obstacle au progrès vers la liberté, ultime fin de l'État comme le précise Spinoza. Seuls *l'Humanité* et *Libération*, nettement opposés à la conception répressive, font des jeunes gens les premières victimes de la violence et nuancent leur altérité en proposant une représentation des événements résolument ancrée dans la conception compréhensive. Quand les journaux identifient et dénoncent l'exclusion, ils proposent donc des discours qui se fondent sur une position compréhensive des jeunes gens, dont les actes ne sont certes pas légitimés mais dont les motifs à agir sont situés dans la violence de l'exclusion.

En novembre 2005 comme en juillet 2010, les journaux présentent toute la palette des positions possibles, mais la domination du cadre d'interprétation identifiant la délinquance et la menace que constituent les jeunes violents, propose, en creux, une conception fortement répressive de la société. Et, face à l'altérité des jeunes gens, les lecteurs sont constitués comme le référent au nom duquel l'État se doit d'agir, car cette nouvelle classe dangereuse que constituent les jeunes gens des « quartiers sensibles » tend à rendre problématique leur appartenance symbolique à l'ensemble socio-politique. En novembre 2005 comme en juillet 2010, et comme à chaque explosion de violence urbaine depuis 30 ans, les discours médiatiques proposent donc majoritairement des récits qui réaffirment les normes sociopolitiques – la centralité de l'ordre et de la sécurité – et qui relèguent, au moins symboliquement, les jeunes gens à leur périphérie sociale et politique. C'est peut-être là le trait le plus marquant des discours, car il superpose une frontière territoriale à une frontière sociale. Ces frontières coïncident par ailleurs avec une relégation symbolique, que les discours de *Libération* et *l'Humanité* dénoncent par ailleurs violemment.

Les discours médiatiques contribuent donc à la réaffirmation des axiologies selon lesquelles une société se représente et s'affirme comme dispositif de pouvoir : en disant la rupture – c'est l'information – ces discours redisent les normes et ces normes sont, de façon dominante dans les représentations, celle d'un État dont l'agir répressif prime et celle d'une société démocratique dont les jeunes gens sont écartés. Et dans ce récit d'une « guerre », la violence des difficultés socio-économiques, de la pauvreté ou du chômage s'efface de la surface des discours, laissant seule sur la scène médiatique la violence de l'affrontement entre des jeunes gens et leur ensemble socio-politique d'appartenance. Au regard des attentats survenus en France début janvier 2015, la violence de l'exclusion et la primauté d'une gestion de la « guerre intérieure » apparaissent pourtant comme devant être socialement et politiquement réinterrogées.

Bibliographie

Barthes, Roland, *Mythologies*, Paris, Seuil, 1957.

Charaudeau, Patrick, *Le discours d'information médiatique. La construction du miroir social*, Paris, Nathan-INA, 1997.

Chevalier, Louis, *Classes laborieuses, classes dangereuses à Paris pendant la première moitié du XIXe siècle*, Paris, Perrin, 2002 (écrit en 1958).

De Lataulade, Bénédicte, « Les conditions sociales de production d'un "événement" en banlieue », in *Espaces et sociétés*, 1996, n° 84-85, p. 269-279.

Delforce, Bernard et Noyer, Jacques, « Introduction », in *Études de communication*, 1999, n° 22, p. 7-12.

Desponds, Didier et Bergel, Pierre, « Transactions immobilières et substitutions socio-résidentielles en Seine-Saint-Denis », in *L'Espace géographique*, 2013, n° 42, 2013/2, p. 115-127.

Edy, Jill A., *Troubled pasts. News and the collective memory of social unrest*, Philadelphie, Temple University Press, 2006.

Foucault, Michel, *Surveiller et punir*, Paris, Gallimard, 1975.

Garcin-Marrou, Isabelle, « Des "jeunes" et des "banlieues" entre compréhension et relégation. Les émeutes de novembre 2005 dans la presse écrite », in *Espaces et sociétés*, 2007, n° 128-129, p. 23-37.

Garcin-Marrou, Isabelle, « Les émeutes de 2005 dans les discours de presse américains et français Mémoires et diversité des regards médiatiques », in Sylvie Thiéblemont et Angeliki Koukoutsaki-Monnier (dir.), *Médias, dispositifs, médiations*, Nancy, Presses universitaires de Nancy, 2010, p. 121-140.

Greimas, Algirdas Julien, *Du Sens II*, Paris, Seuil, 1983.

Hermant, Daniel & Bigo, Didier, « Simulation et dissimulation. Les politiques de lutte contre le terrorisme en France », in *Sociologie du travail*, 1986, n° XXVIII, 4, p. 506-526.

Hobbes, Thomas, *Léviathan*, Paris, Vrin, 1971 (écrit en 1651).

Lapeyronnie, Didier et Kokoreff, Michel, *Refaire la Cité. L'avenir des banlieues*, Paris, Seuil, 2013.

Mouillaud, Maurice & Tétu, Jean-François, *Le Journal quotidien*, Lyon, Presses universitaires de Lyon, 1989.

Peralva, Angelina & Macé, Éric, *Médias et violences urbaines. Débats politiques et construction journalistique*, Paris, La Documentation Française, 2002.

Sedel, Julie, *Les Médias et la banlieue*, Lormont, INA/ Le bord de l'eau, 2009.

Spinoza, Baruch, *Traité théologico-politique*, Paris, Garnier-Flammarion, 1965 (écrit en 1670).

Turpin, Béatrice (dir.), *Discours et sémiotisation de l'espace*, Paris, L'Harmattan, 2012.

Veron, Éliseo, *Construire l'événement*, Paris, Minuit, 1981.

Weber, Max, *Le Savant et le politique. Le métier et la vocation d'homme politique*, Paris, Plon, 1959 (écrit en 1919).

La construction politico-médiatique d'un mythe
Zidane, au prisme des « garçons des banlieues »

Mehdi DERFOUFI

Université de Lausanne (Suisse), Institut de recherche sur le cinéma et l'audiovisuel, (Paris III – Sorbonne-Nouvelle)

Comme le remarquait déjà en 2006 Robin Recours, « Peu de travaux ont été menés sur l'image du sportif. Une seule thèse a été rédigée en France sur l'image et le sport. Mais il s'agissait alors de l'image de la marque et non celle du sportif. L'image est toujours considérée comme pauvre, déformant le réel, impossible à partager »[1]. Avec ce travail, je propose un exercice d'analyse de l'image d'une figure majeure de notre temps, Zinedine Zidane. Je propose dans ce texte quelques mises en perspectives inédites, ainsi qu'une étude de quelques productions médiatiques mettant en scène le personnage. Ainsi, sera mise en évidence la façon dont les médiacultures (pour reprendre le terme forgé par Macé et Maigret) ont pu contribuer à structurer la *persona* de Zinedine Zidane. Toutefois, avant cela, il me semble important de repréciser le contexte d'élaboration de cette *persona*, indissociable du personnage médiatique de l'équipe de France de football.

La (re)naissance d'une nation ?

Si l'équipe de France *masculine* de football constitue de longue date un sujet journalistique, on pourrait dire qu'elle devient un véritable *personnage* médiatique à l'issue de l'épopée des Bleus en 1998, lorsque ceux-ci remportent la Coupe du Monde de football, au terme d'une finale qui se déroule au Stade de France, contre l'équipe du pays qui incarne ce sport dans l'imaginaire collectif mondial : le Brésil[2]. Dans une sphère

---

[1] Recours Robin, « Zinédine Zidane vu par les adolescents », in « Pour une analyse poétique, matérielle et dynamique des images de la célébrité sportive », *Sociétés*, n° 92, février 2006, p. 91.

[2] Ce statut particulier du Brésil découle à la fois d'un jugement esthétique sur la spontanéité et la beauté du jeu brésilien qui toucherait à l'essence du football ; de

médiatique marquée par les mises en scène du réel et la conformation aux techniques de communication narrative popularisées sous le nom de *storytelling*[3], un *personnage* naît alors, dont la personnalité fondatrice est constituée par le produit condensé des diverses lignes narratives individuelles qui sont tracées au fur et à mesure de la compétition jusqu'à la *happy ending* du 12 juillet 1998, et durant les quelques années qui suivent l'événement. À ces lignes narratives individuelles, qui s'attachent à des *acteurs* du personnage équipe de France – Zinedine Zidane, Laurent Blanc, Fabien Barthez, Didier Deschamps, Lilian Thuram, Marcel Desailly… –, s'ajoutent des images fortes et des symboles choisis avec soin : Laurent Blanc embrassant le crâne chauve de Fabien Barthez ; la posture abasourdie de Lilian Thuram marquant deux buts contre la Croatie ; le choix de la chanson *I will survive* comme « hymne » ; etc.[4]

Et pour donner à l'ensemble la qualité d'une communauté imaginée en mesure de faire tenir ensemble universalisme et particularités[5], on distille grâce au personnage d'Aimé Jacquet, le sélectionneur national, l'idée que c'est le respect de certaines valeurs (le sens de la collectivité ; le respect ; la discipline ; la loyauté) qui a fourni le cadre mais aussi le système de vie d'un groupe parcouru par des forces contradictoires[6]. Ce discours, Zidane semble en apparence le reprendre à son compte, afin, pourrait-on dire, de se désinvestir le plus possible des marqueurs politico-identitaires qui pourraient connoter trop fortement son image auprès du grand public. Pourtant, lorsqu'il affirme : « Ce que je suis, je le dois à mon père et à ma mère. Je leur dois tout, parce qu'ils m'ont appris très jeune à garder la tête froide, à travailler, à être respectueux envers les autres »[7], il valide le discours des valeurs tout en refusant d'en attribuer le mérite au système républicain d'ascension sociale (dans son cas cela aurait été les clubs amateurs, les centres de formation, l'encadrement de la Fédération française de football). Une distinction qu'il opère en toute conscience puisqu'il a pu souligner ailleurs que : « pour faire sa place, un étranger doit se battre deux fois plus »[8]. Ainsi, si on a pu lui reprocher

---

la stature mythique du « Roi Pelé » ; et du record de victoires dans la compétition mondiale (le Brésil est le seul pays à avoir remporté cinq fois la Coupe du Monde).

[3] Salmon Christian, *Storytelling : la machine à fabriquer des histoires et à formater les esprits*, Paris, La Découverte, 2007.
[4] Beaud Stéphane, Guimard Philippe, *Affreux, riches et méchants ? Un autre regard sur les Bleus*, Paris, La Découverte, 2014 et *Traîtres à la nation ? Un autre regard sur la grève des Bleus en Afrique du Sud*, Paris, La Découverte, 2011.
[5] Anderson Benedict, *L'imaginaire national*, Paris, La Découverte, 2006.
[6] Ce propos sur les valeurs est explicitement formulé dans le documentaire *Les yeux dans les Bleus* réalisé en 1998 par Stéphane Meunier pour la chaîne Canal +.
[7] *Le Nouvel Observateur*, 24 décembre 1998.
[8] Zidane Zinedine, Franck Dan, *Zidane, le roman d'une victoire*, Paris, Laffont-Plon, 1999.

son manque de positionnement politique eu égard à sa stature, Zidane a cherché à conserver une position intermédiaire qui lui permette à la fois de ne pas devenir le porte-étendard d'une cause, tout en intégrant une part de la conscience socio-politique des jeunes descendants d'immigrés qui peuvent se reconnaître en lui – conscience fondée sur leur expérience de relégation sociale, de discriminés, et de racisés[9]. À cet égard son message est simple, et contredit le discours officiel : pour réussir, en France, il ne faut compter que sur soi-même (et sur ses proches ou tout au moins ses semblables).

À l'inverse, après la retraite internationale de Zidane et l'avènement d'une nouvelle génération en 2008 (Euro) et 2010 (Coupe du Monde), les échecs sportifs sont présentés comme résultant d'une perte de valeurs, et la nouvelle génération de joueurs est accusée d'individualisme, de matérialisme, et d'indiscipline. La mise en scène médiatique de la fameuse « grève des joueurs » à Knysna en Afrique du Sud illustrant bien ce récit de l'indiscipline…[10]

Le caractère obsessionnel des énonciations de l'équipe de France qui insistent systématiquement sur sa « diversité ethnique », soit pour la célébrer, soit pour la dénoncer, indique à lui seul à quel point le discours qui se constitue autour du récit de l'équipe de France de football est, pour reprendre le mot de Maxime Cervulle, « *sous-tendu par une énonciation blanche* »[11].

Le sociologue explique ainsi :

Paradoxalement, l'invisibilité sociale de la blanchité, c'est-à-dire sa caractérisation comme élément non marqué et neutre, repose sur son hypervisibilité. Sous le masque du commun, son omniprésence dans la sphère publique n'est jamais interrogée autrement qu'en allant questionner la visibilité des « autres » de la société française, en l'occurrence celle de ces minorités qualifiées de « visibles ». À l'évidence l'omniprésence de la blanchité n'est pourtant invisible qu'aux yeux de ceux et celles qui ne font pas l'expérience quotidienne de l'exclusion du champ de la représentation et donc, en particulier, des acteurs socialement perçus en tant que blancs[12].

---

[9] Bouamama Saïd, « Les quartiers populaires de type grand ensemble : des gentils « beurs » à la méchante « racaille », *Culture et Société*, n° 15, juillet 2010 et *Les classes et quartiers populaires. Paupérisation, ethnicisation et discrimination*, Paris, Éditions du Cygne, Collection Recto-Verso, 2009.

[10] Julien Bertrand, « La fabrique des footballeurs : la fabrique de "mauvais garçons" ? », *Mouvements*, Paris, février 2014, n° 78, p. 63-71.

[11] Cervulle Maxime, *Dans le blanc des yeux : Diversité, racisme et médias*, Paris, Amsterdam, 2013, p. 118.

[12] *ibid.*, p. 117.

Nous verrons d'ailleurs par quels processus de blanchisation l'image de Zidane a dû passer pour gagner en universalité[13]. Mais la façon dont autour de l'équipe de France se rejouent les conflictualités sociopolitiques du pays n'affecte que peu la *persona* de la star des Bleus.

L'énoncé « black-blanc-beur » comme support de fabrication de l'image de Zinedine Zidane ?

Le travail séminal de Richard Dyer en matière de *star studies* dans le champ des études cinématographiques nous a appris qu'une star doit être considérée non pas comme le produit d'un système industriel médiatico-commercial, mais comme un phénomène complexe impliquant une personne *réelle* en négociation permanente avec le système médiatique. Ce processus se déroulant dans un contexte spécifique, il en émerge une persona spécifique, une *image* fonctionnant à destination d'une variété de publics plus ou moins vaste[14].

Zinedine Zidane ouvre et ferme le cycle de cette équipe de France vertueuse et idéalisée, devenue la matrice à partir de laquelle on essaie de reproduire un personnage collectif similaire. Ses deux buts marqués de la tête en 1998, et son fameux « coup de boule » lors de la finale de la Coupe du Monde de 2006 constituent les marqueurs symboliques de ce cycle glorieux. Un récit bien rôdé de l'ascension et de la chute : « Zidane nous touche parce qu'il renoue avec des scénarios légendaires empruntant indifféremment aux "mythologies" chrétiennes et païennes. [...] Et l'ultime geste de "footballeur" qu'accomplit le sportif préféré des Français [...], bien loin de briser le mythe, le parachève, en fait »[15].

La centralité de la figure de Zidane justifie l'intérêt que l'on peut porter à la construction de son image particulière. Toutefois, on ne saurait totalement en saisir la complexité sans l'inscrire dans le contexte de l'époque, et en particulier en regard des discours médiatiques sur les jeunes (garçons) des « banlieues », de 1998 à 2006[16]. La comparaison avec l'image de joueurs de la génération suivante, tels que Nicolas Anelka, Samir Nasri ou Franck Ribéry, est à ce titre riche d'enseignements pour

---

[13] Pour approfondir la réflexion générale sur ces enjeux encore peu étudiés en France et formalisés (notamment) au sein des *Critical White Studies*, lire Bonilla-Silva Eduardo, *White Supremacy and Racism in the Post-Civil Rights Era*, Boulder (États-Unis), 2001, et le dossier consacré à Michael Jordan dans *Sociology of Sport Journal*, n° 13, vol. 2, 1996. En France, le livre de Maxime Cervulle (*op. cit.*).

[14] Dyer Richard, *Le star-système hollywoodien*, Paris, L'Harmattan, 2004.

[15] Baetens Franck, « Le coup de tête de Zidane. Pour une lecture mythologique », Paris, *Esprit*, novembre 2006, p. 127-147.

[16] Sedel Julie, *Les médias et la banlieue*, Paris, Le bord de l'eau / INA, coll. Penser les médias, 2009.

nous permettre de comprendre comment l'équipe de France en est venue à constituer un élément central de cristallisation des tensions autour du récit de « l'identité nationale française ». Sur un autre plan, la plus grande visibilité de l'équipe de France féminine de football, tout en constituant une indéniable avancée dans l'équilibre des représentations médiatiques entre hommes et femmes, apparaît essentiellement comme le pendant nécessaire à la construction d'une image dépréciative des « jeunes garçons » de l'équipe de France.

Prendre en compte la dimension *mythique* de l'image de Zidane permet non seulement de souligner les rapports de pouvoir à l'œuvre au sein des représentations médiatiques, mais permet aussi de mettre en évidence la productivité du mythe en ce qu'il autorise, comme Edgar Morin l'a bien montré[17], la négociation d'un compromis entre une réalité sociale (celle des jeunes garçons des « banlieues ») et un imaginaire médiatique (celui du pouvoir et de la réussite matérielle). Les figures d'identification symboliques fabriquées au sein de cet imaginaire ne sont ainsi jamais réductibles à la seule intention du producteur.

L'image de Zidane

Parmi la multitude d'images de Zinedine Zidane, il en est deux qui sont entrées dans l'imaginaire collectif. La première, c'est son portrait géant projeté sur l'Arc de triomphe le soir du 12 juillet 1998, où clignote un « Zidane président »[18], un slogan incroyable repris durant la *garden-party* de l'Élysée le 14 juillet suivant[19]. La seconde, c'est l'image de son carton rouge synonyme d'exclusion en finale de la Coupe du Monde 2006[20]. Entre les deux, la figure de Zidane se sera progressivement détachée de celle de l'équipe de France pour incarner un récit à part entière, ce qu'aucun des autres joueurs de l'époque ne parviendra à répéter. En dépit de la violence de certaines attaques qui firent suite à son fameux « coup de boule », l'aura du personnage n'en fut jamais affectée. Bien au contraire, comme nous l'avons souligné, la dimension tragique de cet épisode fournit la matière à sa transformation définitive en mythe vivant, clôture le récit de l'ascension et de la chute, et lui permet de demeurer, proche de nous, une figure d'identification.

---

[17] Morin Edgar, *L'esprit du temps*, tome 1, Paris, Grasset, 1962 (rééd. Grasset, 2008).
[18] Portrait de Zinedine Zidane, Luc le Vaillant, *Libération*, 15 novembre 1999.
[19] Mogniss H. Abdallah, « L'effet Zidane, ou le rêve éveillé de l'intégration par le sport », *Hommes & Migrations*, n° 1226, juillet-août 2000, p. 5-14.
[20] « Zidane : son 12e et dernier carton rouge », *Le Monde*, 10 juillet 2006, [en ligne], <http://www.lemonde.fr/sport/article/2006/07/10/zidane-son-12e-et-dernier-carton-rouge_793803_3242.html>, consulté le 24 août 2014.

Or, si Zidane est devenu un mythe vivant à l'instar de Roger Federer en « habitant des cieux » dans la fameuse publicité pour Rolex[21], c'est parce que la mythologisation de son image s'est accompagnée d'un processus de blanchisation. Lorsque Dior choisit Zidane pour sa nouvelle campagne Eau sauvage, le joueur est photographié par Antoine Legrand dans une posture inhabituelle, mutine et féminisée, qui restitue l'identité du parfum qualifié par la marque elle-même de « viril et sensible ». L'agence Air, à l'origine du slogan « méfiez-vous de l'eau qui dort », a par la suite décliné la même mise en scène avec Johnny Hallyday (2000), puis les personnages de bande dessinée Largo Winch et Corto Maltese (2001) « parce qu'ils sont aussi virils et mystérieux que l'Eau sauvage »[22]. De fait, l'image de douceur que dégage Zidane dans cette publicité contraste avec la masculinité plus agressive d'Alain Delon, choisi à partir de 2009 pour incarner la marque. Étirant le col d'un pull de laine noire jusqu'à masquer le bas de son visage, Zidane ne laisse ressortir que ses yeux dont le grand public sait qu'ils sont *verts*.

Ce détail a son importance : cet attribut majeur de sa séduction est aussi l'indice visuel de sa position ambivalente de *passeur*. Français et algérien, maghrébin mais kabyle, né dans un milieu populaire mais à la tête d'une fortune qui dépasse (aujourd'hui) les 200 millions d'euros... Le codage racial de la star en « arabe des banlieues » se trouve ici atténué par la combinaison de cette posture mutine qui gomme les traits abrupts de sa virilité populaire, et de ses yeux clairs qui sont le signe visuel de sa part de blanchité. Comme le rappelle Richard Dyer, il y a une hiérarchie en blanchité[23]. En soulignant le regard de Zidane, la mise en scène concentre la portée signifiante de l'image sur ces « miroirs de l'âme » que sont les yeux, nous invitant à plonger au plus profond de la « nature authentique » de la star, présentée ici littéralement *sans fard*. Pas de sourire de circonstance (dans la même campagne, une autre image, moins diffusée, dévoile l'ensemble de son visage), le regard seul, qui ne peut mentir.

Le noir et blanc volontairement contrasté de la photographie fait pièce au slogan de « l'eau qui dort », en rappelant que cette apparente douceur dissimule de plus sombres pulsions. Le noir de son tee-shirt est aussi la couleur souvent associée à Zidane. Cette ambivalence constitutive de la *persona* de la star recoupe une série de paradoxes qui selon Richard Dyer composent l'identité blanche. Lutter contre sa part d'ombre c'est

---

[21] <https://www.youtube.com/watch?v=-xtBbL5IgBA>, « Roger Federer Meets the Sky-Dweller by Rolex », [en ligne].

[22] Propos de Hugues de la Chevasnerie, *Stratégies Magazine*, n° 1202, 31 août 2001.

[23] Dyer Richard, *White. Essays on Race and Culture*, Londres / New York, Routledge, 1997, p. 28.

La construction politico-médiatique d'un mythe

déjà aller vers la lumière. Ainsi, chez Zidane, cette alliance entre une attitude confinant au mutisme, un visage fermé, et de brusques éclats de violence (le coup de tête), cette *conjugaison* d'une maîtrise corporelle hors du commun et de pertes de contrôle inattendues fondent le caractère éminemment *masculin*, hétérosexuel et *blanc* de sa persona. Rappeler, pour expliquer la structure du récit qui est le sien, qu'on y trouve quelque chose du modèle christique n'est plus alors qu'une formalité.

Zidane : la fabrication d'un mythe

La stratégie marketing de Zidane a consisté à ne pas se laisser enfermer à l'intérieur du stéréotype du jeune maghrébin de banlieue qui a (trop bien) réussi (pour être honnête), au contraire de Samir Nasri ou Nicolas Anelka qui surjouent à l'inverse ce stéréotype. Parmi les engagements de la star, j'ai choisi de retenir quatre campagnes publicitaires réalisées pour les marques suivantes : Volvic (2000) ; Orange (2002) ; Grand Optical (2009) ; et Adidas (2010). L'analyse de ces productions permet d'identifier les trois axes principaux qui structurent la fabrication du mythe Zidane au fil des années : la mise en scène de ses origines sociales ; l'articulation de l'inné et de l'acquis ; son inscription dans une esthétique de la blanchité.

Lorsque Volvic décide en 2000 d'abandonner la ligne « Un volcan s'éteint, un être s'éveille », le choix se porte sur Zidane pour incarner la marque, et c'est Stéphane Meunier qui est chargé de réaliser les films de la campagne. Trois clips différents sont alors diffusés. Le premier montre Zidane dans les vestiaires, au moment où l'équipe se prépare avant un match. L'atmosphère est à la concentration, l'usage du ralenti accentue l'impression de calme et de recueillement. Cette impression est renforcée également par une utilisation de la lumière qui plonge le décor dans une semi-pénombre, faisant en sorte de laisser les visages des autres joueurs présents dissimulés dans l'ombre. Cadrant la scène en plan large, la caméra s'avance en travelling avant à travers la salle, en direction d'une silhouette accroupie à l'arrière-plan et vêtue de blanc, tandis qu'au premier plan des joueurs anonymes (blancs et noirs en nombre équilibré) se tapent dans les mains pour s'encourager. La dimension « zen » de la persona de Zidane se manifeste ici visuellement par un codage de sa silhouette qui renvoie aux images les plus connues de Gandhi.

Cette assimilation à une figure internationalement reconnue comme exemplaire d'une « philosophie de la non-violence » prend bien sûr le contrepied de ce que l'on sait du comportement parfois « sanguin » de Zidane sur un terrain (douze cartons rouges directs consécutifs à un geste violent), mais surtout – et c'est le plus important – désinscrit Zidane du substrat socio-culturel qui l'a vu naître : un quartier populaire de Marseille. Autrement dit, ce codage le distingue de la construction politico-médiatique des « jeunes des banlieues » fauteurs de trouble, pour l'inscrire au sein de la communauté des hommes d'exception. Toutefois, ces hommes d'exception ne sont pas n'importe lesquels. Outre l'image (post-)gaullienne du sauveur de la nation au sommet des Champs Élysées, Zidane est aussi assimilé au Sauveur tout court.

Dans la suite du clip, des gros plans du visage de Zidane alternent avec des plans plus larges du vestiaire tandis que la caméra continue de se rapprocher de lui. La position centrale physique de Zidane se double de la présence d'une présence morale. La voix-off du joueur détaille les sentiments qui sont les siens dans cet instant particulier, soulignant en creux sa capacité à rassembler. Il n'a pas besoin de l'exprimer par une action particulière, il se contente d'être là (« j'aime ces moments-là. On est là, tous ensemble [...]. Les regards qui se croisent »). Puis Zidane enfile sa tenue, insistant sur la répétition et la routine de ces gestes, conçus comme un véritable rituel (« d'abord la jambe gauche, toujours. Chaussette. Chaussure. Puis la jambe droite. Et puis une gorgée de Volvic. Toujours »). Une voix féminine conclut : « parce qu'elle vous transmet plus que les oligo-éléments et les forces du Volcan, l'eau de Volvic est une chance ». Ainsi, grâce à Zidane, Volvic ajoute aux forces telluriques l'étincelle divine, ce « plus » qui transcende. Le dernier plan montre un groupe de joueurs filmés de dos qui s'avancent à travers un couloir étroit vers une ouverture saturée de lumière (lumière de la gloire, du Paradis, de l'autre monde...).

La ritualisation des gestes familiers du sportif (enfiler sa tenue) évoque bien sûr le rituel des combattants qui s'apprêtent à entrer dans l'arène, mais aussi la répétition des gestes du travailleur. Dans le cas de la star, il s'agit moins de la mécanique du prolétaire assigné à une chaîne de travail, que le travail plus subtil de l'artisan, dont les gestes se répètent mais pour façonner à chaque fois un objet singulier. Les deux autres films de la campagne complètent le récit initié avec ce premier clip. L'un d'eux insiste sur l'enracinement terrien de Zidane, sa « fusion » avec le terroir de Volvic étant figurée par une série de plans où on le voit se promener au milieu des volcans endormis, s'allongeant sur le sol comme à la recherche d'un refuge et d'un ressourcement tandis qu'éclatent à intervalles réguliers les images crépitantes de sa vie de star, « captures » de scènes télévisées le montrant au micro des journalistes ou sur le terrain. La déambulation du personnage dans ce paysage stylisé n'a toutefois rien de bucolique : un plan précis le montre réduit à une silhouette gravissant la pente aiguë d'un volcan, dans un effort tranquille mais constant. La première image du clip travaille le contraste entre l'herbe au premier plan et la masse sombre des volcans en arrière-plan. L'image suivante est éloquente : Zidane apparaît en gros plan, une capuche sombre de la même teinte que les volcans rabattue sur son visage serein, volcan endormi au sein duquel couve le feu primordial, créateur[24].

Enfin, le troisième clip de la série met en scène un petit garçon blanc très blond pressé par un éducateur à l'accent marseillais de rejoindre le groupe d'entraînement (« allez dépêche-toi un peu »), situé dans un cadre champêtre au pied des volcans. Le garçon s'empêtrant dans ses gestes, Zidane apparaît et vient à sa rescousse. Cette fois-ci, c'est la voix du petit garçon qui répète l'antienne du premier clip au fur et à mesure qu'il accomplit le rituel zidanien. Cette fois, la star est vêtue de noir – une couleur qui l'accompagne souvent dans ses représentations médiatiques et qui évoque à la fois le rôle de l'arbitre, « l'homme en noir » des terrains de football, et la tenue du pasteur popularisée dans l'imaginaire collectif par les cultures audiovisuelles. La présence de cet enfant blond dans cette mise en scène de l'enjeu de transmission ne doit pas surprendre : elle illustre au contraire parfaitement la façon dont l'image blanchisée de la star Zidane est mise au service de la régénération de l'identité blanche. Le corps blanc amolli par le mode de vie moderne se régénère à travers l'hybridation avec un corps altérisé, habité par des forces primitives, mais qui disparaît au profit du nouveau corps produit par cette hybridation. Une fois le petit garçon blond lancé par Zidane, celui-ci s'éloigne en tournant le dos à la caméra. Quant au slogan, « Volvic est une chance », comment ne pas le rapprocher du discours sur l'égalité des chances qui cette année-là inspire des textes comme la Convention pour la promotion de *l'égalité des chances* entre les filles et les garçons, les femmes et les hommes dans le système éducatif ?[25]

La publicité Orange conçue en 2002 est d'une densité si exceptionnelle pour ce genre de production qu'on ne peut expliquer cette densité que par la complexité de la *persona* de la star, comme l'analyse parfaitement Civan Gürel, à qui j'emprunte une partie de l'analyse qui suit[26].

L'action démarre par un plan d'un petit groupe de jeunes « représentatifs » des banlieues. Le décor est celui de rangées d'immeubles typiques des quartiers populaires de périphérie des villes. L'un des jeunes garçons forme devant ses yeux avec ses doigts le rectangle d'un écran à

---

[24] Si dans le cas de Zidane, cette capuche renvoie aussi à l'attitude vestimentaire qui caractérise les « jeunes garçons de banlieues » – mais d'une façon désubstantialisée, plutôt comme un « sticker » identitaire qui renvoie à la culture urbaine en général telle qu'elle est également accessible aux jeunes garçons blancs –, dans le cas d'Anelka, où ces images sont strictement encadrées par des mises en scène du mauvais garçon, il s'agit au contraire de renvoyer à la « nature » des footballeurs non blancs.

[25] B.O. n° 10 du 9 mars 2000.

[26] Gürel Civan, communication inédite, séminaire semestriel de la revue *Tausend Augen*, Lille, avril 2006.

travers lequel la caméra capture l'image d'un homme vêtu de noir qui joue avec un ballon : Zidane. Un jeu de champ / contrechamp positionne les jeunes garçons en spectateurs de la performance de la star. Celle-ci enchaîne quelques figures techniques témoignant de sa maîtrise. Mais plus remarquable encore est la composition de l'image. Si les immeubles forment toujours la toile de fond du décor, au premier plan se trouvent deux pneus de voiture soigneusement bordés de cailloux, par-dessus lesquels Zidane va sauter avec le ballon. Encadrant précisément la star à distance égale, un arbre à droite et une sculpture abstraite à gauche. Les pneus et les cailloux renvoient à l'image médiatique des quartiers populaires en tant que zones dangereuses de non-droit où l'on jette des cailloux sur les forces de l'ordre et où l'on brûle des voitures. L'arbre renvoie à la dimension innée du talent de Zidane, cette mystérieuse source naturelle à laquelle il s'abreuve pour nourrir sa force[27], tandis que la sculpture abstraite évoque le même arbre stylisé transformé par le travail de l'art. Ainsi le talent de Zidane est de s'affranchir du territoire dont le petit groupe de jeunes demeurera prisonnier. Il accomplit ce prodige en combinant son talent (inné), au travail qui lui permet de transformer ce qu'il touche en œuvre d'art.

La suite du film montre successivement Zidane *marcher sur l'eau* d'un lac le ballon toujours collé au pied, suscitant l'étonnement d'un paisible pêcheur (blanc). Puis l'on voit Zidane réceptionner sur une plateforme pétrolière en plein milieu de l'océan le ballon qu'il a *lui-même* envoyé à travers les cieux dans le plan précédent ; il évolue avec aisance au milieu des ouvriers (blancs) de la plateforme, leur tenue noire de travail fait écho à la sienne, et leurs visages marqués de suie évoquent le labeur des mines. Puis Zidane atterrit (après un voyage aérien elliptique) sur le toit d'une voiture au beau milieu d'un embouteillage dans une ville asiatique ; sous les yeux émerveillés de deux cadres supérieurs (blancs) en costume noir Zidane bondit de voiture en voiture avant de shooter dans le ballon et de l'envoyer dans un but improbable formé par les poteaux des feux de signalisation. Les deux cadres supérieurs serrent le poing en signe de victoire, et regardent Zidane qui leur renvoie leur regard, tandis qu'une jeune femme asiatique entourée de deux autres forme à son tour avec ses doigts le cadre de l'écran.

---

[27] Le talent des sportifs non blancs est la plupart du temps présenté comme inné plutôt que le produit d'un travail. Comme dans cette campagne de la marque Aasics avec Christophe Lemaître (« premier blanc à passer en dessous des 10 secondes sur 100 mètres ») qui insiste sur le slogan « je suis fait d'efforts, pas de frime », une allusion directe aux mises en scène spectaculaires d'Usain Bolt surnommé « la Foudre », qu'une photographie (devenue célèbre) prise lors des Mondiaux de Moscou en 2013 montre saisi en pleine course en même temps qu'un éclair fend le ciel nocturne au-dessus du stade.

Ce qui frappe immédiatement bien sûr, c'est que loin d'emmener les jeunes garçons du début du film à sa suite, Zidane les abandonne à leur sort. S'il est un sauveur, il n'est pas celui de cette jeunesse. Bien au contraire, dans la continuité de ce processus de blanchisation déjà évoqué, le récit mythologique de Zidane dans cette publicité le construit en héros blanc et globalisé (*via* Orange), idée que la séquence associant trois femmes asiatiques aux deux cadres supérieurs blancs souligne. L'image de Zidane que le jeune garçon maghrébin du début tentait de capturer entre ses mains ne lui appartient plus.

La publicité Grand Optical prolonge ce récit à une époque où Zidane a arrêté sa carrière de joueur. Cela explique sans doute la tonalité plus *corporate* de la publicité. Vêtu d'un costume (noir), Zidane s'avance dans le décor aseptisé d'un magasin d'optique : parois de verre, murs et sols blancs, employés blancs. Debout devant un rayon de lunettes, deux jeunes garçons – l'un noir l'autre blanc – aperçoivent soudain la présence de la star qui essaie une paire de lunettes. Zidane se tourne face caméra et regarde en direction des jeunes garçons – une réplique de la situation dans la publicité Orange. La présence de ces deux jeunes est déjà incongrue, mais on n'a pas hésité à placer dans les mains du garçon noir un ballon de basket. Zidane leur lance un sourire complice. Le plan suivant les montre réunis ensemble dans un même cadrage. Puis Zidane, nouvelles lunettes sur le nez, fait un signe au jeune garçon noir qui lui envoie son ballon de basket. Zidane se l'approprie, et après une série de jonglages envoie le ballon d'un coup de pied puissant à travers toute la pièce, sans atteindre personne ni briser le moindre verre. Le ballon rebondit avec précision sur un pilier, et revient magiquement s'immobiliser entre les pieds de la star. Un plan rapproché nous montre *uniquement* le visage stupéfait du jeune garçon blanc. À aucun moment la caméra ne s'intéresse à la réaction du jeune garçon noir dont le ballon fournit pourtant l'occasion à la star de briller... Zidane reproduit l'exercice à plusieurs reprises, et finit par redonner d'une habile aile de pigeon le ballon au... garçon blanc !

Encore une fois, si transmission il y a, elle ne peut advenir qu'au profit du blanc. Cette situation n'est pas circonstancielle, elle est systématiquement reproduite comme par exemple dans la publicité pour Ford réalisée par Sébastien Chantrel (2001). Nous y voyons Zidane lire le journal dans son appartement. Il a mis de l'eau à bouillir. Soudain, un petit enfant tout blond (le sien ?) fait irruption dans la pièce. En un geste protecteur, Zidane éloigne le danger...

Le type de décor choisi pour la publicité Grand Optical est bien entendu caractéristique des décors de magasins d'optique... *dans les publicités*. Ce décor est marqué par la blancheur et la transparence, qui est ici une métaphore de l'immatérialité. Pour bien souligner qu'il ne s'agit pas d'un récit propre à Zidane mais bien d'une dimension structurante d'un processus de mythologisation, on peut tout simplement renvoyer à la fameuse campagne Rolex déjà évoquée qui met en scène Roger Federer. La construction narrative y assimile les caractéristiques de la montre à celles du joueur. Les surfaces blanches et les parois transparentes constituent là aussi le décor dominant du clip. Plus que la maîtrise du temps et de l'espace, Federer n'appartient à aucun lieu ni aucun temps, il évolue dans les cieux.

Alors que les figures de Lionel Messi et celle de Cristiano Ronaldo émergent dans le paysage médiatique mondial, et deviennent les deux nouvelles stars des jeunes selon un récit tout à fait différent (ne serait-ce que parce que les deux figures ne fonctionnent qu'en duo et se nourrissent l'une l'autre là où celle de Zidane se suffisait à elle-même), Adidas lance en 2010 un film publicitaire ambitieux qui achève symboliquement le récit de la transmission et de la mythologisation zidannienne[28].

Le film débute par un plan d'ensemble vu d'hélicoptère d'une cité plongée dans la nuit, à l'exception d'un stade de football depuis lequel irradie une lumière surnaturelle. Une musique aux tonalités orientales nous accompagne jusqu'au cœur de la ville, dans les ruelles populeuses à travers lesquelles une voiture Mercedes se fraie un passage. À l'intérieur, le visage encapuchonné : Zidane. Un narrateur en voix-off explique : « Tout ce que j'avais c'était une histoire à propos d'un homme différent des autres ». Dans la voiture, Zidane joue avec un briquet. La flamme qu'il en fait jaillir devient une lumière aveuglante (la lumière divine déjà présente à la fin de la publicité Volvic). Nous voici transportés en bordure d'un terrain vague au milieu d'un bidonville où des enfants jouent au football. L'on remarque tout de suite l'un d'eux, revêtu d'un maillot de l'équipe argentine marqué du fameux numéro 10. L'allusion à Maradona et Messi est immédiatement compréhensible. Un camion sort soudain de la route, et vient heurter un poteau électrique. Les câbles s'effondrent sur le sol, provoquant un nuage d'étincelles – celles-ci forment avec le poteau comme un arbre aux branches de lumière : rappelons-nous la publicité Orange. Environné par l'électricité, le jeune garçon écarte les bras offrant son corps à cette énergie d'essence miraculeuse. La voix-off parle alors d'une « étrange alchimie » pour décrire le phénomène en train de se produire. Fondu au noir. Une ellipse temporelle nous ramène dans le temps présent. De l'obscurité émerge le visage – toujours encapuchonné – de Zidane, qui s'avance dans une travée dominant le stade. Sur le terrain, l'image de Messi dribblant et brillant de tout son talent. Observateur silencieux, Zidane fait fuser une flamme orangée du

---

[28] C'est aussi à partir de cette date que Zidane commence véritablement à faire part de ses ambitions d'entraîneur.

briquet tandis que des plans de Messi « en fusion » (pour reprendre le vocabulaire sportif) établissent un lien direct entre Zidane et le jeune prodige, auquel il transmet ainsi littéralement le feu sacré. Son œuvre accomplie, Zidane se détourne, et silhouette noire perdue au milieu d'un stade rempli de supporters traçant à l'écran une multitude blanche (le traitement de la lumière dissout à l'image le bleu ciel du maillot argentin ne laissant ressurgir que le blanc) disparaît.

La musique orientale du début, qui renvoie à tous ces films d'aventure où des personnages d'occidentaux se lancent en quête d'un objet mystérieux recelant des pouvoirs primordiaux, objet bien évidemment toujours situé en Orient, dans cette terre imaginaire où l'homme blanc teste ses limites et se régénère (*Indiana Jones*, *L'Exorciste*...), situe également le territoire d'extraction des footballeurs de génie que sont Zidane et Messi dans ce même orient imaginaire. On retrouve dans cette publicité plus récente des indices visuels et des codages issus de publicités précédentes, qui balisent la construction de la *persona* de Zidane. Enfin, on y voit clairement que la part de Zidane qui a accédé à l'immatérialité, à une quasi-divinisation, est celle qui s'est détachée de ce qui le caractérise pourtant : ses origines populaires, et sa « maghrébinité ». Il s'agit de la condition *sine qua non* de sa mythologisation, ce que lui-même a bien compris en prenant soin de ne jamais apparaître comme le défenseur d'une cause (à l'inverse de Yannick Noah).

De ce point de vue, l'expérience du film de Philippe Parreno et Douglas Gordon *Zidane, un portrait du XXIe siècle* (2006), s'inscrit logiquement dans ce processus et peut même être considérée comme le symbole de son aboutissement. Il ne s'agit pas d'ailleurs d'une biographie de Zidane, mais d'une tentative de capturer (à travers un dispositif sans précédent) l'image de la star en action, de montrer au plus près la mécanique des gestes du joueur (l'usage des ralentis en témoigne) en les reliant au sublime de la création artistique. Ce n'est plus du football c'est de l'art, incarné par le corps vivant, soufflant et suant de Zidane.

On comprend mieux pourquoi le discours de la trahison nationale ne pouvait s'appliquer qu'à des figures-repoussoirs à la blanchisation impossible (Nicolas Anelka), ou à des figures ambiguës au regard des codes dominants comme Franck Ribéry, né comme Jean-Pierre Papin (Ballon d'or en 1991) à Boulogne-sur-Mer – dont le codage prolétarien aurait pu susciter une forte adhésion – *mais converti à l'islam*...

Ainsi, le récit de la nation conçue comme un privilège blanc s'incarne-t-il parfaitement dans l'articulation de deux pôles : d'une part le pôle du personnage médiatique de l'équipe de France, ancrée dans une matérialité et une territorialité qui la condamnent à rejouer la partition de la bande de garçons indisciplinés qui évolue à la périphérie du territoire autorisé de la reconnaissance nationale[29] ; et d'autre part le pôle de la figure mythologisée de Zidane, blanchisée, qui témoigne de la seule voie possible pour accéder à l'universel républicain – l'abstractisation / dissolution des particularismes – tout en manifestant la suprématie de ce modèle-là d'identité sur les autres.

Bibliographie

Anderson Benedict, *L'imaginaire national*, Paris, La Découverte, 2006.

Beaud Stéphane, Guimard Philippe, *Traîtres à la nation ? Un autre regard sur la grève des Bleus en Afrique du Sud*, Paris, La Découverte, 2011.

Beaud Stéphane, Guimard Philippe, *Affreux, riches et méchants ? Un autre regard sur les Bleus*, Paris, La Découverte, 2014.

Bertrand Julien, « La fabrique des footballeurs : la fabrique de "mauvais garçons" ? », *Mouvements*, Paris, février 2014, n° 78, p. 63-71.

Bonilla-Silva Eduardo, *White Supremacy and Racism in the Post-Civil Rights Era*, Boulder (États-Unis), 2001.

Bouamama Saïd, *Les classes et quartiers populaires. Paupérisation, ethnicisation et discrimination*, Paris, Éditions du Cygne, Coll. Recto-Verso, 2009.

Bouamama Saïd, « Les quartiers populaires de type grand ensemble : des gentils « beurs » à la méchante « racaille », *Culture et Société*, n° 15, juillet 2010.

Cervulle Maxime, *Dans le blanc des yeux : Diversité, racisme et médias*, Paris, Amsterdam, 2013, p. 118.

de la Chevasnerie Hugues, *Stratégies Magazine*, n° 1202, 31 août 2001.

Dyer Richard, *White. Essays on Race and Culture*, Londres/New York, Routledge, 1997.

Dyer Richard, *Le star-système hollywoodien*, Paris, L'Harmattan, 2004.

Le Monde, « Zidane : son 12e et dernier carton rouge », 10 juillet 2006, [en ligne], <http://www.lemonde.fr/sport/article/2006/07/10/zidane-son-12e-et-dernier-carton-rouge_793803_3242.html>, consulté le 24 août 2014.

Libération, Portrait de Zinedine Zidane, par Luc le Vaillant, 15 novembre 1999.

Morin Edgar, *L'esprit du temps*, tome 1, Paris, Grasset, 1962 (rééd. Grasset, 2008).

---

[29] Cette dualité semble moins opérante en 2015, non parce qu'elle s'avère erronée, mais tout simplement en raison d'une transition générationnelle qui nous conduit progressivement vers un autre schéma narratif. Les jeunes nés en 1998 ont aujourd'hui dix-sept ans, et la figure de Zidane, bien que toujours prégnante, est nettement remplacée par celles de Cristiano Ronaldo et Lionel Messi. Nous parlons d'évolutions progressives : ainsi l'équipe de France depuis le Mondial 2014 est clairement entrée dans une nouvelle séquence.

Mogniss H. Abdallah, « L'effet Zidane, ou le rêve éveillé de l'intégration par le sport », *Hommes & Migrations*, n° 1226, juillet-août 2000, p. 5-14.

Recours, Robin, « Zinédine Zidane vu par les adolescents », in « Pour une analyse poétique, matérielle et dynamique des images de la célébrité sportive », *Sociétés*, n° 92, février 2006.

Salmon, Christian, *Storytelling : la machine à fabriquer des histoires et à formater les esprits*, Paris, La Découverte, 2007.

Sedel Julie, *Les médias et la banlieue*, Paris, Le bord de l'eau/INA, coll. Penser les médias, 2009.

Sociology of Sport Journal, Dossier consacré à Michael Jordan, n° 13, vol. 2, 1996.

Zidane Zinedine, Franck Dan, *Zidane, le roman d'une victoire*, Paris, Laffont-Plon, 1999.

Regards croisés sur la banlieue et ses grands ensembles
Analyse discursive de quatre quotidiens français : *Le Figaro, Le Monde, Libération* et *Le Parisien*

Béatrice TURPIN

Université de Cergy-Pontoise

Dans ce chapitre, nous nous proposons d'étudier les représentations liées à deux espaces particuliers, parmi les plus médiatisés de la banlieue parisienne, la cité des Bosquets à Montfermeil et la cité des 4 000 à La Courneuve, toutes deux en Seine-Saint-Denis. Ces deux quartiers sont représentatifs de la politique d'urbanisme des années 1960 qui a préconisé la construction de grands ensembles fonctionnels suivant les recommandations de la Charte d'Athènes, recommandations remises en cause aujourd'hui par la politique de la ville. Ces quartiers sont en effet devenus espaces de relégation, témoignant de ce que le journaliste Luc Bronner appelle « la face sombre de la République » : « la démonstration quotidienne [...] des dérives du modèle égalitaire et solidaire français » (2010 : 33). Ils concentrent de fait les maux de la société française actuelle : chômage, pauvreté et violence[1], concentration qui reflète une discrimination à la fois spatiale, sociale et ethnique.

Nous avons choisi comme corpus de référence les quatre journaux généralistes métropolitains les plus diffusés, différents de par leurs tendances politiques et les caractéristiques socio-économiques de leur lectorat : *Le Figaro, Le Monde, Libération* et *Le Parisien*, ce dernier étant le quotidien d'Île-de-France le plus lu[2]. Le premier titre, orienté à droite, couvre l'actualité politique, sociale et culturelle, tout en accordant une large place aux informations économiques et financières. Le second, longtemps « quotidien de référence », se voulant indépendant des pouvoirs, peine

---

[1] Également à entendre comme violence sociale.
[2] Pour l'année 2010-2011 leur diffusion est de 318 909 exemplaires pour *Le Figaro*, 289 99 *pour Le Monde*, 285 400 *pour Le Parisien-Aujourd'hui en France* et 115 952 *pour Libération. Aujourd'hui-en-France* est l'édition nationale du *Parisien*.

actuellement à trouver sa voie entre indépendance et viabilité économique. *Libération* est un journal d'informations politiques et générales, connu pour avoir une ligne éditoriale plutôt orientée à gauche. *Le Parisien*, quant à lui, comporte un tronc commun d'informations nationales, un cahier départemental et se donne pour mission d'informer et de distraire : « révéler, étonner, raconter ». Son lectorat est davantage populaire.

Le corpus a été extrait de la base de données *Europresse* à partir de la requête « cité des Bosquets », « cité des 4 000 » dans le titre ou dans le texte. Il a ensuite été vérifié, notamment pour supprimer les doublons. Afin d'explorer et analyser les articles, nous nous sommes ensuite aidée de la plateforme *open source* TXM développée dans le cadre du projet *Textométrie* par le laboratoire ICAR de l'ENS de Lyon[3].

Ce travail s'inscrit dans une recherche sur les discours sociaux et politiques essayant de réfléchir aux normes ou idéologies qui sous-tendent ces derniers. Dans cette optique, nous nous sommes intéressée aux travaux du philologue Victor Klemperer qui analyse finement la manière dont l'idéologie imprègne les discours et transforme la langue dans son étude sur le langage du IIIe Reich (Turpin, 2012). Notre recherche a également porté sur deux populations catégorisées et discriminées dans les discours sociaux : les Tsiganes d'une part, les jeunes dits « de banlieue » d'autre part[4]. Nous avons dans cette optique interrogé les écrits journalistiques, considérant que ceux-ci sont le reflet de représentations sociales qu'ils contribuent à forger, tout en assurant également leur diffusion.

En ce qui concerne les discriminations portées sur les jeunes, nous avons d'abord travaillé sur les discours journalistiques durant les révoltes de 2005, en contrastant les articles d'un magazine français, *L'Express*, le plus ancien hebdomadaire d'actualités générales en France, et l'un des plus lus, et un magazine étranger, Suisse en l'occurrence, *L'Hebdo*, le seul hebdomadaire d'actualité existant en territoire romand, initiateur à l'époque du *Bondy Blog* créé pour essayer de comprendre les banlieues en révolte « de l'intérieur » (Turpin, 2008). Ce travail a été suivi d'une autre publication portant sur les représentations de deux quartiers populaires et de leurs habitants dans trois journaux nationaux (*Le Monde, Le Figaro, Libération*) (Turpin, 2012). Nous poursuivons ici cette recherche en y

---

[3] La conception modulaire de TXM permet de rajouter des macros ou des analyseurs. Ici, l'analyse morphosyntaxique a été réalisée avec le module Tree-Tagger.

[4] Cette dernière recherche a pu se développer dans le cadre d'un projet du pôle LaSCoD (CRTF, université de Cergy-Pontoise) déposé à la MSH Paris-Nord « Construction d'une mythologie urbaine : le jeune de banlieue. Étude d'un processus social de mise en altérité à travers une analyse des représentations et des discours », sous la direction de M.-M. Bertucci et I. Boyer (années 2010 et 2011).

ajoutant le quotidien *Le Parisien*. Il s'agira pour nous de compléter notre étude en croisant les regards de ces journaux, différents de par leur lectorat et leur visée éditoriale. Nous mettrons également en rapport ces publications avec des productions audiovisuelles portant sur ces quartiers « en périphérie ».

Description du corpus

Le corpus comprend 694 articles, 84 pour *Le Figaro*, 147 pour *Le Monde*, 108 pour *Libération* et 355 pour *Le Parisien*, davantage orienté « faits divers » et « actualités régionales ». La répartition est la suivante en ce qui concerne les deux espaces considérés :

Fig. 1 : répartition par espaces et par journaux

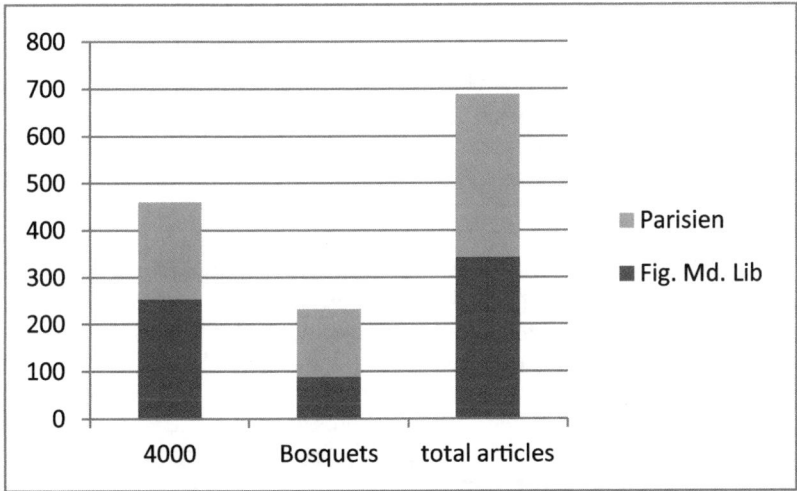

Nous pouvons ici constater que les articles se répartissent à peu près à égalité entre presse nationale et presse régionale.

La répartition par années montre une augmentation du nombre d'articles pour les deux quartiers en 2002, une en 2005 pour les « 4000 » et une en 2006 pour les « Bosquets ».

Regards croisés sur la banlieue

Fig. 2 : répartition par années

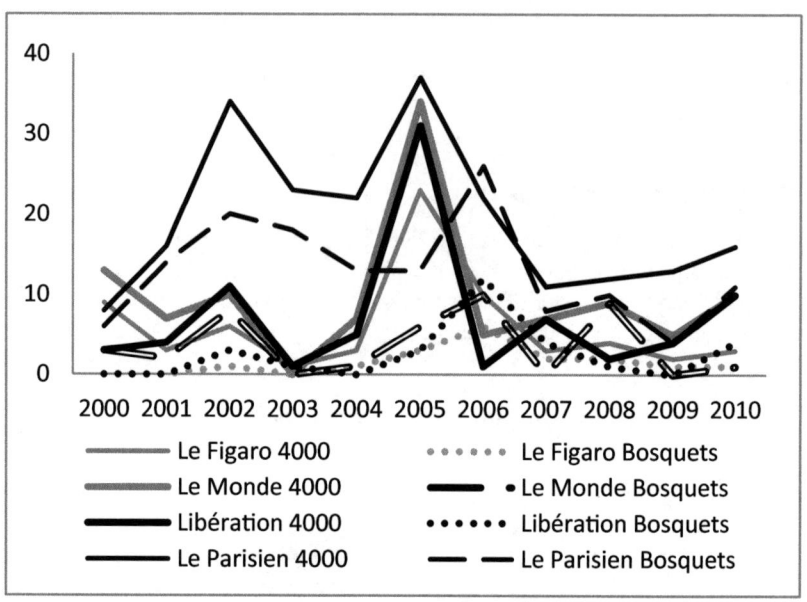

Le choix des thématiques est guidé par l'actualité, mais également par des peurs sociales implicites, principalement après les attentats du 11 septembre 2001 : islamisme et communautarisme notamment. C'est en 2001 que la journaliste Cécilia Gabizon déclara avoir été embauchée par *Le Figaro* pour traiter des banlieues populaires françaises alors même que ces dernières n'étaient pas encore dans le prisme de l'actualité[5]. L'*après-11 septembre* 2001 voit en effet se multiplier les reportages sur l'insécurité mise en relation avec les cités situées à la périphérie des grandes villes (voir Dufour, 2005 ; Née, 2012), avec une recrudescence après la tuerie à la mairie Nanterre en mars 2002. Ainsi peut-on lire en avril 2002 dans *Le Figaro* un reportage sur la présence d'armes de guerre aux « 4000 » (« Armes de guerre : un trafic qui s'accroît », 11/04/2002, p. 10) ou des articles s'inquiétant de l'infiltration en son sein d'Al-Quaida avec le suivi de l'arrestation de « membres supposés d'Al-Quaida » (*Libération*, 19/12/2002, p. 19). En cette fin d'année 2002, les projecteurs sont en effet braqués sur « Les filières d'Al Quaida en France » (*Le Figaro*, « Une » du 18/12/2002), dites aussi « Filière tchétchène » : « Trois islamistes soupçonnés d'appartenir à la filière tchétchène ont été interpellés à La Courneuve » (*Le Monde*, 18/12/2002, p. 11), « Les islamistes de La Courneuve préparaient une attaque chimique » (*Le*

---

[5] StreetPress TV, <https://www.youtube.com/watch?v=3Dy-qjKJKzg>.

Parisien, 17/12/2002, p. 13). Toujours en 2002, année de l'élection présidentielle, l'affaire Paul Voise[6], en avril, deux jours avant le premier tour et peu de temps après la tuerie de Nanterre, conforte cette mise en relation entre insécurité-banlieue-immigration-délinquance des jeunes puis sa *naturalisation* dans l'opinion.

Dans notre corpus l'accroissement des sujets traitant des 4000 et des Bosquets en 2002 reflète cette actualité. En 2005 l'intervention du ministre de l'Intérieur Nicolas Sarkozy sur l'esplanade des 4000, promettant de nettoyer la cité « au Karcher » suite au décès d'un enfant tué par une balle perdue lors d'un règlement de compte, propulse à nouveau ce quartier sous le feu des projecteurs. À la fin de cette même année, les révoltes urbaines nées aux Bosquets à la suite de la mort de deux jeunes habitants électrocutés dans un transformateur alors qu'ils étaient poursuivis par la police continuent à alimenter les journaux, tout comme en 2006 la « crainte d'une rechute », relayée par la voix du ministère de l'Intérieur, avec en toile de fond le redouté mois de mai : « LES POLICIERS de Seine-Saint-Denis l'écrivent à longueur de rapport : la situation se dégrade depuis le mois de février. La trêve hivernale aura été de courte durée. Les casseurs... » (*Le Figaro*, 31/05/2006, p. 8) ou, comme le titre laconiquement *Le Parisien* « L'ambiance reste électrique » (31/05/2006, p. 15).

Méthode d'analyse

Dans ce chapitre, nous nous proposons d'étudier les représentations des quartiers envisagés dans les quatre quotidiens de notre corpus. Nous considérerons ici que les représentations sont sous-tendues par un jugement qui s'exprime à travers une axiologie qui peut être positive ou négative, avec toutes sortes de graduations entre ces deux pôles. Ce jugement ne saurait cependant être analysé à partir d'une approche purement lexicale et statistique qui consisterait à rechercher au fil du texte des termes renvoyant hors contexte à un point de vue[7]. Dans ce travail, nous commencerons donc par rechercher des lexèmes à partir desquels se noue la référence et d'où affleure le sens pour en étudier les contextes

---

[6] Ou la surmédiatisation de l'agression d'un septuagénaire en période d'élection présidentielle dans une municipalité de la banlieue d'Orléans qui se voulait championne de la lutte contre l'insécurité. Les coupables potentiels ont tout de suite été désignés : les jeunes d'une cité voisine, « voyous connus de la police » (déclaration de l'adjoint au maire UMP chargé de la sécurité). L'enquête n'aboutira cependant pas et l'arrestation d'un jeune « coupable idéal », français d'origine marocaine, que monsieur Voise continuait cependant à saluer de manière affable se terminera par un non-lieu.

[7] Les adjectifs qualificatifs les plus fréquemment employés renvoient d'ailleurs hors contexte à une axiologie plutôt neutre ou positive. Citons par ordre de fréquence : *jeune, grand, petit, jeunes, anciens, social, français, nouveau/nouvelle, publics, grande, petite, bon, grands, seul, sociale, général, juste, urbaine, politiques...*

sous-tendant un jugement. Cette approche nous permet d'éviter l'écueil de nous limiter à un inventaire codé des formes de l'évaluation et de négliger ses *motifs* textuels et les manières non prédictives dont elle peut investir le discours[8]. Si notre analyse part des fréquences, elle considère aussi que les fréquences ne disent pas tout du texte. Celles-ci permettent de percevoir les lieux où un point émerge de la chaîne signifiante pour se nouer à un signifié dans le dépli du sens. Repérer ces nœuds puis les étudier, ce n'est pas décontextualiser, mais remettre le sens dans les plis du texte. En reprenant la terminologie lacanienne, nous pouvons dire que l'étude de la fréquence permet de déceler les *points de capiton* du texte que nous appelons par ailleurs « motifs » ou « pivots » de référence (il s'agit ici de lexèmes référentiels).

À partir de ces derniers, l'étude recherchera les isotopies évaluatives pour, au-delà de *thèmes* pouvant être divers selon les articles, en arriver au *propos*, ce dernier étant également le lieu de l'idéologie circulante. Celui-ci se manifeste à trois niveaux : lexical (et associatif *ipso facto*, c'est-à-dire dans les valeurs des formes de la langue)[9], mais aussi, et surtout contextuel (dans les valeurs actualisées dans un discours particulier). Il est par ailleurs lié aux conditions de production du discours et à sa mise en scène dans un genre particulier.

Les quotidiens d'information générale rendent compte de faits reconnus comme « marquants » par une société donnée, en fonction de son habitus et de ses valeurs, faits susceptibles d'entrer dans des paradigmes qui *interrogent* la société et son état d'équilibre (faits économiques, sociaux, de santé publique, nationaux, internationaux, etc.). Tout espace dès lors qu'il est territoire, c'est-à-dire espace politique, entre dans des logiques d'action, mais aussi des logiques de discours liées à ces actions. De ce point de vue, les discours consacrés aux quartiers populaires apparaissent le plus souvent dans notre corpus comme des discours appauvris puisque réduits majoritairement à trois questions : policière, avec les actes de violences, crimes ou délits ; urbanistique, avec la dégradation du bâti et la rénovation urbaine ; politique, avec références à des hommes/femmes politiques ou aux élections. Les questions sociales, liées à l'emploi, à l'éducation, sont peu évoquées. Les articles de type reportage prédominent, avec emploi d'un style narratif et dramatisation.

Une autre trame discursive intervient cependant, échos d'une autre voix, celle des habitants, en rapport principalement avec les productions artistiques émanant des quartiers populaires (cinéma notamment).

---

[8] Reproche que l'on peut faire aux tentatives d'analyses automatiques des émotions par exemple, procédant à partir d'un dictionnaire prédéterminé.
[9] Valeur au sens où l'entend Saussure, sans oublier que ces valeurs se constituent en discours (ce qu'a bien montré Klemperer dans son ouvrage sur la langue du 3ᵉ Reich).

Le propos : une représentation stéréotypée

La violence : Les jeunes et la police

Les acteurs les plus communément cités dans l'ensemble des articles sont les jeunes et la police ou les policiers. Cette prégnance de la référence à la police et à la délinquance insère les jeunes et l'espace des grands ensembles dans le champ sémantique de la violence. Le jeune, typifié, est évoqué en tant qu'il fait partie d'un groupe, ceci se traduisant par l'emploi de termes évoquant la pluralité – pluralité de pairs ou multitude qui fait peur :

> On y trouve des *groupes de jeunes* oisifs eux-mêmes fragmentés en tribus (*Le Parisien*, 30/04/2002, p. 31).

> À 22 h 30 *une centaine de jeunes* montent à l'assaut bardés de pierres (*Le Parisien*, 31/10/2005, p. 3).

> Des affrontements ont opposé les policiers et des *groupes de jeunes* qui les ont caillassés (*Le Monde*, 30/10/2006, p. 8).

> Au total, 12 voitures et de nombreuses poubelles ont été incendiées, mardi soir, par *des groupes de jeunes* (*Le Monde*, 01/06/2006, p. 12).

L'emploi du terme « bande(s) » obéit à cette même logique, renvoyant implicitement dans ce contexte général à un groupe délictueux, actualisation du sens « sociologique » noté dans le TLF : « *Groupe d'individus, le plus souvent non intégrés à leur milieu socio-familial (...)* » (Mucch. *Sc. soc.* 1969). *Les bandes de jeunes* ; « *la plupart des auteurs voient dans la bande une réponse à un système social désorganisé* » (*Sociol.* 1970, s.v. *gang*).

> Une *bande de jeunes* du cru qui se connaissent depuis la maternelle et qui sont connus des services de police pour des délits classiques : vol avec ou sans violences, recel (*Libération*, 19/10/2001, p. 17).

> Trafic de drogue en famille aux Bosquets [...]. La *bande* ne menait pas grand train, cherchant surtout à être discrète et à en faire profiter au maximum les proches (*Le Parisien*, 10/012004, p. 1).

> Dans la rue, les *bandes* nous menacent, alors j'ai peur (*Le Monde*, 15/11/2005, p. 13).

> Une condamnation à sept mois fermes pour des bagarres entre *bandes* et des vols avec violence (*Le Monde*, 23/05/2006, p. 3).

> La délinquance des « *bandes* » (*Le Monde*, 2/06/2006, p. 10).

> Cette bagarre semble être un nouvel épisode d'une « *guerre des bandes* » et de quartiers aux motifs toujours obscurs (*Le Parisien*, 2/03/2010).

La suite syntagmatique la plus fréquente subsume cette idée de pluralité : elle est constituée du déterminant généralisant « les jeunes » suivi d'un contexte spécifiant, du type « les jeunes de la cité/des cités, du quartier/des quartiers, sans que l'on note cependant un réel figement de l'association dans notre corpus »[10]. Le numéral spécifiant /des/ est également fréquent. Nous pouvons par ailleurs constater que les lexèmes /police/ /policiers/et /jeunes/ sont en relation de co-occurrence forte, comme nous pouvons le voir sur le schéma suivant mettant en valeur ces dernières[11] :

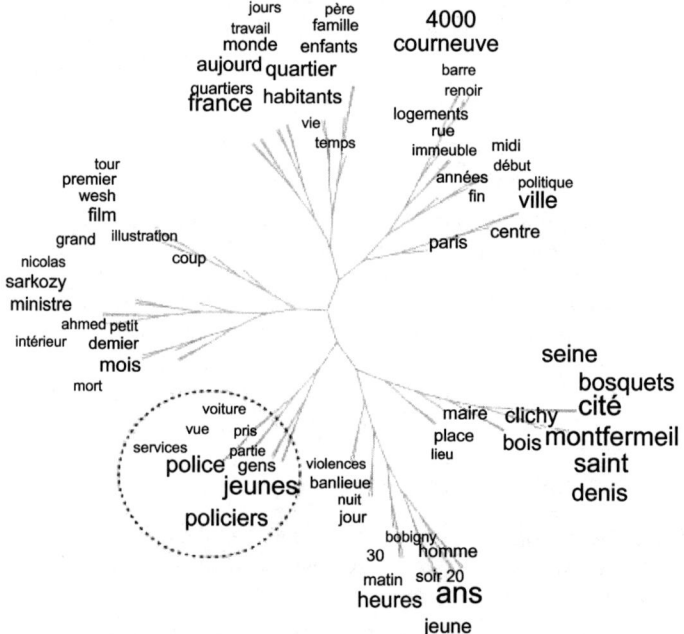

Fig. 3 : co-occurrences (distance de Lidell)

---

[10] Dans l'ensemble des journaux, la chaîne la plus fréquente est « jeunes de la cité », ce qui est motivé par le contexte référentiel : on ne peut donc parler ici de véritable stéréotypie. La deuxième forme fréquente est « jeunes du quartier ».

[11] Ce schéma a été réalisé à l'aide des logiciels *TreeCloud* et *SpiltsTree*, la spatialité étant obtenue en utilisant la distance statistique de Lidell. Le premier logiciel a été conçu par P. Gambette de l'université de Marnes-la-Vallée (<http://treecloud.univ-mlv.fr/>), le second par D.H. Huson et D. Bryant de l'université de Tübingen (<http://www.splitstree.org/>). Les termes présents sur le schéma sont ceux ayant une fréquence supérieure à 80, la taille des caractères étant par ailleurs proportionnelle à la fréquence.

Une étude des fréquences d'emploi dans notre corpus fait apparaître un parallélisme temporel entre les items précités :

Fig. 4 : fréquences d'emploi des nominaux *jeune(s) / police / policier(s)* de 2000 à 2010

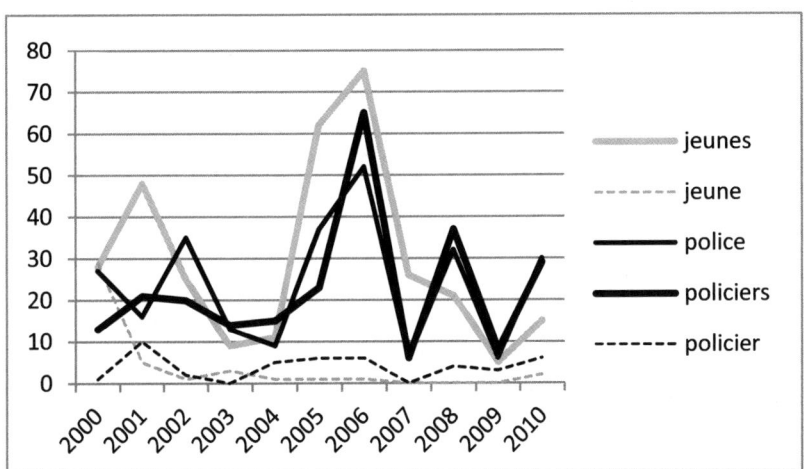

La fréquence de l'association reflète certes l'état de tension entre les forces de l'ordre et les jeunes des quartiers populaires, tension accentuée du fait que l'autre ne devient perçu que par rapport à son groupe d'appartenance. La prégnance de cette co-occurrence, sa répétition, renforce cependant chez le lecteur l'association entre *violence, jeunes* et *cité* ou *quartier* et aboutit à une stigmatisation de l'ensemble d'une population. Parfois les jeunes adolescents ou adultes sont évoqués dans d'autres contextes, mais le plus souvent en termes de réussite *individuelle*, notamment dans *Le Parisien*, sauf en ce qui concerne des groupes artistiques, musiciens ou grapheurs.

Nous relèverons enfin un dernier point suggéré dans les discours étudiés, ayant trait à l'entente entre communautés : l'espace y est décrit comme lieu de violences criminogènes, mais aussi comme lieu de conflits communautaires.

> Des immeubles en ruine, aux portes éventrées, aux boîtes aux lettres cabossées, aux escaliers à haut risque. Les murs extérieurs sont recouverts de tags, contre la police et parfois contre les juifs (*Le Monde*, 29/02/2008, p. 31).

> Une certaine tension règne entre groupes de jeunes d'origine maghrébine, les plus anciens dans la cité des 4000, et ceux originaires d'Afrique noire (*Libération*, 24/06/2005, p. 14).

La présence de ces tensions « communautaires » ne semble cependant pas être l'apanage de ces quartiers populaires et demande de ce fait à être relativisée. Dans son ouvrage sur la banlieue du « 20 heures » Jérôme Berthaut note que le thème des tensions entre communautés était prédéfini en comité de rédaction davantage que réellement retrouvé sur le terrain. Ainsi, accompagnant les reporters l'auteur a pu voir le décalage entre la situation vécue sur place et le commentaire dramatisant des images passées à l'antenne qui parle de « tensions » ou de « dérapages racistes » (Berthaut : 317), comme si les quartiers populaires de banlieue servaient en fait à territorialiser les propres maux de la société française, à les y reléguer pour mieux les *refouler* (au sens psychanalytique du terme).

L'espace : immeubles, barres et tours

Immeubles, barres et tours sont des éléments emblématiques des quartiers populaires de banlieue – emblématiques ici au sens où une partie représente symboliquement un ensemble. Dans son étude sur « la fabrication de l'information » dans les journaux télévisés, Jérôme Berthaut, note également que les images de tours et de barres paraissent quasi constitutives du genre visuel du « reportage en banlieue » (2013 : 217). Les quotidiens ou hebdomadaires d'actualité reproduisent eux-mêmes fréquemment ces images dans les photographies accompagnant les articles consacrés à ces quartiers. Les journalistes dans leurs reportages utilisent de manière récurrente ces « termes-clichés », renvoyant ce faisant à cet interdiscours. Cette référence à l'image est d'ailleurs notée dans les commentaires de journalistes. Ainsi, à propos d'un tournage prévu par le réalisateur Luc Besson :

> Le cadre architectural avec ces barres de béton décrépies offre des points de vue intéressants pour les tournages (*Le Parisien*, 28/09/2008, p. 14).

Une analyse des fréquences des lexèmes se référant à l'espace montre bien la répétition de ces items. La continuité de l'espace tend alors à être réduite à ces éléments architecturaux, devenus stéréotypes et symboles des « cités ». Les contextes d'emploi renvoient à un point de vue extérieur, celui du passant, et à une axiologie négative qui peut par ailleurs rejoindre le champ métaphorique de la maladie :

> Chronique de la vie dans les barres de Seine-Saint-Denis d'où giclait *la rage* à tous les étages (*Le Monde*, 07/06/2006, p. 26).
>
> Ces barres *à l'agonie* (*Le Figaro*, 07/05/2007, p. 18).
>
> La famille du réalisateur qui a grandi entre ces barres *lépreuses* (*Le Parisien*, 30/12/2003, p. 10).
>
> Ravel et Presov, deux barres gigantesques et décaties, murs *lépreux* et fenêtres brisées, carcasses de béton à l'abandon... (*Le Figaro*, 24/06/2004).

Ces métaphores médicales se retrouvent au fil des discours, renvoyant tant à la dégradation du bâti qu'à la violence. On les retrouve dans des expressions telles que « la *paranoïa* s'est installée dans les cités » (*Le Figaro*, 31/5/2006), « la banlieue et ses *convulsions* » (*Le Monde*, 29/09/2008), « une société en *convulsion* » (*Le Monde*, 24/01/2005). Elles participent dans la narration journalistique à la dramatisation du discours et, comme toutes les formules-chocs, elles contribuent à créer une connivence avec le lecteur grâce au *pathos* et à l'émotion. Peut-être cependant faudrait-il interroger ces figures pour voir ce qu'elles peuvent signifier du point de vue de la caractérisation de l'espace et du « corps social » : métaphores renvoyant à un corps en convulsion, voire à l'agonie ou bien à un corps rongé de l'intérieur, lèpre, ou cancer... Ces « cancers sociaux » sont certes explicités contextuellement dans *Le Monde* : le chômage, la délinquance (*Le Monde*, 9/06/2000, p. 8), mais la métaphore est quand même quelque peu violente. N'y a-t-il pas là également traces implicites d'une peur sociale face à une altérité trop voyante (celle des quartiers populaires, celle de leurs habitants, particulièrement les jeunes) ?

Le champ de la maladie croise celui de la *dégradation*. Assez vague, le terme est susceptible d'impliquer les habitants : la dégradation, ce peut être une détérioration par le temps, voire les malfaçons, ou un dégât causé volontairement, ce dernier point étant noté dans certains articles :

> Au total, depuis le 1er janvier, plus de 28 000 voitures et près de 17 500 poubelles ont été incendiées dans le pays. Près de 5 760 *dégradations* de mobilier urbain [...] (*Le Monde*, 04/11/2005, p. 9).
>
> C'est tellement grand que les gens n'ont pas l'impression d'être chez eux et du coup, les *dégradations* se multiplient (*Le Parisien*, 21/11/202, p. 2).
>
> Les responsables de *tags*, *dépôts sauvages* et autres *déjections canines* seront verbalisés (Nouvelles locales, reprenant un décret municipal, *Le Parisien*, 07/01/2003, p. 2).
>
> De l'extérieur, le constat est accablant : entrées *taguées* et *saccagées*, boîtes aux lettres *éventrées*, ascenseurs *bloqués*, un des centres commerciaux pour partie *carbonisés* et le Formule 1, devenu le refuge d'un hôtel social, récemment abandonné (*Le Monde*, 29/03/2005, p. 13).
>
> Les murs sont *tagués*, les portes d'entrée démontées, les boîtes aux lettres *défoncées*, le goudron *crevassé* (*Libération*, 09/11/2005, p. 8).
>
> La cité des Bosquets, avec ses *tags*, ses vitres brisées et ses carcasses de voitures *brûlées* (*Le Figaro*, 15/02/2002, p. 10).

Là encore, Jérôme Berthaut parle des marqueurs iconographiques recherchés par les reporters de télévision que sont tags et dégradations. Nous voyons ici que la narration journalistique utilise les mêmes schèmes que la narration télévisuelle, répondant aux attendus par l'emploi de notations descriptives dans des articles qui suivent les règles de rédaction du reportage, ces dernières en arrivant à produire du stéréotype.

Des articles rappellent toutefois également, mais plus rarement, l'autre version de cette dégradation, liée non plus aux habitants, mais aux bâtisseurs :

> Les premiers problèmes apparaissent : *dégradations apparentes*, pour la plupart dues au procédé de construction et aux contrefaçons dénoncées dès la livraison des immeubles, souligne-t-on en mairie (*Le Figaro*, 08/06/2000, p. 12).
>
> Construit en 1963, l'immeuble avait fière allure au départ : 186 mètres de long, une quinzaine d'étages, 362 logements... Mal conçu, édifié à l'économie, il est peu à peu parti en quenouille. La crise économique a accéléré cette *spirale de la dégradation* (*Le Monde*, 09/06/2000, p. 8).

Parfois cependant, la narration s'écarte de cette vision normée, entre *tours* et *barres*, des quartiers populaires :

> Le long de cette barre s'étend un jardin fermé où les petits enfants jouent sous le regard attentif des mères (*Le Monde*, 12/04/2001, p. 12).
>
> Planté au cœur des 4 000, ce soir, le centre culturel Jean-Houdremont est bondé. On s'embrasse, on prend des nouvelles des enfants, et on n'en finit plus de regarder encore et encore ces têtes tellement connues et pourtant... « Oui, c'est tout nous, ça », dit une femme en chaussant ses lunettes, le nez collé sur les clichés (*Libération*, 14/10/2002, p. 16).

L'espace est donc au croisement des deux champs sémantiques que sont la violence et la dégradation du bâti, champs qui se recoupent par ailleurs dans la thématique de la rénovation de l'habitat présentée comme solution au problème des banlieues.

Des points de vue cependant contrastés

Globalement, les journaux reprennent dans leurs propos une forme de rumeur négative concernant la vision de ces quartiers, s'appuyant sur les deux motifs rencontrés : *la violence* et *l'habitat*, propos qui sont au cœur des discours circulant sur la ville (discours politiques, institutionnels, médiatiques...). Les points de vue sont cependant contrastés selon les journaux, avec une prise en charge différente, thématique et énonciative.

Ces propos circulants se retrouvent nous l'avons vu, massivement, dans la trame même des articles journalistiques et cela dans tous les journaux. Les thèmes des articles réorientent cependant le propos. Ainsi le propos /violence/ peut-il être mis en perspective de manière différente et entrer dans divers schémas argumentatifs. Nous distinguerons ici les journaux qui mettent peu en perspective cette dernière et ceux qui le font.

Dans les premiers, un fait dit « de violence » est décliné à l'intérieur d'une séquence d'articles focalisés sur ce fait[12]. Dans les seconds, la violence n'est plus traitée dans la déclinaison d'un fait, mais est considérée à partir de prismes divers de telle manière que les suites deviennent difficilement assignables à une thématique unique : elles parlent de la violence, mais aussi de la vie des habitants et/ou des relations de pouvoir et de la politique de la ville. Il en est de même de l'habitat, mis ainsi en perspective.

De ce point de vue, nous pouvons distinguer *Le Figaro*, d'une part, que nous opposerons aux autres titres. Ce journal met l'accent sur les faits de violence et sur l'action de la police pour rétablir l'ordre, dans des séquences qui peuvent s'étendre sur plusieurs mois et constituent l'essentiel des informations sur les quartiers envisagés. Le corpus de ce journal se trouve en effet constitué de séquences en extension, déclinées dans un nombre d'articles relativement conséquent. Treize articles sont consécutifs à la mort de Sidi-Ahmed, enfant de 11 ans tué d'une balle perdue *Cité des Bosquets* le 19 juin 2005 : neuf articles parus du 20 au 27 juin, deux lors de la reconstitution (13 mai et 27 juin 2007) et deux lors du procès (17 octobre, 4 novembre 2008). Nous avons ici de véritables « feuilletons », aisément repérables, avec des séquences écrites à plusieurs mains par différents journalistes. La deuxième longue séquence est celle constituée par les violences de 2005 démarrées à Clichy-sous-Bois, avec là encore une suite « en feuilleton » : « Quand Clichy s'embrase la nuit » (1/11/2005), « En région parisienne, la fièvre des violences urbaines ne retombe pas » (2/11/2005), « Après une semaine d'émeutes, la violence continue » (3/11/2005), « Des violences qui font craindre une rechute après les troubles de novembre » (31 mai 2006), « Après Montfermeil, la police craint le retour des émeutes » (31 mai 2006), « Banlieue : le spectre des émeutes hante Montfermeil » (31 mai 2006), « La cité des Bosquets veut venger "l'honneur bafoué" » (31 mai 2006). Notons ici que le terme de « violence » est ainsi au carrefour de deux séries associatives, celle concernant les délits et celle concernant les révoltes (ou « émeutes »).

Ce journal parle plutôt moins que les autres des banlieues populaires, mais quand il le fait, c'est avec une insistance « en séquences » sur la violence, ce qui a pour effet de maintenir une tension dans le temps et de penser cette dernière dans sa possibilité de resurgissement. Les cités constituées de grands ensembles intéressent ici, mais principalement pour dire qu'elles représentent un danger (titre d'un article du 14/11/2005 : « La menace est permanente »).

---

[12] Nous appelons *séquence événementielle* la déclinaison d'un même évènement dans plusieurs articles, que cela soit dans un même numéro de journal ou dans des numéros différents d'un même titre.

L'autre thématique prégnante dans ce journal relève de l'habitat. Les articles y sont peu distanciés des représentations relevées ci-dessus, avec des suites « en séquences » focalisées sur la destruction des *tours* et *barres*, cela essentiellement en ce qui concerne la cité des 4000 (objet de « réhabilitation » lors de la période considérée). Ainsi avons-nous les séquences suivantes : « Des explosifs pour réparer l'irréparable » (8/2/2000), « Requiem pour une barre » (15/02/2000), « On achève bien les barres » (9/06/2000), qui se termine par « Souvenirs de vies passées en HLM. La barre Renoir ressuscitée » (3/8/2000) et, en 2004 : « Destruction de deux barres d'immeubles à La Courneuve » (23/06/2004), « L'adieu de La Courneuve à ses dernières barres » (24/07/2004).

Le point de vue prédominant, mis en exergue dans les titres d'articles, est celui de l'institution : police (« la crainte de la police ») (31/05/2006), « les policiers de Seine-Saint-Denis l'écrivent à longueur de rapport » (31/06/2006), hommes ou femmes de la droite gouvernementale « Le discours de Michèle Alliot-Marie hier à Saint-Denis » (15/01/2008), « Villepin entend lever les discriminations à l'embauche » (12/05/2005), « Begag n'aime pas l'expression "nettoyer au Karcher" » (1/05/2005), « Sarkozy : "Non au discours unique" » (30/05/2005). La thématique de l'emploi est également abordée, mais vue uniquement sous le prisme de l'entreprise et du politique, comme le marquent les deux titres représentatifs suivants : « L'entreprise, une machine à intégrer » (21/11/2002), « Villepin entend lever les discriminations à l'embauche », titre chapeautant un article commençant par le stéréotype sous forme d'oxymore « égalité des chances » (2/07/2005). Peu d'articles par contre sur l'éducation, les questions sociales ou la vie des habitants : les deux relevés à ce sujet, parus en 2000, se rapportent essentiellement au passé (« souvenirs de vies passées ») (3/8/2000, p. 7), « On s'émerveillait de posséder une baignoire » (8/06/2000).

Les autres quotidiens accordent davantage de place à la vie des habitants, aussi évoquée dans son présent. La violence est problématisée dans une contextualité élargie, ces journaux pouvant par ailleurs remarquer qu'elle n'est pas toujours celle des jeunes. Ainsi *Le Parisien* et *Libération* titrent-ils sur les violences pouvant être exercées par des policiers : « Des policiers suspectés de violence » (*Le Parisien*, 22/10/2008), ou : « L'IGS enquête sur des violences policières à Montfermeil » (*Le Monde*, 22/08/2008). Ces articles mettent ainsi en tension les stéréotypes, tout comme dans ces articles intitulés : « Ces jeunes des cités rêvent d'entrer dans la police » (*Le Parisien*, 6/02/2006) ou « On veut moins de policiers » (*Le Parisien*, 20/06/2006). Alors même qu'il en est venu à être repris et intégré sous forme de consensus dans les discours politiques et médiatiques, le discours sur l'« insécurité » est de même parfois remis en perspective. Ainsi dans *Libération* : « Et Sarkozy ressort l'insécurité » (29 mai 2009). Quant au

Monde, il souligne que La Courneuve et la cité des 4000 existent également « par temps calme » (26/09/2005). Ces journaux cherchent ainsi à s'écarter d'une vision stéréotypée des quartiers de « grands ensembles », ce qui est aussi énoncé textuellement : « Nous allons parler des Bosquets autrement qu'en négatif » (*Le Parisien*, 9/10/2004) ou, à travers la parole d'une habitante : « IL FAUT arrêter d'être négatif sur notre cité. Il s'y passe aussi de belles choses. Ici, la solidarité entre les familles est sans pareille » (*Le Parisien*, 20/06/2006).

Les points de vue mis en exergue donnent davantage la parole aux habitants : « Le 8 juin, la barre Renoir de la cité des 4000 n'existera plus. Pas pour ses habitants » (*Libération*, 27/05/2000) « La cité des 4000 crie sa colère et son besoin de respect » (*Libération*, 22/06/2005), « Nous, les pauvres, on ne nous a pas écoutés » (*Le Parisien*, 22/9/2005). Alors que *Le Monde* met relativement plus en exergue celle de résidents de longue date ou des abords pavillonnaires[13], *Le Parisien* se spécialise dans ce que nous appellerons le récit édifiant : des articles sur des « parcours exemplaires » de jeunes invités à « devenir les ambassadeurs de la réussite » (1/03/2002). Ces suites mettent cependant presque toujours l'accent sur une volonté individuelle, ce qui en revers ne participe nullement à lever le stéréotype résumé par l'oxymore « égalité des chances ». S'en sortir devient une question de volonté, ce qui permet finalement d'éluder la question sociale.

Les articles des trois derniers quotidiens envisagés marquent une tension entre thème et propos. Le regard s'écartant du propos dominant ou bien le détournant le rappelle cependant. Les quatre journaux introduisent pourtant également, de biais, d'autres paroles, celles de chanteurs ou musiciens, de photographes (collectif *Le Bar Floréal*, JR), ou de cinéastes en médiatisant leurs productions ou en leur donnant la parole. Dans le corpus étudié, le champ de la culture est ainsi investi par des articles rendant compte d'œuvres cinématographiques portant sur la banlieue, avec principalement, de Rabah Ameur-Zaïmeiche, *Wesh wesh* en 2002 et *Bled Number One* en 2006 ; de Yamina Benguigui, *9-3 Mémoire d'un territoire* (2008) ou *Aïcha* (2009) et de Jean-Pierre Thorn, *93 la belle rebelle* (2010) – le cinéma permettant ainsi à la banlieue de se dire par une autre voix. Le champ culturel fonctionne alors comme prisme de reconnaissance.

Le film *Wesh wesh, qu'est-ce qui se passe ?* nous semble emblématique de cet autre regard porté sur l'espace et ses habitants. Dans ce long métrage, le réalisateur met en scène la cité des Bosquets. Comme dans la presse, deux acteurs sont omniprésents : les jeunes et la police ou les policiers, sur fond de vie quotidienne, sur fond de consommation de drogue et de trafic, sur fond de désespérance avec un avenir fermé à cause du manque

---

[13] Dans ce corpus et par rapport aux autres titres.

de perspective. Le film est sans concessions de ce point de vue, mais les jeunes habitants sont contextualisés et humanisés. Le générique du film rappelle que la violence est également celle d'une société. Ce dernier est en effet dédié « à toutes les victimes de la double peine, à la mémoire de Karim et Brahim Aouat, Djamel Mehdi et à travers eux à tous nos frères morts dans des crimes racistes et sécuritaires ». Cet autre point de vue est matérialisé dans le film par l'importance du regard, celui de Karim le personnage principal, joué par le réalisateur, celui de la caméra, jamais montrée, mais omniprésente, avec de nombreux cadrages sur son visage, suivis de travellings. L'espace lui-même est rendu à sa continuité : barres d'immeubles certes, mais également alignement de fenêtres, rangées d'arbres, étendues gazonnées, bois et étang où les enfants vont pêcher. Le quartier est ainsi montré dans sa continuité, avec une certaine beauté (soulignée par exemple par un long plan sur les bâtiments éclairés la nuit – inversant l'image de la nuit liée à la violence). La dégradation des bâtiments est visible, mais c'est celle des halls et des parties communes qui contrastent avec la tenue et l'humanité des intérieurs. L'espace de la cité est par ailleurs vu comme refuge, zone de protection : les actions policières interviennent lors des échappées à l'extérieur (contrôles des jeunes en voiture, en scooter). Il n'est pas en lui-même « ghetto », l'intervention policière tend pourtant à en faire un espace-prison ou de relégation avec un rapport de domination qui peut être vu dans le film comme une réinterprétation du rapport colon/colonisé.

À travers le commentaire de ces films dans les journaux une autre voix se trouve ainsi introduite. Cette autre voix s'immisce parfois non sans réticences. Ainsi dans *Le Figaro* le premier accueil du film se fait-il en trois lignes, terminées par une conclusion lapidaire « rien de palpitant » (30/04/2002, article non signé). Cependant, après les critiques laudatives des autres quotidiens le journal revient sur sa position quelques jours plus tard, sous la plume de Dominique Borde, avec le commentaire suivant :

> En travelling, contre-plongée, panoramique, de jour ou de nuit, les bâtiments défilent, habitats-prison d'une communauté incomprise, victime bientôt coupable du malaise urbain. *Wesh, wesh*, comment ça va ? Mal répond le cinéaste en colère. On le savait. On le comprend mieux après avoir suivi l'odyssée sans issue de Kamel (02/05/2002, p. 25).

Les derniers attentats de janvier et de février 2015 en France[14] montrent que les maux de la société actuelle ne se trouvent pas spécifiquement

---

[14] Pour rappel : en janvier, l'assassinat de onze personnes au siège du journal Charlie Hebdo à Paris, celui d'une policière municipale à Montrouge, suivi de la prise d'otage et de l'assassinat de quatre d'entre eux dans une supérette cachère à la porte de Vincennes ; en février, l'agression au couteau de trois militaires en faction devant un immeuble du centre de Nice abritant des institutions juives.

en banlieue et que la stigmatisation d'une population (les « jeunes », les « immigrés ») ne peut qu'aggraver les choses en suscitant le ressentiment et un sentiment d'appartenance communautaire forgé sur la rancœur, pour ne pas dire « la haine »[15]. Notons ici que le discours des journaux n'a pas ciblé une population pas plus que le discours sécuritaire n'a prévalu de la part des politiques : l'importance de l'école a été rappelée, de même qu'a été mise en cause la ségrégation sociale et « raciale » (avec l'emploi controversé du terme « apartheid » par le premier ministre). Ce ne sont en effet ni la banlieue, ni les jeunes qui posent problème en eux-mêmes, mais la ségrégation en matière d'éducation, dans l'accès à l'emploi et au logement dans une société qui ne connaît plus le plein emploi – ségrégation qui n'appelle pas une réponse sécuritaire, mais une réponse sociale et véritablement *politique* – au sens premier du terme : *1370* « qui concerne le gouvernement des hommes entre eux » (ORESME, *Éthique*, éd. A. D. Menut, p. 303, note 1)[16].

Bibliographie

Berthaut, J., *La banlieue du « 20 heures »*. *Ethnographie de la production d'un lieu commun journalistique*, Marseille, Agone, 2013.

Bronner, L., *La loi du ghetto*, Paris, Calmann-Lévy, 2010.

Conrads, U., *Programmes et manifestes de l'architecture du XXe siècle*, Paris, Éditions de La Villette, 1996.

Dufour, L., « Julien Terral, L'insécurité au Journal télévisé. La campagne présidentielle de 2002 », *Questions de communication* [En ligne], 8, 2005, URL : <http://questionsdecommunication.revues.org/5862>.

Gambette, P., Véronis, J., « Visualising a Text with a Tree Cloud », in Locarek-Junge H. et Weihs C. (ed.), *Classification as a Tool of Research, Proc. of IFCS'09 (11th Conference of the International Federation of Classification Societies)*.

Heiden, S., Magué, J.-P., Pincemin, B., « TXM : Une plateforme logicielle open source pour la textométrie – conception et développement », in Bolasco S. (ed.), *Proc. of 10th International Conference on the Statistical Analysis of Textual Data – JADT 2010*, Rome, *Edizioni Universitarie di Lettere Economia Diritto*, 2010, vol. 2, p. 1021-1032, URL : <http://halshs.archives-ouvertes.fr/halshs-00549779/fr/>.

Heiden, S., « The TXM Platform : Building Open-Source Textual Analysis Software Compatible with the TEI Encoding Scheme », in Ryo Otoguro,

---

[15] L'agresseur des trois militaires, né en France et âgé de 30 ans, a évoqué pendant sa garde à vue « sa haine de la France, de la police, des militaires et des Juifs » (*Tribune de Genève*, 4/02/2015).

[16] Trésor de la langue française informatisé, entrée « politique ».

K.I. (ed.), *24th Pacific Asia Conference on Language, Information and Computation*, Sendai, Japon, Waseda University, 2010, p. 389-398, URL : <http://halshs.archives-ouvertes.fr/halshs-00549764/en/>.

Huson, D.H. and Bryant, D., « Application of Phylogenetic Networks in Evolutionary Studies », *Mol. Biol. Evol.*, 23(2) : 254-267, 2006.

Klemperer, V., *LTI La langue du IIIe Reich* (1947), trad. fr., Paris, Albin Michel, 1996 ; « Pocket Agora », 2002.

Moirand, S., « Des façons de nommer "les jeunes" dans la presse quotidienne nationale », in *Adolescence*, Paris, 2009/4, n° 70, p. 907-919.

Née, E., *L'Insécurité en campagne électorale*, Paris, Honoré Champion, 2012.

Piettre, A., « Islamisation d'un espace social et sémiotisation d'une *color line* », in Turpin, B. (dir.), *Discours et sémiotisation de l'espace. Les représentations de la banlieue et de sa jeunesse*, Paris, L'Harmattan, coll. Espaces discursifs, 2012.

Sedel, J., *Les médias et la banlieue*, Lormont, Éditions Le Bord de L'eau, INA, 2009.

Turpin, B., « Sémiotique du langage totalitaire », in Aubry L., et Turpin, B. (dir.), *Victor Klemperer. Repenser le langage totalitaire*, CNRS éditions, 2012.

Turpin, B., « Introducteurs normatifs et discrimination. Les Tsiganes dans les journaux du début du XXe siècle », in G. Ledegen (dir.), *Nommer la ségrégation en sociolinguistique urbaine, Cahiers internationaux de sociolinguistique*, n° 3, Paris, L'Harmattan, 2013.

Turpin, B., « Les jeunes et la banlieue dans le discours de la presse écrite », in Boyer, I. et Turpin, B. (dir.), *Jeunesse, médias et lien social*, Amiens, Encrages, 2008.

Turpin, B., « Discours médiatiques et sémiotisation de l'espace. La banlieue et ses grands ensembles », in *Discours et sémiotisation de l'espace. Les représentations de la banlieue et de sa jeunesse*, Paris, L'Harmattan, coll. Espaces discursifs, 2012.

Le « wesh »[1] ou « langue des banlieues »
Élément d'un mythe urbain dans l'imaginaire linguistique contemporain ?

Marie-Madeleine BERTUCCI

Université de Cergy-Pontoise

L'hypothèse sur laquelle repose ce chapitre est que, dans le français contemporain, et ce dans la perspective de la sociolinguistique variationniste, la variété identifiée comme le parler des banlieues et/ou des cités, dite aussi familièrement le « wesh » rentre, tout au moins pour partie, dans la constitution d'une forme d'imaginaire, voire de ce qu'on proposera d'appeler une forme de mythe[2] urbain, au sens où l'entend Barthes, c'est-à-dire comme instrument de l'idéologie, comme croyance ou comme signe (1957) et relevant de la doxa. Celui-ci se construirait, entre autres, autour de la variété de français parlée en banlieue par une catégorie de locuteurs, principalement des jeunes pour ce qui nous occupe ici, désignés de manière très simplificatrice comme des « jeunes de banlieues ou des cités ou encore des quartiers ». Cette variété s'oppose à la variété censée incarner le français en soi et à certaines de ses

---

[1] Wesh est un mot invariable, qui a deux morphologies et de ce fait deux sens. Sous sa forme simple, il a celui de « hé ! alors ! salut ! », sous sa forme redoublée « wesh-wesh ou ouèche-ouèche », celui de « jeune des cités », comme l'indique *le Dictionnaire de la zone. Tout l'argot des banlieues*. Sa première et principale attestation, sous sa forme redoublée, est celle du titre du film de Rabah Ameur-Zaïmèche, *Wesh, wesh, qu'est-ce qui se passe ?* (2001).
En arabe maghrébin, il est un interrogatif, équivalent du « hal » de l'arabe standard, « est-ce que... ? ». Il est identifié comme « un mot amical ou provocateur utilisé par certains jeunes » (*Afrique magazine*, 2008 : 59, cité dans le *Wiktionary*). Ce sens est également attesté par l'exemple suivant figurant sur le *Wiktionary* : « Wesh Doe ! Alors la grosse tête, comme ça, on n'est qu'à un point du brevet ! Wesh ! Comment t'as fait ? Wesh ! ... Wesh ! » (Golda, 2005 : 44). Le mot figure également dans le titre de deux chansons des deux rappeurs Rohff et Booba, qui ont contribué à le populariser (Youtube, 2013). Il s'agit de *Wesh Zoulette* pour Rohff et *Wesh Morray* pour Booba.

[2] Voir aussi Jablonka (2013), sur la question des langues comme mythes urbains.

représentations idéologiques comme langue universelle au XVIIIe siècle, langue nationale à partir de la Révolution, représentations véhiculées par les tenants de la conception puriste du français, dont on soulignera la visée très politique au demeurant.

Dans la perspective d'une anthropologie linguistique, on postulera que ces jeunes forment un groupe culturel et on partira du présupposé que, quel que soit le groupe culturel, tout comportement, verbal ou non verbal, peut être construit et interprété pour sa valeur communicationnelle, et à condition d'admettre que la culture est un système symbolique, qui organise les interactions, et la circulation des informations dans la vie quotidienne (Caune, 1995)[3].

De plus, si on admet que les cités de la banlieue parisienne sont la version contemporaine de la périphérie urbaine populaire, on peut se demander si les pratiques langagières des jeunes des cités ne pourraient pas constituer de ce fait une des formes contemporaines du français populaire[4], laquelle serait représentative des transformations sociales françaises et en particulier de l'ethnicisation des classes populaires, du fait de la présence des emprunts aux langues de la migration. Ces pratiques langagières seraient, selon nous, l'expression d'une culture populaire urbaine émergente plurielle.

Le chapitre tendra à mettre en évidence à travers l'étude des pratiques langagières des jeunes issus des cités urbaines sensibles la forme originale qu'elles prennent ainsi que le mode de communication particulier qui en résulte. Elle cherchera à montrer que ces pratiques langagières manifestent les traces croisées d'influences multiples, traditions populaires européennes, culture des ghettos noirs-américains, cultures traditionnelles des migrants, contribuant ainsi à faire émerger une culture populaire urbaine nouvelle, qui pourrait manifester une certaine recomposition du paysage social français contemporain. On postulera néanmoins que ces pratiques ne s'inscrivent pas dans une modernité qui serait en rupture radicale avec ce qui l'a précédée, mais qu'elles sont dans la continuité d'une culture populaire héritée de type carnavalesque, telle qu'a pu la décrire Bakhtine (1970) et comme l'attestent les formes linguistiques et les pratiques langagières abordées dans ce chapitre, comme le verlan, l'humour, les vannes ou clash à caractère sexuel ou scatologique. On peut

---

[3] Voir sur ce point les catégories de Jean Caune (1995 : 37) en distinguant la culture comme « vécu et manifestation singulière de l'individu » et d'autre part la culture comme « code, entendu comme l'ensemble de règles ou de symboles, qui par convention sociale, organisent la circulation des informations » (Caune, 1995 : 45).

[4] On empruntera la définition du français populaire à Françoise Gadet, qui définit le français populaire comme « un usage non standard stigmatisé, que le regard social affuble de l'étiquette de populaire : tout ce qui est familier est susceptible d'être taxé de populaire si le locuteur s'y prête » (Gadet, 1992 : 27).

également rattacher ces formes d'expression à d'autres plus littéraires comme les plaisanteries en forme de litanies avec variation sur la parenté, qu'on trouve au XVIe siècle et particulièrement chez Rabelais[5], mais aussi avant dans la littérature médiévale, fabliaux, soties.

Mon propos n'est pas d'opposer une culture savante à une culture populaire de manière binaire mais de montrer qu'à une tradition sérieuse s'oppose une tradition inversée, fondée sur le rire et la dérision, inscrite dans une tradition carnavalesque et qui se manifeste à travers les formes langagières du wesh. L'analyse se situera dans le prolongement des analyses de Bakhtine, mais aussi à d'autres anthropologues européanistes comme Gaignebet (1974 ; 1986) auxquels j'aurai recours pour construire cette première opposition et la doublerai avec l'opposition construite par Nietzsche dans *La Naissance de la Tragédie*, entre fonctions apollinienne et dionysiaque.

Le chapitre se développera en trois temps. On verra d'abord le processus de mise en altérité des jeunes et de leurs pratiques langagières, puis on mettra en évidence l'ambivalence du français en opposant à la fonction apollinienne du français langue universelle/nationale la fonction dionysiaque/carnavalesque du wesh et enfin à partir de l'étude des formes carnavalesques de la langue inversée, on essaiera de comprendre comment cette culture émergente de la banlieue croise une tradition littéraire européenne[6].

On admettra que le wesh est ancré dans un espace perçu comme socialement stigmatisé[7], qu'il est attribué par le discours commun à une classe d'âge et à des locuteurs socialement situés. Il n'est pas pour autant ce qu'on appelle ordinairement le français populaire[8], même s'il lui emprunte des traits.

On commencera en insistant sur le fait que le wesh rentre dans un processus de mise en altérité des locuteurs, qui participe d'un imaginaire.

I. Le processus de mise en altérité

Pour cerner ce processus de mise en altérité, il faut admettre que l'autre est une figure polysémique. Compris comme l'étranger, il apparaît dans toutes sortes de domaines : littérature romanesque ou poésie, récits de voyage (thème de l'exotisme), études anthropologiques, recherches en

---

[5] Qui en est le représentant emblématique.
[6] Le croisement avec l'œuvre de Rabelais ou la littérature médiévale l'atteste.
[7] Cet espace peut être celui des périphéries urbaines défavorisées ou des centres-ville précarisés.
[8] Sur ces questions de français ordinaire, familier, populaire et sur la variation d'une manière générale voir les travaux de Françoise Gadet (1989, 1992, 2007).

sciences sociales ou en sciences politiques, philosophie, psychanalyse... L'autre est présent aussi dans la littérature où il peut figurer l'écart absolu (la figure du fou ou de l'idiot), écart qui fait surgir la réalité en pleine lumière et en révèle toutes les facettes et la noirceur. Enfin, il désigne souvent en sciences sociales l'idée de minorité : femmes, migrants, homosexuels... L'analyse de l'altérité suppose donc une approche multiple, qui prend en compte le phénomène de l'écart (préjugés, stéréotypes), mais aussi une approche dynamique. L'altérité n'est pas une notion figée, elle évoque des phénomènes complexes. En cela, elle est plus un champ de la pensée et de l'expérience qu'un concept fermé, d'où les reproches qu'on peut lui adresser en raison de son côté attrape-tout. Pourtant, sa force et son intérêt même viennent de ces *défauts*, ce n'est pas un concept transparent, qui se laisse cerner et définir aisément. On postulera donc que l'altérité constitue à la fois une clôture et une ouverture, d'où son caractère dialectique.

La première ambiguïté résulte de la tentation de confondre l'autre et l'altérité et de considérer les deux termes comme synonymes. Or, l'autre n'est pas toujours l'altérité et si les sciences sociales en font un personnage social (individu ou groupe), la philosophie en fait une notion à part entière. Il convient donc de les distinguer. Aborder la question de l'autre, c'est voir comment et à travers quoi il se construit, quelles figures privilégiées il concerne dans le champ social. L'altérité pourrait se définir, dans une perspective sociale, non comme un attribut essentiel de l'objet mais comme une qualification appliquée de l'extérieur se construisant dans une interrelation : « c'est une propriété qui s'élabore au sein d'une relation sociale et autour d'une différence (Jodelet, 2005 : 26) », la notion de différence construite étant évidemment centrale. Elle ne suffit pas cependant et il faut opposer l'altérité du dehors à l'altérité du dedans. La première correspond à l'extériorité. Elle se manifeste à travers les cultures de pays étrangers, lointains, voire exotiques. Elle ne sera pas abordée ici. La seconde, l'altérité du dedans, désigne ceux qui sont marqués par une différence, sociale, ethnique, linguistique... De ce fait, on soulignera que cette notion participe à la critique de l'universalisme abstrait en mettant au premier plan la notion de différence. Cette différence peut être ressentie comme une menace potentielle. C'est elle dont on va s'occuper et à laquelle les présentes recherches sur la mise en altérité des jeunes des banlieues vont être consacrées.

I.1 Les jeunes de banlieues

Les « jeunes de banlieues » forment un groupe très médiatisé, présent en littérature ou au cinéma, objets de nombreux articles de presse. Ils sont visibles sans que l'objet social qu'ils constituent en acquière forcément plus de clarté théorique. Ils n'échappent pas de ce fait au stéréotype et sont souvent perçus comme étant à l'origine de l'instauration d'un problème social spécifique dans un mouvement de sémiotisation du social. Si la récupération et la spectacularisation sont incontestables, on peut toutefois se demander si les jeunes évoqués constituent un groupe homogène. S'agit-il des victimes de la fracture linguistique et sociale ? Ou faut-il y voir un groupe plus large débordant éventuellement la banlieue ?

Sans trancher, on postulera que la catégorie « jeunes » est opératoire dans la société contemporaine car la jeunesse y constitue « une expérience de masse », qui déborde les effectifs limités des lycéens et des étudiants (Dubet, Lapeyronnie, 1992 : 60) et qui n'est pas enfermée dans une définition strictement générationnelle. On peut s'interroger en revanche sur l'identité en jeu et y voir une forme « d'illusion d'une identité sociale », un « imaginaire social et culturel partagé fondé sur des références communes et sur des usages symboliques communs » (Lamizet, 2005 : 83). Dans tous les cas, on notera la difficulté qu'il y a à définir et à identifier la catégorie « jeunes » relative et incertaine (Trimaille, 2005 : 105). On postulera que la notion de banlieue est pertinente ici dans la perspective de la territorialisation de l'identité dans un mouvement de minorisation-stigmatisation. L'habitat de banlieue tend à contredire la vision socialement admise de la normalité et de l'acceptabilité, qui résulte de l'amalgame entre des faits divers ayant eu lieu en périphérie et qui contribuent à construire « une catégorie de pensée et de désignation : celle de « banlieue » et un espace » (Baudin, Genestier, 2002 : 8). On postulera donc que la banlieue devient une notion à part entière, une catégorie conceptuelle faisant la synthèse d'un certain nombre de problèmes sociaux, politiques et aussi linguistiques, ce qui ne va pas sans amalgame et même si le caractère protéiforme de la notion peut conduire à douter que la banlieue soit un terrain de recherche. Le terme désigne dans le discours commun une réalité sociale et linguistique, qui induit une perception du réel. Il convient donc de restituer sa complexité à la notion, dans les limites imparties par la présente recherche.

La référence à la banlieue peut cependant être critiquée, car les jeunes visés par l'étude sont présents aussi ailleurs que dans les banlieues. Pour conclure sur ce point, on fera l'hypothèse que d'un point de vue normatif, le terme « jeunes de banlieues » constitue un « classificateur déclassant » (Gadet, 2003). Comme tel, il s'inscrit dans le contexte de minorisation-stigmatisation qui va nous occuper ici. On postulera qu'il est chargé de connotations, qu'il véhicule un ensemble de traits non normés et qu'il correspond à « un construit social hétéroclite » porteur d'une « fonction déclassante implicite » (Gadet, 2003 : 103). On notera néanmoins que le contexte de l'étude est marqué par l'hétérogénéité sociale et que celle-ci correspond sur le plan linguistique et communicationnel à des pratiques marquées par la variabilité et l'instabilité. Cette hétérogénéité est aussi remarquable par l'affichage de ce qui, au départ, se présente comme une contre-légitimité, dont on peut se demander si elle ne contribue pas en fait à son intégration et à sa récupération, du fait de sa codification par des marqueurs langagiers et communicationnels notamment. Cette contre-légitimité ferait l'objet d'un processus de régulation, qui la transformerait, le cas échéant, en une déviance récupérable.

I.2 Représentations, mythes et mythologie urbaine

Parallèlement, on utilisera le concept de représentation, tel que le définit Denise Jodelet, selon laquelle « la représentation sociale est une forme de connaissance, socialement élaborée et partagée, ayant une visée pratique et concourant à la construction d'une réalité commune à un ensemble social » (1989 : 36). Dans leur rôle d'appréhension de la vie sociale, les représentations sociales fonctionnent en quelque sorte comme une grille de lecture et donc d'interprétation des diverses situations sociales, qui permet une anticipation des actions et des conduites du sujet. Mais ces représentations sont en perpétuelle évolution ou transformation. Cet aspect dynamique a pour origine les incessantes et réciproques interactions et influences qu'elles entretiennent avec les pratiques.

La notion de représentation est toutefois particulièrement utile pour appréhender la notion de mythe, l'étude ayant pour objet les processus d'élaboration d'un mythe urbain[9].

On définira le mythe selon deux critères. D'une part, il procéderait d'une nécessité primitive, conduisant à l'émergence d'une croyance et aurait une fonction sociale. D'autre part, il ferait partie des représentations et de ce fait, il contribuerait à diffuser les valeurs et les normes, nécessaires au maintien de la cohésion et de la stabilité sociales (Malinowski, 2002). De Lévi-Strauss (1958), on retiendra l'idée que le mythe s'organise en réseaux, qu'il est constitué d'éléments repérables et isolables, les mythèmes. Sans aller forcément jusqu'à poser dès maintenant l'idée que cette organisation répond à une forme de pensée mythique véhiculée par le discours commun, on conservera la notion d'organisation en microsystèmes, générateurs de sens. Ce sens permettrait d'appréhender les conflits rencontrés par les sujets. On formera l'hypothèse que les représentations des jeunes de banlieues constituent le terreau favorable à l'émergence d'un mythe urbain, fruit d'une tradition, celle des classes dangereuses du XIXe siècle, de la population des barrières chantée par Bruant, mais aussi lieu original de représentations résultant des tensions du monde contemporain, paupérisation d'une partie des classes moyennes, ethnicisation des milieux populaires, replis identitaires, flux migratoires... À ce titre, si l'on admet ce postulat que le mythe est une représentation et qu'il

---

[9] Cette notion est complexe et polysémique, l'analyse ne prendra en compte que certains aspects directement utiles à l'analyse.

est pétri de discours, et topos textuel, il est un objet de recherche pour les sciences du langage et une sociolinguistique dotée d'une visée anthropologique.

On ne se situe pas ici directement dans le prolongement des analyses, qui ont pu être conduites sur le mythe par Georges Dumézil (1974) ou Jean-Pierre Vernant (1974) par exemple. Ces derniers travaillent sur des corpus de récits bien identifiés comme mythiques et hérités de l'Antiquité. Néanmoins, on fera l'hypothèse que la définition du mythe proposée par Jean-Pierre Vernant, à savoir qu'il est « un mode spécifique d'expression ayant sa langue, sa pensée, sa logique particulière » et qu'il prend place dans « la vie collective d'une société » (1974 : 196) peut être opératoire pour ce qui nous occupe ici. En effet, si on admet que la variété de français dont il est question dans cette étude fait l'objet de représentations et de discours, lesquels peuvent tendre à une organisation narrative, il y a bien une parenté entre l'approche des chercheurs précédemment cités et notre objet. Ceci confirmerait notre proposition.

On fera l'hypothèse que le wesh participe à titre de figure inversée à la construction du mythe du français. Ce serait un anti-mythe, si l'on peut dire, un mythe inversé, et une forme emblématique d'une des variantes de la culture populaire contemporaine.

On fera l'hypothèse que le wesh est la face dionysiaque de la langue opposée à une face apollinienne, laquelle s'incarnerait dans la conception puriste, si on reprend les catégories de Nietzsche dans *La Naissance de la Tragédie*. Cette face dionysiaque serait un des aspects de la dimension carnavalesque, au sens de Bakhtine (1970 : 12), dont relèverait cette variété.

II. Ambivalence du français : fonction apollinienne du français langue nationale et fonction dionysiaque/ carnavalesque du wesh

On placera d'abord l'analyse dans la perspective de l'histoire de la langue française.

En France, l'identité nationale se définit par opposition au multiculturalisme et la République est monolingue (Bertucci, Corblin, 2004). Une conception *essentialiste* de la langue domine l'approche du français (Klinkenberg, 2001 : 60), qui comporte, entre autres caractères, une vision esthétisante : « la langue est un objet de beauté » (*ibid.*). Le wesh, parler métissé, hybride, plurilingue, ne coïncide pas avec cette vision, qu'il heurte et bouscule. Il est hors du champ du légitime, et donc stigmatisé ou folklorisé, la folklorisation étant, selon nous, une autre forme de stigmatisation. Il constitue une expression forte de l'altérité dans la tradition monolingue où évolue « l'imaginaire linguistique collectif » (Boyer, 1997 : 17). Dans ce contexte de conflit linguistique latent, s'expriment alors des représentations subjectives (Houdebine, 1993), voire fantasmées sur les caractères de telle ou telle variété comme on va le voir plus bas. Les variétés ne sont pas sur un pied d'égalité et les relations hiérarchiques qu'elles entretiennent contribuent à entretenir une relation inégalitaire, réelle ou imaginaire entre les locuteurs. Les représentations idéologiques autour du français sont particulièrement significatives de cette relation et contribuent à la construction d'une idéologie linguistique, qui développe une conception du français, langue universelle.

II.1 Les représentations construites autour du français : l'idéologie de la langue universelle

L'idéologie linguistique *ordinaire* est fondée sur l'idée d'une hiérarchie naturelle des langues (Beacco, 2001), selon laquelle il y aurait des langues plus ou moins belles, plus ou moins riches, aptes à exprimer ou pas des sensations, des émotions esthétiques ou littéraires, à permettre l'élaboration d'un raisonnement, le développement d'une pensée scientifique...

Le français a une riche histoire en la matière. Il est représenté comme la langue de la distinction, de la civilisation, la langue universelle. Il connaît au XVIIIe siècle une vogue sans précédent :

> Jusqu'au troisième quart du XVIIIe siècle, l'Europe qui donne le ton en matière de goût, de culture et de science a l'impression de vivre à une époque de cosmopolitisme, où la langue maternelle des individus n'est pas une marque indélébile et où le perfectionnement du genre humain, linéaire, général, tend à l'unification des élites au moyen d'une langue de civilisation. Frédéric II, on le sait, méprisait l'allemand, ne s'exprimait que dans la langue de Voltaire et ordonna de publier en français les Actes de son Académie (celle de Berlin qu'il institua en 1743) : « La science doit parler la langue universelle, et cette langue est le français » (Baggioni, 1997 : 192).

Daniel Baggioni développe la thèse d'une Europe savante orpheline du latin des clercs. Le français y apparaît comme une langue prestigieuse apte à prendre la place laissée vide par le latin et venant combler le besoin d'une langue universelle. Cette vision s'appuie sur des jugements épilinguistiques : élégance, rigueur, précision, clarté, logique... supposées du français, développées notamment par Rivarol (cité par Lodge, 2006 : 244-247). Elle est aussi liée à la place géopolitique de la France en Europe entre le XVIIe et le XIXe siècle. Cette conception encore présente dans certains développements sur la langue va être amplifiée pendant la Révolution.

II.2 Le français langue nationale

À ces représentations construites à propos du français s'ajoute le désir des révolutionnaires de faire du français, langue nationale, le pivot de la nation. Ils placent au cœur de leur action la diffusion du français langue commune à l'ensemble du corps social. Le français devient alors la « langue de la liberté ». Ce statut donné au français est clairement explicité dans le manifeste que constitue le Rapport Grégoire présenté à la Convention en 1794[10] :

> On peut uniformer le langage d'une grande nation de manière que tous les citoyens qui la composent puissent sans obstacle se communiquer leurs pensées. Cette entreprise, qui ne fut pleinement exécutée chez aucun peuple, est digne du peuple français, qui centralise toutes les branches de l'organisation sociale, et qui doit être jaloux de consacrer au plus tôt, dans une République une et indivisible, l'usage unique et invariable de la langue de la liberté (1794, rééd. 1995 : 4).

Le rapport a eu pour effet de créer une rupture entre la langue et les patois, entre un *eux* et *nous*, qui situent les jargons, dialectes et patois dans le champ de l'altérité linguistique, comme le montre l'usage des termes sous la plume de Grégoire. Jargon désigne « une dégradation de la langue ou du patois » selon la définition donnée par Michel de Certeau (1974 : 59). Le dialecte renvoie à des variantes orales ou géographiques. Le mot patois rentre définitivement dans le camp de l'altérité :

> Le statut du mot obéit à une dialectique du même et de l'autre. La tendance commune est de définir comme patois ce qui devient étranger à cette place instituée en lieu de Parole de la nation (Certeau *et al.*, 1974 : 59).

Ces mots évoquent l'altérité et son coefficient d'étrangeté puisqu'ils atteignent soit la pureté, soit l'unité de la langue (1974 : 60). Ici l'altérité constitue une menace pour l'entreprise d'homogénéisation menée par Grégoire. L'extension du français a un rôle prospectif. Elle construit le futur d'une autre société (1974 : 163). La pensée sur la langue de Grégoire s'inscrit dans un vaste projet politique dans lequel le français dit et rend lisible l'unité nationale. Les projets des révolutionnaires sont très cohérents. Cette entreprise de refondation ne sera possible qu'en se dotant d'outils nouveaux essentiellement scripturaires. On crée une grammaire et un dictionnaire :

> Une nouvelle grammaire et un nouveau dictionnaire français ne paraissent aux hommes vulgaires qu'un objet de littérature. L'homme qui voit à grande distance placera cette mesure dans ses conceptions politiques (Grégoire, 1794, rééd. 1995 : 17).

---

[10] Le 16 prairial an II (4 juin 1794).

Ces outils contribuent à la diffusion du français sur le territoire national par le canal de transmission que constitue l'école. Ils véhiculent également une représentation choisie de la langue, en l'uniformisant et en écartant toute idée de variation, par le biais d'un corpus d'exemples (phrases élémentaires, vocabulaire minimal…), qui constituent ce qu'on appelle la grammatisation (Auroux, 1994 : 110). La standardisation et l'homogénéisation linguistique contribuèrent à forger l'unité nationale, qui se cimente autour du français, largement au détriment de la diversité et de l'altérité, et ce d'autant plus que les patois, d'après les enquêteurs de Grégoire, sont censés ne pas pouvoir exprimer de développement spéculatif, d'émotions ou de sentiments complexes (Certeau *et al.*, 1974 : 148-149).

Si on considère que le wesh, par sa dimension plurilingue, est un avatar contemporain des jargons et patois stigmatisés par Grégoire, il incarnerait une forme inversée de la conception puriste du français. Il est également porteur de la face dionysiaque, carnavalesque évoquée plus haut, comme l'atteste la dimension humoristique, qui l'inscrit dans la tradition comique populaire propre à l'esprit carnavalesque.

II.3 Le comique et l'humour : deux manifestations emblématiques de l'esprit carnavalesque

Le pittoresque et l'humour sont deux traits visibles dans les représentations qui se développent autour de ces parlers, depuis l'origine.

Ainsi en 1985, L. Andréini écrivait dans l'avant-propos de son *Petit dictionnaire illustré* intitulé *Le Verlan*, et après avoir placé son livre sous les auspices de Blaise Cendrars, Francis Blanche et Pierre Dac :

> En cette période bourbeuse et par bien des aspects dramatiques, les auteurs de ce livre ont voulu par le rire et la dérision apporter un souffle nécessaire à leur survie.
>
> Ils souhaitent que ce recueil sans prétention, sans sérieux aucun, soit accueilli comme un ouvrage témoin, devant les règles académiques de l'existence d'une vie culturelle en marge, qui pour l'humour de Dieu, transgresse et sacrifie parfois les dogmes et autres tabous d'un certain langage (Andréini *et al.*, 1985 : 9).

L'humour donne le ton à l'ouvrage. On peut lire d'entrée cet avertissement :

> L'histoire ki va suivre se passe dans un monde où même le rationnel finit toujours par vous retomber sur le coin d'la …faites gaffe à la marche car vous entrez dans la quatrième dérision (*Ibid.*).

Il constitue aussi une forme de provocation, contrastant avec le style des adultes, tant par le registre, que par l'exubérance et la volubilité, dans le volume sonore ou le débit, qui relève d'une culture de l'éloquence, venant de traditions populaires maghrébines et africaines (Lepoutre, 1997 : 176). Ainsi, on peut lire dans *Le Monde* du 6 juin 2009 les déclarations suivantes : « On s'insulte sur nos origines mais tout est dans l'intonation. Et tout le monde sait très bien que c'est ironique » (*Le Monde* du 6 juin 2009 : 35). La parole est souvent théâtralisée, mise en scène et exposée au jugement des pairs. C'est dans ce contexte que prennent place les insultes rituelles ou vannes, actes de parole qui appartiennent à la culture des rues (Labov, 1993).

II.4 Les vannes ou clashes

Le principe des vannes s'appuie sur la distance symbolique, qui autorise la raillerie ou même l'insulte, sans conséquences fâcheuses (Lepoutre, 1997 : 173-174). Si la pratique de la vanne est présente dans divers groupes sociaux, elle est un véritable jeu rituel, souvent grossier, voire obscène, qui s'apparente aux *sounding*, *signifying*, *dirty dozens* noires américaines ou à la *freestyle battle*, signalée par Labov dans les ghettos noirs des États-Unis (1993), popularisée par le rappeur Eminem, dans son film *8 Mile* (2002) et issue de la culture hip-hop, improvisation de couplets rap de forme poétique (Vettorato, 2008). Elles traduisent un partage de valeurs, de codes linguistiques et comportementaux, qu'on peut analyser aussi comme la trace de cultures d'origine et notamment des insultes à parenté, décrites pour le Maghreb et l'Afrique subsaharienne (Bornand, 2005 ; Caubet, 2008 ; Tauzin, 2008).

Elles se définissent par la notion même de série comme l'indique le terme *dozen* (Lepoutre, 1997 : 175). Cette pratique semble apparaître en France, dans les années soixante, notamment les plaisanteries sur la famille, avec la vague d'immigration maghrébine. Elle s'est amplifiée dans les années quatre-vingt, avec l'immigration africaine. Elle s'inscrit dans de nombreuses traditions populaires, relevant des cultures d'origine des migrants. Les vannes sont un des éléments les plus saillants et les plus déstabilisants de ces pratiques pour l'auditeur non averti. D'une part, elles expriment la culture des rues : les activités délictueuses, les conduites addictives, la sexualité, les relations interethniques, les conflits… D'autre part, elles sont ludiques, initiatiques, cryptiques et souvent obscènes. En cela, elles s'inscrivent dans des pratiques juvéniles anciennes déjà décrites (Gaignebet, 1974) et peuvent être rapprochées des thématiques carnavalesques traditionnelles bien répertoriées par la littérature scientifique à propos de la culture populaire (Gaignebet, 1974 ; 1986 ; Bakhtine, 1990). La vanne est ludique et se pratique entre pairs, en dehors des adultes, alors que l'insulte est une arme de combat, qui n'apparaît que lorsque l'interaction prend une tournure conflictuelle. La vanne comme l'insulte sont marquées par leur outrance. On notera l'opposition des représentations des filles et des garçons sur le parler *ratonne* ou *caillera*, les garçons insistant sur les fonctions ludiques ou identitaires de ce parler, et les filles sur sa dimension générationnelle et situationnelle (Billiez, Lambert, 2004 : 182).

La portée transgressive de ces pratiques langagières se voit également à travers un certain nombre de procédés sémantiques et formels de création lexicale, qui contribuent à l'inversion de la forme dominante. Le verlan en est l'expression emblématique. On y observe également des constantes thématiques, autour de l'argent, des trafics variés, de la drogue, de la sexualité, du groupe de pairs, des femmes, de l'alcool, des communautés ethniques, du travail, de la famille, de la vie dans les cités, et de la police (Goudaillier, 2001 : 16-17) et de nombreux emprunts. Ce dernier point est confirmé par le corpus de presse :

> Même dans les beaux quartiers, les adolescents pratiquent l'art de jongler avec la langue. En s'appropriant les mots des banlieues à une vitesse stupéfiante (*Le Monde* du 6 juin 2009 : 33).
>
> Avec ses copains du très chic lycée Montaigne, dans le 6e arrondissement, le jeune homme parle une langue étonnante, un mélange de français, de verlan, d'arabe, de tzigane, d'anglais, de vieil argot et d'expressions inventées. « J'ai le seum » (*Ibid.*).

III. Les formes carnavalesques de la langue inversée

On verra d'abord les procédés formels et en particulier le verlan.

III.1 Les procédés formels[11]

- **Verlan** : ainf (faim), ap (pas), noiche (chinois), keuf (flic), meuf (femme), oinj (joint), ouf (fou), reup (père)
- **Reverlanisation** : femme > meuf (verlan 1) > feumeu (verlan 2), mère > reum (verlan 1) > meureu (verlan 2)

Troncations

- **Apocope** (chute d'un phonème ou d'une ou plusieurs syllabes à la fin d'un mot) : biz (< bisness, anglais, business), dèk (< dékis, verlan de kisdé, policier), teup (< teupu, verlan de pute, prostituée)
- **Aphérèse** (chute d'un phonème ou d'une ou plusieurs syllabes au début d'un mot) : blème (< problème), caille (< racaille), dic (< indicateur de police), zic (< musique), zon (< prison)

---

[11] On empruntera les exemples de la section III.1 au dictionnaire de Jean-Pierre Goudaillier, *Comment tu tchatches ! Dictionnaire du français contemporain des cités*, Paris, Maisonneuve et Larose, 2001.

- **Resuffixation après troncation** : bombax (Resuffixation en -ax de bombe), chichon (Resuffixation en -on de chicha, verlan d'haschisch), pourav (Resuffixation en -ave[12] de pourri)

Les procédés sémantiques et notamment les emprunts à des langues diverses amplifient l'impression d'hétérogénéité, de mélange des parlers et peuvent être interprétés comme des formes de travestissement grotesque, un rabaissement (Bakhtine, 1990 : 29) de la langue sérieuse. On peut également identifier dans ces pratiques d'autres traditions issues de l'immigration et qui, croisées avec les traditions populaires européennes, participent à l'émergence de formes culturelles originales. On pense notamment aux énigmes et joutes oratoires de Kabylie (Allioui, 2005), qui ont recours à des procédés linguistiques présents dans les parlers jeunes : l'aphérèse et l'apocope notamment. On notera que dans les joutes oratoires kabyles par exemple, ces formes sont « normales et tacitement attendues » (Allioui, 2005) et participent d'une virtuosité verbale, qui relève d'une forme artistique apparentée à de la littérature orale et hautement codifiée.

III.2 Les procédés sémantiques[13]

- **emprunts à diverses langues ou parlers** :
- **arabe** : ahchouma (honte), mesquin pour pauvre type (arabe : pauvre) ; tu me zahef (tu m'énerves) ; fais belek (fais attention) ; Hagra (faire des misères, *Le Monde* du 29 septembre 2007)
- **langues africaines** : go (fille) ;
- **romani** : bedo (joint, cigarette de haschisch), chourav (dérober), craillav (manger), gadjo (gars, homme), marave (frapper), pillave (boire de l'alcool) ;
- **faux tzigane** : une nuigrave (cigarette, contraction de nuit gravement à la santé) attesté dans *Le Monde* du 6 juin 2009
- **argot anglo-américain** : destroy (détruire), flipper (avoir peur), looker (regarder), shit (haschisch), sniffer (inhaler une drogue), luka ou lookah (argent en anglais, vient de filthy lucre, qui signifie gagner de l'argent de manière sordide, *Le Monde* du 6 juin 2009), wagwan (formule de salut, vient de What's going on), helicopter parent (mère ou père britannique qui surveille de près ses enfants) ; gammelfleisch party (soirée « viande avariée », désigne les fêtes des plus de 30 ans, *Le Monde* du 6 juin 2009), prang (exprime la peur, issu de paranoïd, *Le Monde* du 6 juin 2009)

---

[12] Suffixe romani.
[13] Les exemples de la section III.2 sont empruntés, sauf indication contraire, au dictionnaire de Jean-Pierre Goudaillier, *Comment tu tchatches ! Dictionnaire du français contemporain des cités*, Paris, Maisonneuve et Larose, 2001.

- **argots européens** : chanar, chanante (plaire, qui plaît, argot espagnol classique) ; liarla parda (idée de grande confusion, de chaos), flipar (de flipper, anglicisme hispanisé, *Le Monde* du 6 juin 2009) ; topa (belle fille en Italien) ; entrar (draguer en espagnol)
- à des argots régionaux : panouille (abruti), raymond (contrôleur des transports en commun)
- à l'argot français traditionnel : artiche (argent), baver (médire), condé (policier), daron (père), taf (travail), taule (maison)
- **Métaphores** : airbags[14] (seins), bombe (fille très belle), bounty (Noir voulant ressembler à tout prix à un Blanc), findus (fille sans poitrine), fromage blanc (français de souche), galère (situation matérielle difficile), Mururoa (fille très belle) ; Boîte de six, nuggets (fourgon blindé abritant des policiers *Le Monde* du 29 septembre 2007).
- **Métonymie** : bleu (policier), casquette (contrôleur)

Deux notions apparaissent fondamentales ici, d'une part le caractère identitaire et d'autre part la dimension cryptique de ce parler à travers des procédés qui sont le plus souvent le métissage et l'hybridation, mais aussi le détournement, d'un énoncé généralement figé, qui constitue une référence culturelle partagée par le groupe.

III.3 Le métissage et l'hybridation

Les emprunts, parfois directs, font aussi l'objet d'une reformulation en français. Ainsi Kif, issu peut-être du turc plaisir (Goudaillier, 2001 :

---

[14] Le corps féminin a une forte visibilité dans ces pratiques langagières. On peut interpréter ces traits comme une forme de stigmatisation et de minorisation du statut des jeunes filles de la cité et comme une forme de sexisme masculin. On sait que le statut social des garçons est fragilisé, notamment par le fort taux de chômage de ces quartiers (45 %, d'après l'article de J.-B. Chastand, paru dans *Le Monde* du dimanche 25, lundi 26 janvier 2015 « Un chômage alarmant dans les "quartiers" dont le sous-titre est "Dans les zones urbaines sensibles, 45 % des jeunes âgés de 15 à 29 ans sont sans emploi" » (p. 11)). Le chômage touche en priorité les garçons, alors que les filles peuvent bénéficier d'une ascension sociale plus nette du fait de leur réussite scolaire (Avenel, 2009 : 57-58). Ceci pourrait expliquer l'agressivité latente qu'on peut percevoir dans l'usage de tels termes. Plus généralement, on peut également dire qu'ils relèvent d'une tradition de gauloiserie toujours vivace en France. Enfin, on soulignera que la tradition littéraire n'a pas boudé ce type d'évocations. On renverra notamment aux *Blasons Anatomiques du Corps Féminin* de Clément Marot et particulièrement au célèbre *Blason du Beau Tétin* (d'abord publiés en annexe de l'*Hecatomphile* d'Alberti en 1536, puis dans une édition indépendante en 1543) <http://cgi.stanford.edu/~dept-fren-ital/rbp/?q=node/218>. On ajoutera que le nu est également une catégorie en peinture et en sculpture. Ces différents points invitent à nuancer en fonction du contexte l'interprétation qu'il convient de faire de ce type de pratiques.

179), devient kiffer en français signifiant aimer par ajout du suffixe de verbe -*er*, néologisme susceptible de se conjuguer, qui s'est imposé dans l'usage aujourd'hui.

Le métissage peut aussi donner des termes hybrides, comme *bledman*[15], mot composé d'un emprunt à l'arabe, bled et du mot anglais man, sur le modèle d'une structure syntaxique anglaise, le déterminant étant avant le déterminé. L'hybridation ici résulte du recours à deux langues différentes, révélatrice du brassage, de la rencontre des cultures sur un mode fusionnel. Comme le montre Florence Hernandez dans le dictionnaire intitulé *Panique ta langue*, les parlers varient selon les cités (Hernandez, 1996 : 11), d'où une dimension identitaire forte. À Châtillon, on parle le *Tillon*, défini comme un verlan de verlan, *écoute / coute / teck* et à Montreuil le *Treuilmon* dont les suffixations en *av* sont influencées par le manouche : je bédav / je fume :

– *Les NAP (Neuilly-Auteuil-Passy) parlent français dans le texte tandis que les CAS (Châtillon-Aubervilliers-Stains) lepar cefran (parlent français) dans leur contexte. {…} Hé toi, dis-moi quelle langue tu causes, je te dirai de quelle France tu es* (Hernandez, 1996 : 10).

Dans le même ordre d'idée, les auteurs de *Tchatche de banlieue* notent l'apparition du *veul* dans la banlieue sud de Paris, venu concurrencer le verlan, trop répandu et défini comme « un parler hybride dont la mécanique consiste à déformer ce qui l'a déjà été auparavant » (Pierre-Adolphe, Luz, Mamoud et Tzanos, 1995 : 6). *Comme ça donne en verlan çacomme et en veul asmeuk* (*Ibid.*).

On ne peut pas évoquer ce parler sans faire état de la présence des hapax.

III.4 Les hapax

Ces mots idiosyncrasiques peuvent faire carrière et se répandre rapidement s'ils se révèlent correspondre à l'expression d'émotions ou être aptes à saisir la tonalité du vécu, voire à rendre compte d'une réalité culturelle. La fortune du mot *délire*[16] est significative à cet égard, détourné de son sens originel, il est passé dans le langage familier pour signifier une situation ou une idée source de plaisir. On observe la même chose avec la locution verbale *être morgan*[17] (*de quelqu'un*), dont l'origine est le slogan publicitaire « *Je suis morgan de toi* » qui s'est répandu à un

---

[15] Celui qui arrive de son bled, ignorant, paysan (Goudaillier, 2001 : 68).
[16] Terme communément utilisé pour indiquer que l'on a beaucoup de plaisir à faire quelque chose (Goudaillier, 2001 : 117).
[17] (Goudaillier, 2001 : 130), être amoureux de quelqu'un. On peut noter que le verbe *morganer* se répand à la manière de *kiffer* (Goudaillier, 2001 : 200).

degré moindre cependant, que le substantif délire. D'où le titre *Panique ta langue* de F. Hernandez, que l'auteur justifie ainsi :

– *Passée maître dans l'art de la récup., la région parisienne amphigourise – verlan, verlan du verlan, verlan de l'arabe, du gitan, de l'argot, des pubs et des séries télévisées sont contracturées, tourne-bougnoulées, transformatisées, ludiquitisées, bref quand on speeche à Ripa, c'est le delbor...* (Hernandez, 1996 : 10).

Derrière cette présentation baroque, la notion fondamentale est la notion de détournement à laquelle correspondent toute une rhétorique de l'allusion et divers procédés formels notamment de substitution, ainsi qu'une forme d'intertextualité. Il peut s'agir de détournement de publicité comme on l'a vu avec *je suis morgan de toi* mais aussi, de marques un *findus* (Goudaillier, 2001 : 141), pour une fille sans poitrine, de références culturelles *alcatrazer* pour aller en prison (Pierre-Adolphe et al., 1995 : 175), *fils de Clovis* pour français de souche (*Ibid.* : 141).

Conclusion

On soulignera l'ambivalence du débat sur cette variété qui renforce l'opposition dont nous avons parlé jusque-là entre les deux faces dionysiaque et apollinienne. Ainsi, sont placées en vis-à-vis deux conceptions, l'une qui aborde positivement ces parlers, en insistant sur leur pittoresque et leur créativité, l'autre, qui déplore leur pauvreté et les perçoit comme une atteinte à la pureté de la langue, ainsi que le résume cet encadré emprunté au *Monde de l'éducation*, d'avril 2004 :

> Recherche d'une identité, phénomène de groupe : les adolescents ont toujours trouvé des expressions propres à leur génération. Mais depuis quelques années, un cap a été franchi : un véritable langage s'est créé qui évolue au gré de l'imagination et des situations rencontrées. Inventivité, richesse ou enfermement et ségrégation ? (44).

Azouz Begag et Reynald Rossini voient dans la langue des banlieues une maîtrise appauvrie du français, emblème de l'allégeance aux pratiques défensives d'un groupe minoritaire sur le plan linguistique et une cause d'exclusion dans la langue des jeunes comme le montrent les propos suivants :

> Le langage de ces jeunes des quartiers nous est apparu, après coup, comme un levier d'exclusion supplémentaire. Pour nous la question de l'enfermement, de l'exclusion ou de la réclusion est également pertinente du point de vue linguistique. Les textes écrits par les élèves des collèges sont évocateurs de sérieux problèmes de maîtrise de la langue française, qui font que, à terme, même les codes élémentaires de la communication avec la société sont méconnus.

D'emblée, il nous paraît nécessaire de contenir les enthousiasmes qui décèlent dans la « langue des banlieues » une source d'enrichissement de la langue française. L'existence de ce symptôme reflète une stigmatisation supplémentaire pour des jeunes déjà pénalisés dans leur accès à la société du centre-ville par leur adresse dans la cité et/ou leur faciès. Le constat que nous faisons [...] est celui d'un appauvrissement considérable des codes usuels de la communication (Begag, Rossini, 1999 : 197-198).

La question de la maîtrise de la langue par un certain nombre d'élèves, notamment en banlieue, est cependant bien réelle et Azouz Begag souligne un problème d'importance. Ainsi, Jean-Louis Chiss met l'accent sur :

L'importance cruciale de la maîtrise du français par les enfants et les adolescents issus de l'immigration pour la politique linguistique et éducative de la France où il y va de la promotion de la langue française comme langue d'intégration à la communauté nationale et, corollairement, de la promotion du plurilinguisme comme valorisation des langues parlées en France et dans le monde (Chiss, 2006 : 103).

Le but de ce chapitre n'est pas de nier la réalité des difficultés évoquées par Azouz Begag et Reynald Rossini ou par Jean-Louis Chiss mais de montrer que la focalisation du débat sur cette opposition masque les vrais enjeux, à savoir les transformations sociales, l'émergence de formes culturelles nouvelles dont la langue serait une des manifestations privilégiées. Ces craintes d'atteintes à la pureté de la langue et tout ce qui s'exprime à travers les images de l'appauvrissement langagier seraient, dans leurs excès, des manifestations d'une certaine manière fantasmées, d'une forme d'imaginaire construit autour du français.

Bibliographie

Allioui, Y., 2005, *Énigmes et joutes oratoires de Kabylie. Timsaraq, Timsal, Izlan : commentaire linguistique et ethnographique*, Paris, L'Harmattan.

Auroux, S., 1994, *La révolution technologique de la grammatisation*, Liège, Mardaga.

Avenel, C., 2009, *Sociologie des « quartiers sensibles »*, Paris, Armand Colin.

Baggioni, D., 1997, *Langues et nations en Europe*, Paris, Payot.

Bakhtine, M., 1990 [Trad. Fr.], *L'œuvre de François Rabelais et la culture populaire au Moyen Âge et sous la Renaissance*, Paris, Gallimard.

Barthes, R., 1957, *Mythologies*, Paris, Seuil.

Baudin, G., Genestier, P., 2002, *Banlieues à problèmes : la construction d'un problème social et d'un thème d'action publique*, Paris, La Documentation française.

Beacco, J.-C., 2001, « Les idéologies linguistiques et le plurilinguisme », in *Le français dans le monde*, 314, Paris, FIPF. CLE international. www.france-mail-forum.

Begag, A., Rossini, R., 1999, *Du bon usage de la distance chez les sauvageons*, Paris, Seuil.

Bertucci, M.-M., Corblin, C., 2004, *Quel français à l'école. Les programmes de français face à la diversité linguistique*, Paris, L'Harmattan.

Billiez, J., Lambert, P., 2004, « La différenciation langagière filles / garçons : vue par des filles et des garçons », in Caubet, D., Billiez, J., Bulot, T. Léglise, I., Miller, C., 2004, *Parlers jeunes, ici et là-bas. Pratiques et représentations*, Paris, L'Harmattan, p. 173-184.

Bornand S., 2005, « Insultes rituelles entre coépouses. Étude du marcanda », in *Ethnographiques*, 7, www.ethnographiques.org.

Boyer, H. (dir.), 1997a, *Les mots des jeunes : observation et hypothèses. Langue Française*, 114, Paris, Larousse.

Caubet D., 2008, « Des insultes aux vannes, ici et là-bas, en passant par les proverbes », in A. Tauzin (dir.), *Insultes, injures et vannes en France et au Maghreb*, Paris, Karthala, p. 111-134.

Caune, J., 1995, *Culture et communication. Convergences théoriques et lieux de médiation*, Grenoble, Presses universitaires de Grenoble.

Certeau, M. de, Julia, D., Revel, J., 1974, *Une politique de la langue : la Révolution française et les patois : l'enquête de Grégoire*, Paris, Gallimard.

Chiss, J.-L., 2006, « Le français langue seconde en France : aspects institutionnels et didactiques », in Castellotti, V., Chalabi, H. (dir.), *Le français langue étrangère et seconde. Des paysages didactiques en contexte*, Paris, L'Harmattan, p. 103-110.

Dubet, F. & Lapeyronnie, D., 1992, *Les quartiers d'exil*, Paris, Fayard.

Dumézil, G., 1974, *Mythe et épopée*, Paris, Gallimard.

Gadet, F., 1989, Rééd. 1997, *Le français ordinaire*, Paris, Armand Colin.

Gadet, F., 1992, *Le français populaire*, Paris, PUF.

Gadet, F., 2003, « "Français populaire" : un classificateur déclassant ? », in *Marges linguistiques*, 6, Calvet, L.-J., Mathieu, P., Marges linguistiques, 6, <http://www.revue-texto.net/Parutions/Marges/Marges_sommaire.html>.

Gadet, F., 2007, *La variation sociale en français*, Paris, Ophrys.

Gaignebet, C., 1974, *Le folklore obscène des enfants*, Paris, Maisonneuve et Larose.

Gaignebet, C., 1986, *À plus hault sens : l'ésotérisme spirituel et charnel de Rabelais*, Paris, Maisonneuve et Larose.

Houdebine, A.-M., 1993, « De l'imaginaire des locuteurs et de la dynamique linguistique. Aspects théoriques et méthodologiques », in *L'insécurité linguistique dans les communautés francophones périphériques. Cahiers de l'Institut de Linguistique de Louvain*, 19, Louvain-La-Neuve, Peeters, p. 31-40.

Grégoire, H., 1794, Rééd. 1995, *Rapport sur la nécessité d'anéantir les patois et d'universaliser l'usage de la langue française*, Fac. simil., Nîmes, éd. C. Lacour, Arts et traditions rurales.

Jablonka, F., 2013, « Arabe standard, arabe dialectal marocain entre variation et langue historique. Nouveaux "mythes urbains" sur l'arabe », in Fernández, B.M., Miller, C., Ruiter (de), J.J., Tamer, Y. (dir.), *Évolution des pratiques et représentations langagières dans le Maroc du XXIe siècle*, Paris, L'Harmattan, p. 93-113.

Jodelet, D., 1989, *Les représentations sociales*, Paris, PUF.

Jodelet, D., 2005, « Formes et figures de l'altérité », in Sanchez-Mazas, M., Licata, L. (dir.), *L'autre. Regards psychosociaux*, Grenoble, Presses universitaires de Grenoble, p. 23-47.

Lahire, B., 1999, *L'invention de « l'illettrisme »*, Paris, La Découverte.

Klinkenberg, J.-M., 2001, *La langue et le citoyen : pour une autre politique de la langue française*, Paris, PUF.

Labov, W., 1993, *Le parler ordinaire : la langue dans les ghettos noirs des États-Unis*, Paris, Minuit.

Lamizet, B., 2005, « Y a-t-il un "parler jeune" ? », in Bulot, T. (dir.), *Les parlers jeunes : pratiques urbaines et sociales. Cahiers de sociolinguistique*, 9, Rennes, Presses universitaires de Rennes, p. 75-98.

Lepoutre, D., 1997, *Cœur de banlieue, codes, rites et langages*, Paris, Odile Jacob.

Lévi-Strauss, C., 1958, *Anthropologie Structurale*, Paris, Plon.

Lodge, R. A., 1993, Rééd. 2006, *Le français : histoire d'un dialecte devenu langue*, Paris, Fayard.

Malinowski, B., 2002, « Myth in primitive psychology », in Michael Lambek (ed.), *A reader in the anthropology of religion*, New York, Blackwell Publishing.

Nietzsche, F., 1964 [1re éd. 1872], *La Naissance de la Tragédie*, Paris, Denoël/Gonthier.

Rivarol, A. de, 1966 [1re éd. 1784], *Discours sur l'universalité de la langue française*, suivi des Pensées, maximes, anecdotes et bons mots, Paris, P. Belfond.

Tauzin A., 2008, « Insultes rituelles chez les jeunes en Mauritanie : l'art du sabotage », in Tauzin A. (eds.), *Insultes, injures et vannes en France et au Maghreb*, Paris, Karthala, p. 77-109.

Trimaille, C., 2005, « Études de parlers de jeunes urbains en France. Éléments pour un état des lieux », in Bulot, T. (dir.), *Les parlers jeunes : pratiques urbaines et sociales. Cahiers de sociolinguistique*, 9, Rennes, Presses universitaires de Rennes, p. 97-132.

Vernant, J.-P., 1974, *Mythe & société en Grèce ancienne*, Paris, Maspéro.

Vettorato C., 2008, *Un monde où l'on clashe. La joute verbale d'insultes dans la culture de rue*, Paris, Éditions des archives contemporaines.

Sitographie

<http://www.ethnographiques.org>.
<http://www.France-mail-forum>.
<http://www.dictionnairedelazone.fr/>.
<http://cgi.stanford.edu/~dept-fren-ital/rbp/?q=node/218>.
<http://www.wiktionary.org>.
<http://www.youtube.com>.

Corpus

Textes littéraires

Marot, C., 1543, Rééd. 1982, *Blasons Anatomiques du corps féminin*. Suivis de *Contreblasons de la beauté des membres du corps humain*, Paris, Gallimard.

Dictionnaires

Andreini, L. et al., 1985, *Le Verlan, Petit dictionnaire illustré*, Paris, Henri Veyrier.
Golda, J., 2005, *C'est l'histoire de nos vies*, Paris, Le Manuscrit.
Goudaillier, J.-P., 2001, *Comment tu tchatches ! Dictionnaire du français contemporain des cités*, Paris, Maisonneuve et Larose.
Hernandez, F., 1996, *Panique ta langue*, Monaco, éditions du Rocher.
Pierre-Adolphe, P., Luz, Mamoud, M. Tzanos, G.-O., 1995, *Tchatche de banlieue*, Paris, Mille et une nuits, Coll. Le rire jaune, Nouvelle édition revue et augmentée du *Dico de la banlieue*, Paris, La Sirène.

Filmographie

8 Mile, 2002, réalisation Curtis Hanson, DVD 2006, 110 mn, Universal Studio, États-Unis.
Wesh wesh, qu'est-ce qui se passe ?, 2001, réalisation Rabah Ameur-Zaïmeche, DVD 2003, 85 mn, Arte Video, France.

Presse

Afrique magazine, 2008, n° 269, éditions Jeune Afrique.
Le Monde de l'Éducation, avril 2004. Articles de Luc Cédelle, « Des mots qui boxent comme des coups sur un sac », p. 46-48 et « La novlangue en dix leçons », p. 49-50.

Le Monde daté du 29 septembre 2007. Article de Luc Bronner, « Petit lexique du "parler caillera" », p. 3.

Le Monde daté du 6 juin 2009. Articles de Luc Bronner, Virginie Malingre, Philippe Ridet, Jean-Jacques Bozonnet, Marie de Vergès « L'argot sans frontières des jeunes Européens », p. 30-32 et de Luc Bronner, Frédéric Pottet, Stéphane Thépot « Les jeunes Français tous "bilingues 9-3" », p. 33-35.

Le Monde daté du dimanche 25, lundi 26 janvier 2015. Article de Jean-Baptiste Chastand « Un chômage alarmant dans les "quartiers". Dans les zones urbaines sensibles, 45 % des jeunes âgés de 15 à 29 ans sont sans emploi », p. 11.

Bon jeune ou *mauvais youth*
Une sous catégorisation pour échapper à la stigmatisation

Wajih GUEHRIA

MoDyCo, CNRS & Université Paris Ouest ; Université Souk-Ahras

> *Quand les hommes ne peuvent changer les choses, ils changent les mots.*
> Jaurès, Congrès socialiste
> International (1900)

1. Introduction

Les années 1980 en France ont vu se développer dans la presse, dans un climat de tensions économiques et à la suite d'incidents survenus dans des « quartiers » à forte concentration de population émigrée, un nouveau discours sur les « banlieues à problèmes ». La couverture médiatique de ces incidents a brutalement placé au cœur des préoccupations une nouvelle catégorie de population composée de « jeunes » issus de familles émigrées : les « Beurs » (Champagne, 1993 : 102).

Jusque dans les années 1990, les auteurs des émeutes dans les « banlieues » pouvaient être désignés par des traits caractérisant leurs différences ethniques (Arabes), géographiques (Maghrébins) ou religieuses (Musulmans) (Maurer, 1998 ; Guehria, 2007) mais la tradition intégrative de la France a repris le dessus à travers la loi dite Gayssot-Rocard en 1990[1], qu'une certaine presse a assimilée à de la censure, à quoi elle a réagi en remplaçant ces mots par celui de *jeune* souvent placé entre guillemets. Ce terme, lorsqu'il est associé à certains espaces, continue à véhiculer des représentations négatives des « *quartiers* », des « *banlieues* », des « *cités* » et surtout des populations qui y habitent,

---

[1] Site Legifrance.gouv. Loi n° 90-615 du 13 juillet 1990 tendant à réprimer tout acte raciste, antisémite ou xénophobe. Dans son article 1 il est stipulé : « Toute discrimination fondée sur l'appartenance ou la non-appartenance à une ethnie, une nation ou une religion est interdite ». <http://www.legifrance.gouv.fr/affichTexte.do?cidTexte=JORFTEXT000000532990&categorieLien=id> [consulté le 24 avril 2014].

lesquelles sont l'objet de discours plus qu'elles ne s'expriment et qui, lorsqu'elles répondent aux journalistes, tendent à adopter le discours que les dominants tiennent à leur propos (Berthaut, 2013 : 160 ; Turpin, 2008), parlant parfois elles-mêmes à la troisième personne : « les *jeunes* à Mantes ils ont rien », ou de manière péjorative [en voyant des pairs passer] : « ces *jeunes* c'est de la *racaille* ça », terme rendu célèbre par un certain ministre de l'Intérieur. « [...] la plupart, notamment parce qu'ils sont culturellement démunis, reprennent à leur compte cette vision d'eux-mêmes que produisent ces spectateurs intéressés et un peu voyeurs que sont nécessairement les journalistes » (Champagne, 1993 : 115). Autrement dit, les médias construisent les représentations collectives et suggèrent les « mots » qui permettent de les exprimer, si bien que « ce sont les formes de ces désignations qui restent dans les mémoires collectives et sont reprises lors d'événements ultérieurs, alors que sont très vite oubliés les énonciateurs à l'origine de ces différentes façons de nommer les acteurs de ces événements » (Moirand, 2009).

Cependant, les personnes interrogées « résistent » (Garbin & Millington, 2012) tant bien que mal au discours stigmatisant dont elles font l'objet, et ce par la réappropriation et la recatégorisation du terme *jeune*. Dans le corpus étudié, nous retrouvons les traces linguistiques d'une remise en cause, par les interviewés, du découpage social subjectif en « *jeunes* » trop souvent pris pour la norme du fait de son caractère fonctionnel. Ce corpus est formé de discours d'adolescents mantais[2] interrogés entre 2010 et 2014, qui ne se reconnaissent pas dans la définition ambiguë du terme *jeune* telle que façonnée par l'usage qu'en font les médias et les politiciens français. Notre analyse, fondée sur l'appareil conceptuel et méthodologique de la linguistique praxématique, permet de faire apparaître les raisons qui conduisent ces interviewés à produire un clivage au sein d'une catégorie (Auzanneau, 2012) : « les jeunes », habituellement présentée comme homogène à travers des expressions largement partagées telles que « les jeunes de banlieue », « la langue des jeunes des cités », « le parler des jeunes des cités », etc. Le rejet de cette simplification, chez les interviewés, se manifeste par la distinction qu'ils

---

[2] C'est-à-dire « vivant à Mantes-la-Jolie ». La ville, à peu près à 50 kilomètres au nord-ouest de la capitale française, se signale en particulier par le quartier, longtemps déshérité, du Val Fourré, construit dans les années 1960 (et selon les habitudes de l'époque : hautes tours et longues barres formant « un grand ensemble », dit plus tard « cité ») pour loger des ouvriers et finalement largement occupé par des populations immigrées à partir de la décennie suivante. La presse a fait connaître ce quartier en rapportant les violences qui ont pu s'y produire (émeutes, agressions, etc.). Le corpus recueilli est un sous-ensemble du corpus MPF. Pour la conception d'ensemble du projet voir Françoise, Gadet & Emmanuelle, Guérin, « Des *données pour étudier la variation : petits gestes méthodologiques, gros effets* ». Cahiers de linguistique n° 38-1, 2012, p. 41-65.

opèrent entre de nouvelles catégories : les *jeunes*[3] (« **sérieux** qui font des études ») sont opposés aux *youth* (« c'est plutôt les jeunes **voyous** »)[4]. Ce mot anglais leur permet de procéder à un redécoupage du réel, vidant ainsi le chronotype *jeune* de la charge négative qu'il s'est vu prêter par l'usage qu'en font les journalistes et les politiques et des espaces négatifs « quartiers », « cités », « banlieues » qui lui ont été associés.

La première question est évidemment de déterminer pourquoi *youth* est utilisé en opposition à *jeune*, et pourquoi c'est lui qui porte la charge négative : une hypothèse est que cet emprunt est lié à la musique prisée par ces populations. Le terme *youth* en effet est récurrent dans les médias britanniques ou nord-américains, notamment dans des expressions telles que *angry youths* ou *violent youths* qui évoquent les acteurs des émeutes urbaines (récentes en Grande Bretagne). Cette représentation *violente* d'une certaine *jeunesse* est largement reprise dans le rap dont les textes foisonnent d'occurrences telles que *ghetto youth, black ghetto youth...* L'intérêt de nos informateurs pour ce genre musical pourrait alors expliquer l'intégration dans leur discours de ce mot qu'ils associent à des espaces ségrégés (*ghetto*) mais dans le même temps valorisant car faisant référence « aux gars du quartier », « à la famille », « aux frères », aux *Nous* vs les *Autres* (l'apologie du « quartier », même quand il est défavorisé, occupe une place importante dans le discours des enquêtés). Notons que même si dans d'autres lieux on a aussi trouvé des catégories d'exclusion (les *wèch wèch*, les *ziva*), Mantes-la-Jolie est apparemment le seul endroit où on a l'opposition entre *jeune* et *youth*[5]. Ces deux termes s'opposent également à celui de « blédard », utilisé pour désigner un Maghrébin primo-arrivant ou résidant encore dans son pays.

---

[3] Dans son étude portant sur l'évolution de la figure de l'étranger dans les médias et le cinéma français, Mrabet (2014) note l'émergence du terme « jeune » dès le début des années 1990 : « Tel qu'observé auparavant, ces personnages d'immigrés n'étaient représentés que comme des travailleurs stigmatisés par leur condition et leurs origines. Désormais, à partir des années 1980, ce sont des jeunes et non plus des travailleurs qui sont représentés et ces jeunes ne sont plus des étrangers puisqu'ils sont en général nés ou ont grandi en France ».

[4] Ces citations sont extraites de notre corpus.

[5] Dans un entretien recueilli en août 2014, les informateurs, originaires d'un autre quartier de Mantes-la-Jolie, reconnaissent le recours au terme *youth* (dans son opposition à *jeune*) « chez les petits qui veulent faire comme Bouba », rappeur français qui vit à Miami. Eux, plus âgés, préfèrent le terme verlan *youv* (voyou), phonétiquement proche de *youth*, afin d'afficher leur rejet de l'anglais pour des raisons qui tiennent, vraisemblablement, à la politique américaine menée dans le monde arabo-musulman. Dans ce contexte *youv* ne marque ni la nuance sémantique ni l'opposition à *jeune* suggérées par le terme anglais.

2. Recueil du corpus

Les interviewés, lycéens au moment de l'enquête, étaient élèves en Troisième Insertion[6] dans le collège où je travaillais. Ma mission était de les aider à monter une mini-entreprise, et ainsi de les faire participer successivement à un concours régional, national puis européen. La mise en œuvre de cette création d'entreprises était également un prétexte pour revisiter certaines notions fondamentales en français et en mathématiques (Guehria *et al.* [à paraître]). Je connaissais donc parfaitement ces élèves d'où l'aisance de leur discours lors des entretiens semi-directifs.

Ces enquêtes et leur transcription serviront à nourrir la base de données du projet Multicultural London English-Multicultural Paris French (MLE-MPF) auquel j'ai participé avec cinq enquêtes de plus d'une heure chacune. Ce projet se donne pour objectif de comparer les effets du multiculturalisme sur les pratiques langagières contemporaines à Londres et à Paris. Il permettra à terme une meilleure compréhension des façons de parler émergentes qui comportent des enjeux socio-identitaires et politiques.

> Il est en effet indispensable de prendre en compte ce que portent ces jeunes, dont les paroles émergent mal, entre des sciences humaines qui négligent souvent le fait que les villes sont des lieux où l'on interagit, avant tout par le langage, et des médias qui font des façons de parler des jeunes des stéréotypes ou des usines à fantasmes (Gadet, 2013).

Dans le cadre de ce chapitre, nos informateurs mettent tout en œuvre pour échapper à la stigmatisation qui frappe les habitants des espaces ségrégés – banlieusards, jeunes des cités – à travers la déconstruction de la catégorie *jeune*. Ils se rapprochent ainsi d'une « normalité » en perpétuel mouvement[7] (pour leur échapper).

3. Le bain linguistique dans lequel évoluent les interviewés

Les deux informateurs, désignés par ELM et NAS, sont âgés de 16 ans. Ils habitent dans le quartier du Radar à Mantes-la-Jolie. De par leurs familles respectives, ils baignent dans une culture maghrébine, mais l'un d'eux se revendique comme étant arabe et l'autre comme étant amazighe[8]. Il y a lieu de préciser cependant que l'arabe devient la langue d'identification

---

[6] La Troisième Insertion est une classe spécifique constituée d'un groupe réduit d'élèves qui rencontrent des lacunes majeures dans les apprentissages fondamentaux. Circulaire n° 97-134 du 30/05/97.

[7] Le rappeur engagé Rocé évoque cette problématique dans son texte « Au pays de l'égalité » (2010) : *L'être humain et le réverbère*.

[8] Terme issu du berbère *imazighen*, signifiant littéralement *homme libre*.

des amazighophones en France (Guehria, 2014). Ces rapports symboliques aux langues, conditionnés par leur bain linguistique immédiat, façonnent dans une certaine mesure leurs représentations linguistiques, lesquelles sont fortement fluctuantes.

Leur mode de communication verbale est formé de trois composantes complémentaires : ils ne parlent que le français à l'école, mais pratiquent avec leur groupe de pairs une *exhibition bilingue*[9] français/arabe, et ils sont amenés à s'exprimer en arabe maghrébin ou en amazigh aussi bien dans leurs familles qu'à l'extérieur avec les commerçants et les voisins d'origines algérienne, sénégalaise, tunisienne, etc. Les informateurs évoluent donc dans un espace relativement éloigné des normes qu'elles soient d'ordre linguistique, artistique ou vestimentaire. Cela ne produit pas pour autant des rapports harmonieux, ni même seulement stabilisés, avec leur supposé héritage culturel.

4. Leur rapport aux origines de leurs parents

Ils entretiennent avec la langue d'origine de leurs parents un rapport fait à la fois de fierté et de répulsion. Car, d'un côté, la présence de l'arabe dans les énoncés français peut représenter le désir de montrer que l'on sait cette langue ou celui de ne pas s'exprimer seulement en français (de ne pas abandonner l'arabe, donc) ; mais, d'un autre côté, cette possible volonté de valorisation ne va pas jusqu'à s'exprimer entièrement en arabe avec les pairs, comme si ne connaître que l'arabe était ressenti comme méprisable (Guehria, 2011), d'où leur rapport conflictuel avec les « blédards », terme qui prend la valeur d'une insulte dans leur discours : « sale blédard », « tu t'habilles comme un blédard », « tu parles comme un blédard ».

Ce statut ambivalent à l'égard des langues se retrouve dans la difficulté à se situer « nationalement », si l'on peut dire, en ceci que, si les parents des personnes interrogées sont d'origine marocaine, leur pays natal n'est qu'un pays étranger pour leurs enfants, mais en même temps, en tant que leurs parents ont émigré, les enfants ne se sentent pour autant pas des Français « comme les autres » ce qu'alimente d'ailleurs largement l'image d'eux-mêmes que leur renvoient la majorité des discours tenus à leur propos.

Renvoyés à tort aux origines de leurs parents, ils ont le sentiment de n'appartenir ni au Maroc (Extrait 2 ci-dessous) ni à la France (Extrait 1 ci-dessous) : ni au Maroc puisqu'ils n'y sont pas nés, n'y ont pas vécu ni été élevés, n'y ont pas d'attaches réelles ; ni à la France car ils y sont

---

[9] Nous préconisons le terme *exhibition bilingue* car il met en évidence le caractère ostentatoire de l'actualisation de l'arabe maghrébin dans le parler dit « jeune ».

continuellement traités sur le mode de l'exclusion, ainsi qu'en témoigne entre autres, par exemple, l'initiative de Nadine Morano[10], alors secrétaire d'État à la famille (2009), interpellant les « jeunes musulmans » en faisant allusion à leur « accoutrement ». Le terme « accoutrement » est hautement péjoratif, voire insultant, s'il vise une tenue vestimentaire liée à la religion, ce qu'implique le terme « musulmans ». Or l'habillement et ses modes concernent largement une génération, de même que la coiffure, la pratique du tatouage ou celle du piercing, entre autres. La secrétaire d'État aurait donc pu s'adresser à l'ensemble de la jeunesse française, au lieu de quoi elle en a explicitement stigmatisé une partie bien précise, en associant le terme générique *jeune* à l'Islam, religion des parents des personnes désignées, souvent évoquée dans un contexte de polémiques liées aux *banlieues*.

Dans l'extrait qui suit, ma question inaugurale a vocation à relativiser une certitude soutenue par les informateurs plus haut dans l'entretien : « on nous aime ni ici ni là-bas ».

Extrait 1 :

ENQ et ici en France tu te sens accepté ou rejeté ?

NAS non rejeté plutôt

ELM rejeté par tout le monde

NAS par tout le monde

ENQ par qui ?

NAS par heu par l'État françaises (*sic*)

ENQ pourquoi ?

NAS parce que quand une maman française elle nous regarde on a l'impression qu'on la dérange (rire)

Témoigne de la prégnance du sentiment d'exclusion le fait que, à ma question initiale, les personnes interrogées ont éprouvé le besoin de répondre à trois reprises : la réponse de NAS aurait pu suffire mais ELM surenchérit en ajoutant « tout le monde ». Et NAS confirme encore ce rejet en réitérant la réplique de son camarade. Mais les informateurs ne se sentent pas pour autant « chez eux » au Maroc, car ils retrouvent cette impression de « déranger » lorsqu'ils sont dans ce qui n'est pour eux que le pays d'origine de leurs parents.

---

[10] Nadine Morano, communication publique du 14 décembre à Charmes dans les Vosges, publiée le 16/12/2009 sur le site du *Nouvel Observateur*. <http://tempsreel.nouvelobs.com/contre-debat-sur-l-identite-nationale/20091215.OBS0722/nadine-morano-veut-que-les-jeunes-musulmans-ne-parlent-pas-verlan.html>.

Extrait 2 :

ELM je vous dis la vérité quand y va au [bled] les blédards ils nous prennent pour des Français quand on vient en France les Français ils nous prennent pour des blédards
NAS on est rejeté partout
ELM on est rejeté partout
ENQ non mais je comprends pas attends attends attends t'as été un peu trop rapide pour ma petite tête qu'est-ce tu disais quand tu vas au Maroc ?
ELM ils nous traitent de Français et tout
ENQ et pourquoi ?
ELM ils sont jaloux ils sont jaloux de nous
ENQ parce que tu parles français ?
ELM non parce que je vis en France juste pour ça je m'habille mieux je suis plus soigné qu'eux
ENQ t'es quoi ?
ELM ils sont jaloux ils sont jaloux de moi donc ils me disent retourne dans ton pays
NAS tu t'habilles mieux qu'eux (rire)

Cet extrait fait apparaître que les informateurs distinguent clairement deux catégories : celle des *mêmes* (« nous »), représentés par les Français d'origine marocaine, comme eux, et celle des *autres* (« ils »), qualifiés de « jaloux », de « blédards », de « peu soignés » et auxquels les interviewés ne souhaitent pas ressembler. Dans ces répliques, leur identité française prend largement le dessus sur leurs appartenances marocaines.

Ce sentiment d'être au centre sans attaches territoriales précises, à un âge où ils ont besoin de structurer leur identité, procure à ces adolescents une frustration que permet de combler l'appartenance à un espace : « quartier », « banlieue », « cité », qui a ses codes, sa culture, sa langue. Il ne s'agit donc pas de s'habiller, de manger, de parler comme au Maroc – ce qui au contraire aboutirait à les faire assimiler à la catégorie des « blédards », fortement stigmatisée. Ils mangent plutôt des sandwichs « grecs », parlent un français qui leur est propre, et dans lequel l'arabe est *exhibé* furtivement à travers : a) des mots religieux décontextualisés (« istarfiroulah »), (« hamdoulilah »), des salutations (« wèch ») détournées en interjections, b) la prononciation de la fricative pharyngale sonore arabe [ayn] à la place du [r] (Guehria, 2011). Ce qui montre bien qu'il s'agit d'une identité forte, reconnue et assumée par les habitants d'un même lieu, c'est que ces traits linguistiques ne sont plus l'apanage des Maghrébins mantais : il n'est pas rare de les entendre dans la bouche d'enfants ou d'adolescents d'origine française. D'ailleurs l'idée qu'une jeunesse française partage des codes communs, dont la langue, pourrait contribuer, à terme, à « adoucir » l'image négative qu'une partie de la société française a des « *jeunes – Musulmans – des quartiers* » et de même pourrait faire évoluer les débats portant sur ces espaces ségrégés vers des explications socio-économiques souvent marginalisées au profit d'annonces sécuritaires et d'une grille explicative ethnicisante.

5. L'enfant d'immigré habitant une banlieue « difficile »[11] : un « jeune » particulier...

Ce « nous » dans lequel se reconnaissent les informateurs, et qui transcende la distinction entre Français « de souche » et Français « récents », pourrait *a priori* trouver son identité dans l'expression « les jeunes », puisqu'elle concerne les individus d'une « tranche d'âge » qui se reconnaît dans les mêmes langages, musiques, vêtements, expériences et vit la même actualité, et qui, comme les générations précédentes, peut contester les valeurs globalement admises par les aînés[12], lesquels sont susceptibles de porter sur leurs cadets aussi bien des jugements positifs que négatifs (ce qui se reproduit de génération en génération).

De plus, le mot « *jeune* » apparaît neutre : épicène, il ne privilégie ni le masculin ni le féminin, et ne renseigne pas davantage sur l'appartenance sociale, l'origine géographique, le niveau scolaire, ni même l'âge exact, etc. Or le corpus montre, à travers les réponses de nos informateurs, la coexistence de deux termes, synonymes quant à la référence à la tranche d'âge mais antonymes quant à la charge axiologique (Kerbrat-Orecchioni, 1978) : *jeune* et *youth*, distinguent le « bon jeune » du « mauvais youth ». Chacune de ces deux sous-catégories a des caractéristiques qui lui sont propres.

Extrait 3 :

ELM [parlant de l'un de ses camarades] ouais c'était un sérieux c'était un jeune c'était pas un [youth]

En intégrant son ami dans la sous-catégorie des « bons jeunes », il remet en cause les accusations de vol qui pèsent sur ce dernier. Cette valorisation du « jeune » au détriment du « youth » se confirme lorsque ELM et NAS donnent leur définition de « *jeune* ».

---

[11] Ce qualificatif, fréquemment utilisé dans la presse et par les politiques, renvoie pudiquement aux banlieues qui, tel le Val-Fourré à Mantes-la-Jolie, sont essentiellement peuplées d'immigrés, caractérisées par un très fort taux de chômage, et lieu de violences fréquentes.

[12] Selon l'INSEE, la « jeunesse » correspond à la période 15-24 ans. <http://www.insee.fr/fr/themes/info-rapide.asp?id=14> [consulté le 24 avril 2014].

Extrait 4 :

ELM jeune c'est plutôt heu les jeunes heu normals
ENQ normaux
ELM normaux on est tous normaux
ENQ je vois ce que tu veux dire
ELM mais les jeunes plus dans les études plus sérieux (déformation de la prononciation du [r] sous l'influence de la fricative pharyngale sonore arabe [ayn])

Les « jeunes », présentés comme ceux qui travaillent bien scolairement et dont le comportement social dénote une bonne éducation, pratiqueraient un français standard, contrairement aux « youth » qui ont recours à des mots d'arabe maghrébin.

Extrait 5 :

ENQ mais à votre avis ces mot rebeus les [khrat] et le [hnèch]
ELM c'est des radicals
ENQ est-ce qu'à votre avis on devrait les introduire dans les dictionnaires ?
NAS non pas intéressant xxx c'est pas du français
ELM en fait je vais vous expliquer il peut être mis dans le dictionnaire mais si ils mettent la définition par exemple [khrat] il faudra pas qu'ils mettent signifie beaucoup de beaucoup de il faut qu'ils mettent mots arabes utilisés par les [youth] dans une partie de la France

L'idée de respect et de politesse associée à l'usage « correct » du français, en opposition au parler dit « de banlieue » dont l'usage serait un signe de manque de respect envers son interlocuteur, est récurrente dans beaucoup d'enquêtes MPF. D'ailleurs nos informateurs vont jusqu'à remettre en cause certains termes marocains fréquemment utilisés (comme le montre la réponse « non pas intéressant ») pour éviter de donner une image négative d'eux-mêmes. Dans la dernière réplique de cet extrait, ELM se désolidarise totalement de cette terminologie en l'associant définitivement aux *youth* (« mots arabes utilisés par les *youth* dans une partie de la France »). NAS adopte ce même point de vue.

Extrait 6 :

ENQ donc pour toi NAS ça sert à rien de mettre ces mots ?
NAS non c'est pas du français c'est de l'arabe et l'arabe c'est de l'arabe ça reste au pays

En rejetant ces mots arabes, il exclut du même coup ceux qui les emploient en France : les *youth*. Notons qu'il n'est pas toujours aisé de définir cette sous-catégorie car, selon les identités projetées par le locuteur dans son discours, ce découpage peut lui paraître pertinent ou pas. Ainsi, à ma question, d'apparence consensuelle étant donné le rapport des informateurs aux *youth*, la réponse était marquée de « ratages » :

Extrait 7 :

ENQ qu'est-ce que vous entendez vous par le mot [youth]

NAS et ELM éprouvent beaucoup de difficultés à répondre :

NAS xxx

ELM le mot [youth] moi comme je l'entends tout le temps c'est plutôt c'est plutôt (silence//) heu pour les <u>les les jeunes voyous</u>

NAS <u>les jeunes des quartiers</u>

Ces trois répliques ponctuées d'un discours incompréhensible (xxx), d'un silence pesant (représenté par deux barres obliques) et d'hésitations (« c'est plutôt c'est plutôt », « heu », « les <u>les les</u> ») montrent à quel point il est pénible pour les personnes interrogées d'exclure une sous-catégorie à laquelle elles sont susceptibles d'appartenir, au moins dans le regard de l'Autre. Du fait d'une intrication entre les deux groupes, ils s'en démarquent tout en gardant une certaine proximité.

6. D'où vient la nécessité ressentie de distinguer entre « jeune » et « youth » ?

La réponse à cette question repose sur les résultats d'une recherche d'ordre historique, qui permet de situer l'origine de cette évolution comme une conséquence de la loi Gayssot-Rocard de 1990 interdisant l'emploi de certains termes pour désigner les personnes ; c'est le mot « jeune » qui s'est alors généralisé, dont la neutralité permettait sans risque l'usage, pour désigner en fait une population parfaitement définie : non pas les jeunes en général mais, dans cette tranche d'âge, précisément les enfants d'immigrés vivant dans les banlieues.

Notre hypothèse est par conséquent que l'apparition, et l'actualisation dans la parole, du mot *youth* marque une rupture avec le discours politique et journalistique homogénéisant qui ne voudrait voir dans ces « cités », « quartiers » ou « banlieues »[13] que des *jeunes* fascinés par la culture islamo-maghrébine, pratiquant l'arabe, le verlan, sans repères identitaires... Les adolescents interrogés, biologiquement peu avancés en âge, opposent le bon *jeune* au mauvais *youth* tout en se plaçant tantôt dans la première catégorie car ils s'estiment respectueux de certaines normes,

---

[13] Les trois noms n'apparaissent substituables que dans ce contexte : par exemple, si l'on parle de « quartier chic / riche / résidentiel » ou de « banlieue chic / riche / résidentielle », l'association « cité chic / riche / résidentielle » est quasiment impossible.

tantôt dans la seconde du fait de l'insécurité linguistique et culturelle suscitée par le discours ambiant.

Le statut dans lequel est ainsi enfermé le *jeune* dit « de banlieue » n'est pas sans évoquer celui, du temps de la colonisation française, de l'indigène qui, pour être distingué des citoyens français de « pure souche » et des Européens, en dépit de ses efforts d'intégration, demeure aux yeux de l'administration le « musulman » : le « français musulman » ou le « catholique musulman » lorsqu'il a décidé d'épouser la chrétienté, mais jamais *le Français* tout court. Un tel rapprochement peut effectivement paraître caricatural étant donné la différence des statuts, il interpelle, néanmoins, sur la nécessité, pour les personnes interrogées, de redécouper une réalité (socio)linguistique exclusive.

7. Les décisions linguistiques ministérielles conduisant à la généralisation de l'emploi du mot « jeune » et leurs conséquences

Comme remarqué par Bourdieu (1984 : 143), dans les discours journalistique et politique le mot *jeune* est souvent la métaphore de l'indicible :

i. il a pour intérêt de passer sous silence les problèmes socio-économiques de ces *banlieues, cités* et autres *quartiers* en diluant les revendications de ces personnes dans une problématique plus large qui consiste à opposer les *jeunes, leur mal-être, leur irresponsabilité* aux *vieux, responsables, stables ;*

ii. il est la représentation imagée de termes juridiquement répréhensibles : Arabe, Musulman.

En témoigne l'exemple suivant, où l'emploi des guillemets attire l'attention sur l'interprétation à donner au terme *jeune* employé seulement pour l'un des deux protagonistes alors que les deux relèvent de cette tranche d'âge :

À Cannes les « jeunes » s'en prennent aux étrangères quand elles ont les yeux bleus. Journal *Présent* du 8/12/95 (cité par Maurer, 1998 : 130).

Il s'agit pourtant bien de filles jeunes, d'ailleurs appelées dans le corps de l'article « les jeunes filles au pair » ou « ces jeunes étrangères, des Autrichiennes pour nombre d'entre d'elles », qui sont repérées par des bandes de garçons, mais seuls ces derniers sont dits « jeunes ». Or l'usage des guillemets, qui signale conventionnellement que le terme n'est pas exactement approprié à ce que l'on souhaite exprimer, permet de conclure qu'il ne s'agit pas là de « jeunes » au sens où on pourrait le prendre spontanément, c'est-à-dire au sens « neutre ». Il s'agit donc de « certains jeunes », dont on veut faire comprendre, sans le dire, les caractéristiques identitaires – alors que le maximum d'informations est apporté sur les victimes. Les guillemets soulignent et dénoncent le caractère à la fois incomplet et mensonger de cette catégorisation[14].

8. Les origines de cette ambiguïté calculée

Dans les années 1980, il était encore courant dans certains milieux de désigner les étrangers par des ethnotypes : « bougnoule », « arabe », etc. La décennie suivante, marquée par le début des effets du regroupement familial et les premières violences urbaines, voit apparaître une sensibilité au « politiquement correct » initialement motivé par le désir de ne pas stigmatiser les minorités, et donc se généralisent les praxèmes en apparence objectifs « M/maghrébin », « d'origine maghrébine/africaine », « Africain », « nord-africain » qui prennent le devant dans le discours médiatique. Cependant, quoique plus tolérables que certaines des précédentes, ces appellations ne sont pas innocentes car les désignations géographiques et/ou ethniques peuvent véhiculer un discours raciste. C'est à ce titre que la loi « Gayssot-Rocard » a limité la liberté de la presse notamment sur les désignations ethniques, créant le contexte où est apparu le mot *jeune*, pour pallier un certain racisme ordinaire véhiculé par des termes largement adoptés et partagés.

Il semble que le premier personnage politique à user de ce terme ait été Pierre Joxe, alors ministre de l'Intérieur, à la suite d'une série d'affrontements entre habitants des banlieues des grandes villes françaises (comme Vaulx-en-Velin) et les forces de l'ordre en 1990, événements à propos desquels il est interviewé le mardi 16 octobre au journal de France 2 de 20 heures par Bruno Masure[15]. Le ministre utilise systématiquement le mot « jeunes » pour désigner les auteurs des violences, et ignore le sous-entendu de Bruno Masure lorsque ce dernier l'interroge sur la possibilité que les interpellations policières soient fondées sur le « délit de sale gueule », voire tout simplement le racisme. Joxe a choisi le terme générique « jeunes » pour aller dans le sens de la loi qui, elle-même, ne fait que rappeler une règle fondamentale de la France républicaine selon laquelle est discriminatoire la désignation d'une personne par ses origines : l'histoire montre en effet que la désignation de l'Autre en tant qu'Étranger conduit toujours à des attitudes d'exclusion dangereuses pour l'ensemble du corps social (Maurer, 1998 : 137). Ainsi, comprenons-nous les raisons historiques de l'apparition de cette dénomination de « *jeune* »,

---

[14] « La catégorisation est le découpage du réel, à partir de traits communs, en classe d'objets rangés sous une même dénomination, découpage qui varie selon les langues et la culture » (Détrie, 2001 : 48-49).

[15] <http://www.ina.fr/video/CAB90039997> [consulté le 10 mai 2014].

donc par le seul trait chronotypique, d'une fraction de la population (alors que le terme en langue – mais aussi encore dans certains discours – englobe l'ensemble d'une tranche générationnelle).

9. Interprétation du néologisme

On a donc affaire, avec ce nouvel emploi du nom « jeune », à un néologisme sémantique, motivé par la nécessité politique de trouver un terme permettant de désigner, de manière (apparemment) neutre et objective, une catégorie de population bien précise dont il s'agit, à la fois, de stigmatiser les comportements (pour rassurer le reste des Français) tout en paraissant la respecter au moins par son traitement discursif (pour se la concilier) sans pour autant, avantage supplémentaire vis-à-vis des deux parties, évoquer les causes économiques et politiques possibles des problèmes qu'elle pose à la société.

9.1. Le devenir du néologisme

Cependant, malgré ces précautions ayant pour but de maintenir l'ordre social, l'Histoire n'a pas tardé à rattraper le praxème « jeune » pour lui rappeler le contexte dans lequel il est né, car « Le praxème, outil linguistique de production de sens, capitalise, au fil des emplois, différents programmes de sens qui enregistrent des praxis sociales et culturelles datées. La forme stéréotypée, plus que tout autre, garde l'empreinte des contextes sociaux dans lesquels elle prend racine » (Dufour, 2004 : 162).

Le contexte dans lequel le praxème « jeune » prend racine est en effet très polémique et conflictuel, et la « neutralité » du terme en langue peut apparaître comme un obstacle à son interprétation véritable en discours (ainsi qu'en témoignent les guillemets qui l'assortissent le plus souvent, comme dans l'exemple commenté *supra*). La matrice « jeune », avec tout ce que cette appellation peut suggérer, produit des ethnotypisations : « jeunes étrangers, jeunes beurs, jeunes français d'origine étrangère, etc. », une théotypisation : « jeune musulman », des sociotypisations : « jeunes voyous, jeunes délinquants, jeunes sans emploi », etc. Ainsi le nom *jeune*, terme désormais dévolu à la désignation de l'effet (ou plutôt des méfaits !) « des Français d'origine maghrébine », cesse d'être substantif, instrument de catégorisation, pour devenir un adjectif, outil de caractérisation. Des études récentes montrent qu'il est souvent associé au trait « jeune », d'autres traits qui relèvent soit du « faire » (casser, incendier), soit de l'« être » (voyous, racailles, musulmans) pour finalement ne garder dans la mémoire discursive (Moirand, 2007) que des traits liés au « faire » ou à l'« être » (Moirand, 2009), construction intellectuelle reflétant une perception de la réalité déjà filtrée par le traitement médiatique antérieur (Berthaut, 2013).

Le néologisme adopté, pour substituer aux discours politiquement incorrects un lexique neutre, aboutit donc à un échec, puisque non seulement le jeu typographique (italiques et guillemets) permet de signaler que le terme doit recevoir une certaine interprétation, mais de plus l'emploi adjectival contourne la censure en entrant dans la constitution de dénominations de plus en plus violentes, comme le montre une recherche sur Internet avec les mots clés *jeune* et *musulman*, qui produit un nombre impressionnant d'articles aux intitulés stigmatisants – en particulier dans la presse chrétienne réactionnaire – où les guillemets, en tant qu'outil dialogique de distanciation, n'existent plus :

> Grenoble : deux jeunes musulmans en scooter jettent une barre de fer sur le véhicule des CRS (Dreuz.info).
> … un jeune musulman fait référence à Merah… (Dreuz.info).

Le discours décomplexé de certaines personnalités publiques visant les musulmans a beaucoup contribué au façonnage d'un sentiment « antimusulman »[16], ce qui explique que certains adolescents remettent en cause la catégorie et sa dénomination *jeune*, trop souvent employée dans des discours qui contestent constamment leur présence même sur le sol français.

10. Conclusion provisoire

Le *jeune* dit « de banlieue » est cloisonné dans un statut particulier qui en fait un Français à part : la marche des Français pour l'« *égalité et contre le racisme* » est devenue la marche des « Beurs » dans les médias. Le français argotique (Gadet, 2007), signe du dynamisme de notre langue, devient « langue des jeunes des cités », l'engagement à la française qui a donné à la France tant d'acquis sociaux et politiques devient un militantisme dangereux pour la République lorsqu'il est pratiqué par ces *jeunes*.

Compte tenu de ce que nous venons de voir, nous pouvons comprendre les raisons qui poussent les enquêtés à redéfinir la catégorie « jeunes » car le terme est désormais trop chargée négativement. Ils ont recours à une nouvelle désignation qui interpelle *le communément fabriqué et admis* par un grand nombre de Français. L'intrication entre les *jeunes* et les *youth* est telle qu'il est difficile d'affirmer s'il s'agit d'une auto- ou d'une hétéro-désignation. Par la problématisation de la catégorie *jeune*, ces personnes veulent récupérer la place qui leur est due dans la société. Edgar Morin (2014 : 35) en parlant de cette population pose le problème de la reconnaissance, clé de toute relation humaine : « Tout être humain a

---

[16] Journal *La Croix* du 21/03/2013.

un besoin fondamental d'être reconnu. C'est un besoin primaire que l'on retrouve aussi bien dans les problèmes des gamins de banlieue que chez tous les dominés... » Ils ne sont pas reconnus dans leur différence et se voient, dans le même temps, stigmatisés en raison de celle-ci.

En dépit de ce déni de reconnaissance, d'une insécurité linguistique et culturelle, ces « jeunes » se sont érigés en modèle. En se revendiquant d'une catégorie où ils sont créateurs de tendances (Caubet, 2008 : 221), notamment linguistiques (intonation, lexique, syntaxe) et artistiques (graffitis, rap, stand up), ils façonnent une « identité duale » (Mutabazi, 2010 : 57) qui leur est propre : ni complètement Français, ni complètement Maghrébins ou les deux à la fois. Ces « jeunes » prônent donc l'ouverture à une époque où les « identités » nationale, culturelle, religieuse, aussi bien en Europe que dans le reste du monde, deviennent autant de notions étriquées et exclusives qui ne célèbrent pas l'ouverture mais l'enfermement sur soi pour se protéger de l'autre. Mais ce contre-pied à la globalisation conduit au populisme[17] et fait renaître un nationalisme hostile au multiculturalisme dont ces « jeunes » sont les représentants.

Bibliographie

Auzanneau, Michelle *et al.*, « Élaboration et théâtralisation de catégorisations sociolinguistiques en discours, dans une séance de formation continue. La catégorie "jeune" en question », in *Langage et société* n° 141, Paris, Les éditions de la Maison des sciences de l'homme, 2012, p. 47-70.

Berthaut, Jérôme, *La banlieue « du 20 heures ». Ethnographie d'un lieu commun journalistique*, Marseille, Agone, 2013.

Bourdieu, Pierre, « La "jeunesse" n'est qu'un mot », in Pierre Bourdieu (dir.), *Questions de sociologie*, Paris, Minuit, 1984.

Caubet, Dominique, « Shouf shouf Hollanda shouf shouf marokko », in *Langues et cultures en contact. Le cas des langues et cultures arabes et turques en France et aux Pays-Bas*, Paris, L'Harmattan, 2008.

Champagne, Patrick, « La vision médiatique », in Pierre Bourdieu (dir.), *La misère du monde*, Paris, Seuil, 1993.

Dreuz info, <http://www.dreuz.info/2012/10/grenoble-deux-jeunes-musulmans-en-scooter-jettent-une-barre-de-fer-sur-le-vehicule-des-crs/> [consulté le 3 janvier 2013].

Détrie, Catherine *et al.*, « Catégorisation », in Détrie Catherine *et al.* (dir.), *Termes et concepts pour l'analyse du discours*, Paris, Champion, 2001, p. 48-49.

---

[17] Les résultats des élections européennes du 25 mai 2014 montrent une ascension fulgurante du populisme en Europe.

Dufour, François, « Catégorisation, stéréotypie et dialogisme : la nomination comme expression de points de vue », in Dufour François et al. (dir.), La nomination : quelles problématiques, quelles orientations, quelles applications ?, Université Paul-Valéry, 2004, p. 153-171.

Gadet, Françoise, La variation sociale en français, Paris, Ophrys, 2007.

Gadet, Françoise & Guérin, Emmanuelle, « Des données pour étudier la variation : petits gestes méthodologiques, gros effets », in Cahiers de linguistique, n° 38-1, 2012, p. 41-65.

Gadet, Françoise, et al., « Un accent multiculturel en région parisienne ? Le projet franco-britannique "MLE-MPF" », Repères DoRiF, n° 3, 2013 <http://www.dorif.it/ezine/ezine_articles.php?id=94>.

Garbin, David & Millington, Gareth, « Territorial stigma and the politics of resistance in a Parisian banlieue : La Courneuve and beyond », in Urban Studies, 49(10), 2012, p. 2067-2083.

Guehria, Wajih, « La jeunesse n'est pas qu'un mot », in Insaniyat, n° 37, Oran, Crasc, 2007, p. 137-172.

Guehria, Wajih, « Le "code-switching" chez les jeunes Mantais : de l'expression d'un conflit à la constitution d'un idiome symbiotique » site ATILF & AFLS, 2011 <http://www.atilf.fr/afls2011/programme.html> [consulté le 24 mai 2014].

Guehria, Wajih, « Quatre étudiantes algériennes en France vis-à-vis de leurs représentations sociolinguistiques », Insaniyat, n° 60-61, Oran, Crasc, 2014, p. 137-172.

Guehria, Wajih, « Mots du linguistique », in Mini entreprise en collège, Elbeuf, Cosedition, [à paraître]), p. 73-74.

Kerbrat-Orecchioni, Catherine, L'énonciation de la subjectivité dans le langage, Paris, Armand Colin, 1978.

La Croix, quotidien du 21/03/2013.

Legifrance.gouv. Loi n° 90-615 du 13 juillet 1990 <http://www.legifrance.gouv.fr/affichTexte.do?cidTexte=JORFTEXT000000532990&categorieLien=id> [consulté le 24 avril 2014].

Maurer, Bruno, « Qui sont les "jeunes" ? L'utilisation du dialogisme dans Présent », in Paul Siblot et al. (dir.), L'autre en discours, Université Paul-Valéry, 1998, p. 127-141.

Moirand, Sophie, « Discours, mémoires et contextes : à propos du fonctionnement de l'allusion dans la presse », Cognition, Représentation, Langage, n° 6, 2007. <http://edel.univ-poitiers.fr/corela/document.php?id=1636>.

Moirand, Sophie, « Des façons de nommer "les jeunes" dans la presse quotidienne nationale », in Adolescence, 4/ n° 70, GREUPP, 2009, p. 907-919 www.cairn.info/revue-adolescence-2009-4-page-907.htm [consulté le 24 avril 2014].

Morin, Edgar et al., Au péril des idées. Les grandes questions de notre temps, Paris, Presses du Châtelet, 2014.

Mrabet, Emna, *La représentation cinématographique des immigrés maghrébins : mutations et évolutions identitaires*, Le blog des Têtes Chercheuses, 2014 <http://teteschercheuses.hypotheses.org/1107> [consulté le 26 avril 2014].

Mutabazi, Evalde *et al.*, *Les discriminations*, Paris, Le Cavalier Bleu, 2010.

Turpin, Béatrice, *Jeunesse, médias et lien social*, Amiens, Encrage, Les Belles Lettres, 2008.

III. Les banlieues – lieux de création

L'authenticité des « voix de la banlieue » entre témoignage et fiction

Christina HORVATH

Oxford Brookes University

Introduction

Les dernières décennies ont vu la multiplication des récits de banlieue. D'abord sporadiques, les textes représentant la périphérie des villes françaises sur un mode fictif sont devenus plus nombreux et ont adopté des traits de plus en plus stables et prévisibles dans la mesure où ils ont commencé à former une production distincte, obéissant à des règles et à des conventions plus précises. Plusieurs nouveaux termes ont été suggérés pour nommer cette production protéiforme qui se situe à la croisée de catégories précédemment établies par la critique dont la littérature « francophone », « beur », « postcoloniale », « transnationale ». Littérature « urbaine », « de bitume », « de l'asphalte » ou encore « des cités » ne sont que quelques-unes des nouvelles étiquettes avancées par journalistes et chercheurs pour souligner les traits principaux de cette nouvelle littérature dont ils tentent de définir les limites, les thèmes principaux et les spécificités esthétiques ou génériques. Quels sont les liens entre la transformation de la banlieue et l'évolution de la littérature dite « de banlieue » ? Doit-on interpréter l'émergence massive des représentations littéraires de la périphérie urbaine à partir des années 2000 par une volonté de prise de parole de la part des résidents ? Quelles sont les voix « authentiques » de la banlieue, les récits de témoignage ou les romans ? Finalement, comment tenir compte de la grande diversité générique des représentations, de la variété des points de vue et des images proposées de la banlieue d'une part et de la relative stabilité des lieux et des thèmes de l'autre ? Ce chapitre examinera tour à tour ces questions, en passant du contexte de la genèse des œuvres à leur authenticité, à leur appartenance générique et au rapport qu'ils entretiennent avec la sémiotisation de la banlieue.

Qu'est-ce que la « littérature de banlieue » ?

Utilisés de manière récurrente depuis les années 1990, les termes « littérature de banlieue » et « écrivains de banlieue » se réfèrent à un contenu mal défini et quelque peu douteux. Alors que la banlieue ne cesse de hanter l'imaginaire des écrivains, quelles que soient leurs origines et leurs genres de prédilection, rares sont les critiques qui étiquetteraient Sue, Hugo, Duras ou Céline comme « écrivains de banlieues ». En revanche, beaucoup de jeunes auteurs issus de l'immigration maghrébine ou africaine se voient, à leur mécontentement, régulièrement relégués dans cette catégorie. Par le fait que leur usage reste en général réservé à la période d'après-guerre et qu'ils servent en particulier à décrire une production littéraire postcoloniale, les deux termes courent en effet le risque d'être associés à une marginalité spatiale, certes, mais avant tout à une marginalité sociale intrinsèquement liée au statut ethnique minoritaire des auteurs. Il s'agit donc d'un classement ghettoïsant d'emblée qui opère une distinction perçue comme discriminante entre auteurs d'origine française et écrivains d'origine postcoloniale.

Pour dissiper l'ambiguïté qui entoure les deux termes, Christiane Chaulet Achour suggère explicitement de réserver leur usage aux « écrivains nés et formés en banlieue » qui se distingueraient des autres par « une auto-représentation d'une part et le droit d'inscrire cet imaginaire dans la littérature d'aujourd'hui d'autre part »[1]. Ce critère permet en effet d'isoler, à l'intérieur d'un corpus vaste et multiforme de récits thématisant les périphéries urbaines, les œuvres que la plupart des lecteurs tendent à considérer comme les « voix authentiques » de la banlieue : notamment celles des « jeunes » qui décrivent les cités « de l'intérieur ». Toutefois, une définition fondée sur l'origine et l'âge des auteurs comporte plusieurs risques. Les catégories attribuées en fonction de leurs origines provoquent non seulement une certaine résistance chez les écrivains[2] mais posent aussi une série de problèmes pratiques. Où classer par exemple les romanciers d'origine postcoloniale qui vivent en banlieue mais n'évoquent la périphérie urbaine que ponctuellement comme Mahmoud Mamadou N'Dongo[3] ? D'autre part, que faire des écrivains exogènes qui parlent de la banlieue sans y être nés ou éduqués comme le Togolais Sami Tchak, le

---

[1] Christiane Chaulet Achour, « Banlieue et littérature », in Marie-Madeleine Bertucci et Violaine Houdart-Merot (dir.), *Situations de banlieues : Enseignement, langues, cultures*, Paris, Institut national de recherche pédagogique, 2005, p. 133.

[2] La résistance des auteurs aux étiquettes perçues comme dépréciatives est décrite dans les publications de Hargreaves, Reeck ou Vitali mais elle est également illustrée par nombre d'entretiens avec les écrivains comme Rachid Djaïdani, Faïza Guène ou Karim Amellal.

[3] Né au Sénégal, N'Dongo a grandi et vit à Drancy mais parmi ces nombreux textes seul le roman *El Hadj*, Paris, Le Serpent à Plumes, 2008, est un récit de banlieue.

Congolais Daniel Biyaloua ou la Camerounaise Calixthe Beyala ? Si, au moment de la parution, l'âge, l'origine et l'adresse de l'auteur en banlieue confirment la soi-disant authenticité de son œuvre, qu'en est-il plus tard lorsqu'il vieillit, déménage ou passe à d'autres sujets ? De plus, fonder la définition de la littérature de banlieue sur des critères démographiques risque de favoriser une lecture sociologique plutôt que littéraire des œuvres. Cofondateur du collectif « Qui fait la France ? », Karim Amellal avertit justement du danger de faire de la littérature de banlieue une sorte de sous-littérature qui, à l'instar de la littérature francophone ou du roman beur, risque d'enfermer les écrivains dans un ghetto littéraire que ces termes cherchent à distinguer de « littérature française tout court » :

> Ces romans ont dès leur parution été classés, catalogués comme des textes spécifiques, non par leur histoire, les personnages qu'ils mettent en scène ou encore les styles qu'ils révèlent, mais par leur nature, voire par l'identité de leur auteur. Ces textes de fiction, des romans pour la plupart, ont ainsi été identifiés à travers plusieurs expressions, forgés pour l'occasion (« littérature du bitume », « littérature de banlieue », « littérature des quartiers », etc.) comme s'il s'agissait, non de faire apparaître un nouveau genre, mais de distinguer, ou de différencier, ces livres de tous les autres[4].

Soucieux d'éviter la stigmatisation des auteurs, ce chapitre adoptera une démarche différente, consistant à inclure dans la vaste catégorie de la « littérature de banlieue » tout récit, de fiction ou de non-fiction, dont l'intrigue se déroule en banlieue et dont le thème principal est la périphérie urbaine, quelles que soient les origines ethniques et le vécu personnel de l'auteur. J'étudierai donc la banlieue en tant que thème dont je poursuivrai l'évolution des années 1980 jusqu'à aujourd'hui. Le choix de cette période me semble pertinent dans la mesure où elle correspond à l'émergence et la montée en puissance de la crise des banlieues qui suscitent différentes approches de la part des écrivains qui recourent à une multitude de genres (polar, roman noir, Bildungsroman, roman de jeunesse, etc.) et des modèles narratifs variés.

Les trois âges de la littérature de banlieue

Construites dans les années 1950 et 1960, les tours et barres des banlieues françaises représentent, selon les sociologues Kokoreff et Lapeyronnie, une rupture esthétique et sociale avec les centres-villes incarnant « un idéal de mixité et de circulation, d'équilibre et de

---

4   Karim Amellal, « L'héritage littéraire de la marche pour l'Égalité », in Anne Bocandé (dir.), *La Marche en héritage. L'héritage culturel de la Marche pour l'égalité et contre le racisme (1983-2013)*, Africultures n° 97, 2013, p. 173.

diversité »[5]. S'opposant à cet idéal, les cités HLM des banlieues, dont les insuffisances se manifestent dès les années 1970[6], sont marquées par une monotonie architecturale et urbanistique qui donne lieu à un repli sur soi et la ségrégation des habitants. Comme le remarque Jacques Donzelot[7], les cités expriment l'échec de l'État technocratique qui a pour conséquences la dégradation rapide d'un cadre architectural dévalorisé et dévalorisant, la concentration d'une population immigrée privée d'emploi et l'exclusion sociale frappant une jeunesse stigmatisée.

Kokoreff et Lapeyronnie divisent la période de malaise qui débute à la fin des Trente Glorieuses en trois âges successifs : l'âge de la « galère » qui dure de 1975 jusqu'à la fin des années 1980, l'âge des « trafics et des violences urbains » qui occupe la décennie 1990-2000 et finalement l'âge de la « ghettoïsation », marqué par la fermeture et l'éloignement des cités, toujours en cours depuis 2001. Si les sociologues choisissent trois films, *Le Thé au Harem d'Archimède* de Mehdi Charef (1985), *La Haine* de Mathieu Kassovitz (1995) et *l'Esquive* d'Abdellatif Kechiche (2002) pour illustrer ces trois époques, il serait tout aussi aisé d'établir une liste d'œuvres littéraires qui leur correspondent. Ainsi, l'époque de la galère est celle de l'émergence de la littérature beur, marquée par la publication de romans situés en et portant sur la banlieue tels que *Shérazade. 17 ans, brune, frisée, les yeux verts* (Paris, Stock, 1982) de Leïla Sebbar, *Le Thé au harem d'Archi Ahmed* (Paris, Mercure de France, 1983) de Mehdi Charef, *Les A.N.I. du Tassili* (Paris, Seuil, 1984) d'Akli Tadjer, ou *Le gone du Châaba* (Paris, Seuil, 1986) d'Azouz Begag, situé dans les bidonvilles lyonnais dont l'existence précède même la construction des cités HLM. À l'époque des rodéos des Minguettes et de la Marche pour l'égalité et contre le racisme surnommée la Marche des Beurs, les écrivains issus de l'immigration maghrébine semblent préoccupés par les thèmes de l'altérité, du droit à la différence et de l'entre-deux identitaire des enfants d'immigrés mais aussi par la crise des banlieues et la destruction des bidonvilles. Ainsi, depuis son apparition, la littérature beur est liée aux banlieues et leurs grands ensembles, au point d'en être inséparable[8]. Cependant, si la littérature beur préfigure déjà les principaux thèmes et préoccupations des futurs récits de banlieue tel que la ségrégation de populations postcoloniales et les liens multiethniques qui existent entre les jeunes habitants des cités, elle développe également d'autres

---

[5] Michel Kokoreff, Didier Lapeyronnie, *Refaire la cité*, Paris, Seuil, 2013, p. 13.
[6] Pierre Merlin, *Des grands ensembles aux cités*, Paris, Ellipses, 2012.
[7] Jacques Donzelot, *La France des cités : le chantier de la citoyenneté urbaine*, Paris, Fayard, 2013, p. 8.
[8] Ceci est démontré par une série d'ouvrages critiques qui, comme le livre de Carrie Tarr, *Reframing difference : Beur and banlieue filmmaking in France*, Manchester, MUP, 2005, abordent les artistes beur et de banlieue ensemble.

thèmes que la banlieue et s'inspirent d'autres lieux que ceux de l'espace périurbain.

L'époque de la « violence », qui débute par les émeutes de Vaulx-en-Velin au début des années 1990, apporte une vague de violences et d'affrontements avec la police qui va de pair avec la montée du pessimisme concernant les banlieues et d'une dégradation rapide de leur image. Elle coïncide avec la dissolution de la littérature beur[9] qui, selon Alec G. Hargreaves, se voit progressivement remplacée par une « culture de banlieue » :

> Privilégiant des formes d'expression autres que littéraires et intimement liées à l'essor des médias audiovisuels, cette culture des banlieues s'incarne d'abord dans le hip-hop, dont un des composants est le rap. Il s'agit d'une culture hybride non seulement parce que [...] ses pratiquants sont de diverses origines ethniques mais aussi parce que chaque artiste puise dans une diversité des sources[10].

D'après Hargreaves, le passage entre les deux catégories s'opérerait au cours des années 1990, avec, d'une part, l'ethnicisation « du milieu social qui est au cœur de la littérature de "banlieue" »[11] et, d'autre part, avec la médiatisation de la banlieue comme premier sujet associé aux minorités postcoloniales. Le chevauchement des thèmes comme celui de la recherche d'identité d'une jeunesse d'origine postcoloniale ou celui de la ségrégation à la fois spatiale et raciale qui frappe les habitants des quartiers périphériques rend peu aisée la distinction entre les courants « beur » et « de banlieue » dont la différence réside plus dans le degré de centralité de certains thèmes que dans les thèmes eux-mêmes. Hargreaves note que, malgré la continuité de certains thèmes, l'ancrage identitaire des auteurs évolue : passant d'une identité maghrébine de la deuxième génération à une identité multiethnique incarnée entre autres par les membres du collectif « Qui fait la France », les représentants de la littérature de banlieue traiteraient essentiellement des mêmes sujets que les beurs dans les années 1980 : « misère, discriminations raciales et

---

[9] Est-ce le mouvement qui s'épuise, le terme qui tombe en désuétude ou la littérature postcoloniale française qui s'internationalise ? En tout cas, le rejet massif de l'adjectif par les auteurs eux-mêmes dès l'apparition du terme amène les critiques à se poser la question de l'existence réelle de la littérature beur comme le fait Laura Reeck dans son article « Lettre ouverte au monde des Lettres françaises : *Sur ma ligne* de Rachid Djaïdani » , in *Intrangers (1) : Post-migration et nouvelles frontières de la littérature beur*, Sefar N2, Bruxelles, L'Harmattan/Academia, 2011, 49 p.

[10] Alec G. Hargreaves, « Une culture innommable ? », in Gafaïti, Hafid, *Cultures Transnationales de France*, L'Harmattan, 2001.

[11] Alec Hargreaves, « De la littérature de "beur" à la littérature de "banlieue" : des écrivains en quête de reconnaissance », in Anne Bocandé (dir.), *La Marche en héritage*, p. 145.

exclusion sociale – avec un aggravement du désespoir et un dérèglement de l'esprit qui traduisent la pérennisation de l'exclusion dont souffrent les minorités postcoloniales »[12].

Alors que la population des banlieues se diversifie, d'autres voix se joignent à celles des auteurs issus de l'immigration maghrébine qui ne sont plus qualifiés de l'adjectif beur. Certains de ces écrivains sont issus d'Afrique subsaharienne et dans leurs œuvres ils dépeignent avant tout les membres de la Diaspora africaine vivant à la périphérie urbaine comme le fait le Congolais Daniel Biyaoula dans *L'Impasse* (Paris, Présence africaine, 1996) et *Agonies* (1998), le Togolais Sami Tchak dans *Place des* Fêtes (Paris, Présence africaine, 2001) ou la Camerounaise Calixthe Beyala dans *Le Roman de Pauline* (Paris, Albin Michel, 2009). Leurs récits, situés pour la plupart dans des banlieues fictives ou réelles de la région parisienne, ne s'intéressent pas exclusivement à la banlieue en tant que telle mais, comme dans les romans beurs, traitent d'une série de thèmes dont certains sont spécifiques à la Diaspora africaine.

D'autre part, les années 1990 sont marquées également par le regard critique que les auteurs, souvent d'origine française et ne résidant pas forcément en banlieue, portent sur les cités sans pour autant adopter le point de vue des résidents. Leur visée principale est de montrer les phénomènes d'exclusion observés dans un contexte périurbain, ce que certains d'entre eux le font sur un mode journalistique plutôt que par la fiction. C'est le cas notamment de Jean Rolin qui, dans *Zones* (Paris, Gallimard, 1995), parcourt plusieurs communes de la région parisienne qu'il décrit sur le mode d'un carnet de voyage, de François Maspero qui, accompagné de la photographe Anaïk Frantz, retrace une série de déambulations au long de la ligne B du RER de Roissy à Saint-Rémy-lès-Chevreuse dans *Les Passagers du Roissy-Express* (Paris, Seuil, 1990). Résultant d'une démarche similaire, *Journal de dehors* (Paris, Gallimard, 1993) et *La Vie extérieure* (Paris, Gallimard, 2000) d'Annie Ernaux sont constitués de fragments de réel collectés lors des déplacements de l'auteur entre sa ville nouvelle et la gare Saint-Lazare à Paris.

D'autres écrivains privilégient la fiction et mettent en scène les émeutes violentes qui secouent la banlieue parisienne comme le fait Jean-Yves Cendrey dans *Petites sœurs de sang* (Paris, l'Olivier, 1999) ou imaginent, comme Lydie Salvayre dans *Les Belles âmes* (Paris, Seuil, 2000) la pérégrination d'un groupe de touristes aisés faisant le tour des banlieues les plus désolantes d'Europe, accompagnés d'un couple d'agents d'ambiance issus d'une cité parisienne. D'autres encore s'inscrivent dans le courant du néo-polar français et signent plusieurs

---

[12] *Ibid.*, p. 148.

romans dans lesquels l'intrigue policière sert surtout de prétexte pour aborder des questions sociales telles que l'exclusion des habitants des banlieues et l'écart qui se creuse entre ceux-ci et le reste de la société. C'est notamment le cas de la trilogie marseillaise de Jean-Claude Izzo, composée de *Total Khéops* (Paris, Gallimard, 1995), de *Chourmo* (Paris, Gallimard, 1996) et de *Soléa* (Paris, Gallimard, 1998), qui livrent un portrait rythmé de rap et de jazz et sont portés par un humanisme et une solidarité avec les banlieues nord de la cité phocéenne. Un autre roman policier, *Ils sont votre épouvante, vous êtes leur crainte* (Paris, Seuil, 2006) de Thierry Jonquet, qui dénonce « la faillite de l'enseignement et de la police, la ghettoïsation, la montée de l'obscurantisme, la violence gratuite et la mémoire mitée »[13] se voit salué par les médias comme prémonitoire lors des émeutes de 2007.

À partir des années 2000, les banlieues françaises entrent dans l'âge de la « ghettoïsation », caractérisé par le repli, les politiques répressives à l'égard des migrants et la clôture progressive des quartiers. Alors que la violence urbaine embrase les cités en 2005, 2007 et de nouveau en 2012, les sociologues notent des changements inquiétants menant à la « sécession » des banlieues, notamment :

> l'isolement de la population ; l'augmentation d'une violence conflictuelle interne et, dans certains endroits, l'incrustation de trafics de grande ampleur ; la rupture de la communication entre hommes et femmes ; l'installation d'une religiosité quotidienne et structurante de la vie sociale ; la distance et l'hostilité aux institutions[14].

À l'image des cités secouées par les émeutes, la littérature de banlieue est également traversée par une série de bouleversements dont le plus important semble une prise de parole par les jeunes des cités. Dans un volume collectif consacré aux littératures de « post-migration », Ilaria Vitali constate que, si la présence de la banlieue est presque systématique dans l'imaginaire beur depuis les années 1980, ce sont surtout l'influence des émeutes de 2005 et l'intérêt accru des éditeurs pour la banlieue qui sont responsables du fait que les cités se mettent à dominer cette production[15].

Cependant, le tournant semble s'opérer même avant les émeutes, marqué par la publication *Boumkœur* (Seuil, 1999) de Rachid Djaïdani. La préface, par le groupe de rap Suprême NTM, souligne l'authenticité de ce récit narré à la première personne dont le phrasé s'inspire autant du

---

[13] <http://www.telerama.fr/livres/ils-sont-votre-epouvante-et-vous-etes-leur-crainte, 15960.php#HqYyadxdtqgt7VLd.99> consulté le 2 juin 2014.

[14] Michel Kokoreff et Didier Lapeyronnie, *Refaire la cité*, Paris, Seuil, 2013, p. 28-29.

[15] Ilaria Vitali, *Intrangers (1) : Post-migration et nouvelles frontières de la littérature beur*, Sefar N2, L'Harmattan/Academia, 2011, p. 10.

rap que du langage des cités : « Mais aujourd'hui, cette jeunesse se crée ses propres repères, sa propre culture [...] Le côté anecdotique, choisi par Rachid, pour raconter cette vie de quartier, rend son roman proche d'une authenticité qui n'appartient qu'à ceux qui naissent dans un bunker »[16]. Yaz, le narrateur, précise dès l'incipit qu'il écrit pour exister : son but est de témoigner de son vécu à l'heure où la banlieue fait objet des débats publics :

> J'ai toujours voulu écrire sur les ambiances et les galères du quartier et j'ai toutes les cartes en main. [...] Le sujet est mon quartier. Faut en profiter, en ce moment c'est la mode, la banlieue, les jeunes délinquants, le rap et tous les faits divers qui font les titres de journaux[17].

Alors que depuis la publication du roman de Charef, des éléments d'une culture jeune s'opposant à celle des parents d'origine maghrébine ont souvent été convoqués dans les romans traitant de la banlieue, dans *Boumkoeur* cette tendance prend de nouvelles proportions. Avec ce roman dont le langage est truffé de rythmes, de rimes, de jeux de mots et d'autres éléments détournés du langage des jeunes de banlieue qui rappellent les paroles de rap, débute la vague des récits qui se distinguent des textes précédents par leur point de vue interne à la banlieue et par l'appartenance marquée à une contre-culture de jeunesse. Les allusions au rap et à la musique en général deviennent abondantes et plusieurs auteurs cherchent à doter leurs textes d'une bande-son, incluse en exergue, comme dans *Sarcelles-Dakar* d'Insa Sané (Paris, Sarbacane, 2006) et de *Zone Cinglée* de Kaoutar Harchi (Paris, Sarbacane, 2009), ou à la fin du texte comme dans *Flic ou caillera* (Paris, Éditions du Masque, 2013) de Rachid Santaki.

En parallèle avec la vague des romans écrits par et traitant des « jeunes de banlieue », au début des années 2010 émerge également une série de textes de non-fiction dont les auteurs se présentent également comme des jeunes de banlieue qui racontent leur version de la réalité des cités. De par le paratexte qui les entoure (préfaces, exergues, remerciements, quatrièmes de couverture), la majorité de ces textes réclament d'être les voix authentiques de la banlieue.

On peut certes objecter à cette tentative de périodisation de la littérature de banlieue que sa rigidité ne correspond pas tout à fait à la complexité de l'évolution des thèmes de la galère, des trafics et violences urbains et de la ghettoïsation qui tendent à être simultanément présents dans un grand nombre d'œuvres plutôt que de se relayer de façon distincte. Cependant, les proportions que l'évocation de ces thèmes prend dans les

---

[16] Rachid Djaïdani, *Boumkoeur*, Paris, Seuil, 1999, p. 7.
[17] *Ibid.*, 11-13.

textes littéraires correspondent plus au moins aux périodes suggérées par les sociologues.

La prise de parole des « jeunes de banlieue » entre témoignage et fiction

En 2011, les éditions de l'Express Roularta publient *Paroles libres de ...jeunes de banlieue*. Édité par la journaliste Anne Dhoquois et le sociologue Ahmed Boubeker, le livre est préfacé par Lilian Thuram qui souligne la diversité de la réalité qui se cache derrière le terme « jeunes de banlieue ». Pour démentir les clichés associés à cette « construction politique reprise trop souvent par les médias »[18] et pour permettre à la jeunesse des banlieues de contribuer au développement de la société française, il faudrait, selon l'ex-footballeur et membre du Haut Conseil de l'Intégration, leur *donner la parole*. La même expression est reprise dans l'introduction par Anne Dhoquois qui veut soumettre aux lecteurs « des témoignages bruts, sans truchement journalistique [...] dans toute leur subjectivité »[19] afin de « donner la parole à ceux que l'on a coutume d'appeler les "invisibles" »[20]. La démarche des auteurs consiste à interviewer vingt jeunes âgés de 15 à 24 ans et à structurer leurs réponses en chapitres thématiques portant sur l'identité, la famille, le travail, les études, la religion, la politique et la citoyenneté, l'argent, les relations intimes, les médias, les activités et loisir et les valeurs et le regard sur la société. Chaque chapitre s'achève par un commentaire du sociologue Ahmed Boubeker qui tire également les conclusions à la fin du livre. Si la parole est laissée aux jeunes des banlieues diverses, parisiennes et provinciales, paupérisées et aisées, cette parole, présentée comme spontanée, subjective et authentique, se trouve encadrée et contrôlée de multiples discours, universitaires et médiatiques, qui orientent sa lecture.

Publié par quatre « jeunes de banlieue » et l'éducateur qui les a suivis durant cinq ans, *Nous ... la cité* (Paris, La Découverte, coll. Zones, 2012) a pour sous-titre « on est parti de rien et on a fait un livre ». La fierté évidente qui se dégage de de ce constat fait par un des co-auteurs indique que le but de l'ouvrage collectif est moins de recueillir des témoignages des participants du projet que de les valoriser en leur donnant les moyens de s'exprimer. Comme le précédent, cet ouvrage est également marqué par un important paratexte illustrant le travail de ceux qui encadrent les jeunes des quartiers : les remerciements des cinq co-auteurs sont

---

[18] Anne Dhoquois (avec la collaboration de Ahmed Boubeker) Paroles libres de ... jeunes de banlieue, Paris, *l'Express*, 2011, p. 9.
[19] *Ibid.*, p. 11.
[20] *Ibid.*, p. 11.

suivis d'un avant-propos des éducateurs Joseph Ponthus et Aude Marie Ferrieu ainsi que d'une postface par Jane Sautière, écrivain et éducatrice pénitentiaire. Les dix chapitres du livre présentent des fragments de textes par les quatre jeunes co-auteurs insérés et intégrés dans le journal de l'éducateur Joseph Ponthus. Ponthus raconte le processus de l'élaboration du livre en seize mois et la progression du projet qui a commencé par la rédaction en équipe d'un article pour le *Canard Enchaîné* et s'est prolongé par la proposition de la maison d'édition la Découverte de faire aboutir l'écriture collective des jeunes de Nanterre à un livre. En abordant des sujets dont la police, l'école ou la religion, les auteurs font également alterner différents types de texte : des entrées de journal, des dialogues, des lettres officielles, des discussions lors de séances d'écriture et des conversations téléphoniques. En fonction du genre des textes, le langage utilisé varie entre registres officiel et familier d'une part, et entre le français standard et « le patois de la banlieue parisienne » de l'autre. Les anecdotes racontées par Rachid, Sylvain, Riadh et Alex sont parsemées d'expression en verlan et d'emprunts à d'autres langues qui sont expliqués dans des notes de bas de page. Le livre documente le progrès de l'écriture des jeunes auteurs qui progressivement découvrent leur style et évoluent vers une autonomie d'expression.

Le projet qui aboutit au livre collectif *Les Gars de Villiers* (Paris, Ginkgo, 2011) est différent des deux publications précédentes dans la mesure où l'initiative d'écrire un livre vient des jeunes auteurs eux-mêmes qui se mettent alors à la recherche d'un journaliste prêt à les « aider à livrer leur vérité »[21]. Pascale Égré, reporter du *Parisien*, accepte d'encadrer les dix jeunes hommes âgés de 25 à 27 ans qui ont grandi ensemble au quartier des Hautes-Noues, à Villiers-sur-Marne. De 2007 à 2011, le groupe et la journaliste se rencontrent régulièrement, travaillant sur une dizaine de grands thèmes choisis par les membres tels que les origines, la cité, le foot, le vol, la drogue, la police, la religion, l'amour, le racisme, l'identité et la politique. Le résultat est présenté en treize chapitres précédés d'un avant-propos par Hadama Bathily, un des co-auteurs, et une introduction par Égré. Le livre se clôt par un lexique et une biblio-filmo-discographie. De l'introduction, il ressort l'envie des participants du projet de prendre la parole pour exprimer leur version des faits mais aussi le désir de montrer qu'ils sont capables d'écrire un livre et d'inspirer d'autres jeunes à s'exprimer à travers de projets créatifs :

> Ce livre, ce sont les gars de Villiers-sur-Marne qui l'ont voulu. Pour « laisser une trace » et pour « porter les voix des banlieues ensemble ». Pour « balayer les préjugés » et surtout pour démontrer que « même quand on est issu d'un milieu social défavorisé et qu'on grandit dans une cité, on peut s'en sortir ».

---

[21] Pascale Égré (dir.), *Les Gars de Villiers*, Paris, Ginkgo, 2011, p. 9.

[...] Respecter la justesse, la fraîcheur ou la gravité de leur tchatche comme l'aspect « art brut » de leur façon [...] de s'exprimer, valoriser leur sens aigu de l'échange et du dialogue [...] respecter chaque individu tout en faisant vivre le collectif au cours de ces quatre années durant lesquelles leurs regards sur certains thèmes ont bien évolué : tels étaient les défis que j'ai tenté de relever de mon mieux[22].

L'autonomie des auteurs par rapport à leur projet se manifeste non seulement à travers la diminution des discours d'escorte en faveur de « la parole des jeunes » mais aussi à travers leur participation aux décisions éditoriales. Les chapitres combinent les textes individuels des auteurs avec les entretiens collectifs et les textes de la journaliste qui se contente d'annoncer les thèmes au début de chaque chapitre, indiquant les démarches adoptées pour la production du chapitre. Plus que dans les deux autres ouvrages collectifs, le choix des thèmes et des textes et leur agencement appartiennent aux auteurs mêmes qui, grâce à l'alternance de textes individuels et collectifs et des débats transcrits, apparaissent à la fois comme individus et en tant que groupe.

Les trois ouvrages collectifs ont de nombreux points communs. Tous accordent une grande importance à l'oralité comme source d'écriture, font alterner les voix pour valoriser leur individualité, leurs différences, cherchent à illustrer et faire reconnaître la capacité des jeunes à s'exprimer. Ils insistent sur leur authenticité en tant que témoignages de première main et le fait qu'ils reflètent la banlieue vue de l'intérieur par les jeunes habitants. Ils partagent également le souci de préserver la saveur et la fraîcheur des témoignages qui sont transmis au lecteur dans leur forme originale, sans altération faite à leur lexique, registre et forme, ceux-ci étant reconnus justement comme le gage de l'authenticité qui les distinguerait d'autres textes. Ils prennent pour acquis l'existence d'un intérêt particulier chez le lecteur pour la parole des jeunes de banlieue plutôt que celles des autres habitants des cités (enfants, adultes, parents, retraités, etc.) ou des professionnels (journalistes, professeurs, éducateurs, policiers, sociologues). Toutefois, la présentation des textes et l'abondance du paratexte qui encadre la « prise de parole authentique » semblent contraster avec la visée d'immédiateté dont se réclament les ouvrages, comme si les éditeurs, éducateurs et journalistes ayant agi comme facilitateurs de cette prise de parole l'estimeraient encore trop fragile pour être capable de se passer de tout discours d'escorte.

Alors que les textes de fiction se distinguent des témoignages collectifs par le passage du vécu à la fiction et par la dominance de l'imaginaire individuel sur le vécu collectif, les deux types de récits ont également un étonnant nombre de points communs. Si la socialisation des

---

[22] *Ibid.*, p. 7-9.

adolescents des cités en bandes de même sexe joue en faveur des prises de parole collective, elle marque aussi les récits de fiction qui abondent en personnages collectifs comme « le Troupeau » dans *Presqu'un frère* de Tassadit Imache, les « p'tits Monstres » chez Kaoutar Harchi ou même la bande des copains qui empêche le narrateur de réussir dans *Banlieue Noire* de Thomté Ryam[23]. En plus de ce penchant pour les voix collectives qui apparaît également au niveau de la narration, souvent assumée par plusieurs voix comme chez Imache ou Ryam, romans et récits de témoignage partagent également la perspective adoptée (celle des jeunes des cités) et les thèmes récurrents comme l'immigration, le racisme, l'école, la police, les rapports hommes-femmes, la délinquance et le trafic des drogues.

Le souci de prouver l'authenticité des auteurs ou des narrateurs semble tout aussi essentiel dans les romans que dans les témoignages. Ceci se manifeste dans les quatrièmes de couverture faisant figurer les bios et les photos des auteurs « jeunes et grandis en banlieue » mais également par la surprenante fréquence des préfaces. « Ça aurait pu être mon histoire » dit Thuram dans celle de *Banlieue noire*[24] alors que le rappeur Oxmo Puccino introduit *Les Anges s'habillent en caillera* en parlant de ses rencontres régulières avec Rachid Santaki avec qui il partage la passion du hip-hop et de la boxe. Dans la préface de *Boumkoeur* de Djaïdani, NTM, connu pour ses paroles critiquant ouvertement la ségrégation sociale en France, insiste sur l'authenticité de celui-ci « qui n'appartient qu'à ceux qui naissant dans un bunker »[25]. D'autre part, la réception souvent condescendante des œuvres (par exemple les doutes exprimés au sujet de la paternité de son premier roman qui pousse Djaïdani à se filmer en train d'écrire le second)[26] montre que ce sont précisément les auteurs qui réussissent le mieux à prouver leur authenticité qui ont le plus de mal à se faire reconnaître pour la qualité littéraire de leurs textes.

Marques d'authenticité à l'intérieur même des textes

À qui appartiennent les voix « authentiques » de la banlieue ? S'il est difficile de trancher, c'est que la plupart des romans et récits cherchent à démontrer leur authenticité dès leur couverture afin de capter l'attention du lecteur qui, fatigué des stéréotypes véhiculés par les représentations médiatiques ou intrigué par les analyses sociologiques, veut enfin écouter la version « des jeunes des cités ». Même si, évidemment, tous les résidents

---

[23] Kaoutar Harchi, *Zone cinglée*, Paris, Sarbacane, 2009.
[24] Ryam, p. 7.
[25] Djaïdani, p. 7.
[26] L'écriture de *Mon Nerf* constitue le sujet du long métrage *Sur ma ligne*, Slik Productions, 2006.

des banlieues ne sont pas des jeunes et tous les jeunes « de banlieue » ne vivent pas dans les cités, l'ancrage dans l'imaginaire collectif du mythe des cités-ghettos[27] et de leur jeunesse[28] est tel que ni le lectorat, ni les auteurs ne peuvent l'ignorer.

Or, selon Turpin, un mythe « ne s'analyse pas en termes de vrai ou de faux : il peut avoir sa part de vérité comme la rumeur [...] et ni son signifiant, ni son signifié ne sont arbitraires »[29]. En d'autres termes, le mythe des banlieues influence l'horizon d'attente du lecteur mais agit également sur les principes esthétiques des récits de banlieue et participe aussi à la construction de leurs thèmes, décors et personnages. Il en résulte un dialogue entre les discours médiatiques et politiques stigmatisant la banlieue et les récits qui réagissent à ces stéréotypes, soit pour les démentir comme le font Faïza Guène, Mabrouck Rachedi ou Habiba Mahany dans leurs romans d'apprentissage, soit pour les exploiter à leurs propres fins comme le font Rachid Santaki ou Mamadou Mahmoud N'Dongo dans leurs romans policiers ou noirs.

Comment repérer les marques de l'authenticité inscrites dans les textes mêmes dont certains appartiennent au genre de l'essai ou du témoignage, d'autres à la catégorie du roman urbain[30] en même temps qu'aux genres du roman policier, du roman noir ou du roman d'apprentissage ? Malgré la difficulté de les catégoriser, entreprendre une étude générique de ces récits permettrait de répertorier les divisions particulières qu'ils opèrent dans l'espace urbain (ville-centre/ banlieues pavillonnaires/ cités HLM) ainsi que leurs décors typiques (cités dortoirs, pieds d'immeubles, caves, escaliers et toits, centres culturels et centres commerciaux, transports urbains, commerces, écoles, prisons) et leurs personnages caractéristiques (jeunes, parents immigrés, policiers, profs, assistantes sociales, entraîneurs de boxe ou de foot, journalistes, etc.). Une telle analyse s'accorderait parfaitement avec la recommandation de Karim Amellal, citée plus haut, qui suggère de classer les romans de

---

[27] G. Derville, « La stigmatisation des jeunes de banlieue », *Communication et langage*, n° 113, Paris, CELSA/EHESIC, 199, p. 104-117 et Jean-Marc Stébé, Hervé Marchal, *Mythologie des cités-ghettos*, Paris, Le Cavalier Bleu, 2009.

[28] La sémiotisation du mythe du « jeune de banlieue » a été démontrée par Julien Longhi dans le chapitre 6 de Béatrice Turpin (dir.), *Discours de sémiotisation de l'espace. Les représentations de la banlieue et de sa jeunesse*, Paris, l'Harmattan, 2012.

[29] *Ibid.*, p. 13.

[30] J'utilise ce terme pour désigner les romans dont l'intrigue se déroule à l'époque contemporaine dans un milieu urbain, qui s'intéressent à l'actualité et cherchent à peindre la société de leur temps et le quotidien ordinaire. Selon cette définition, tous les romans de banlieue sont des romans urbains mais pas l'inverse. Christina Horvath, *Le Roman urbain contemporain en France*, Paris Presses de la Sorbonne Nouvelle, 2007.

banlieues selon leur histoire, personnages et style et pourrait s'inspirer de la démarche proposée par Raphaëlle Moine qui fonde sa définition du western[31] d'une part sur des traits sémantiques du genre comme l'époque, un répertoire de lieux emblématiques et de personnages types, d'autre part, sur une structure syntaxique particulière opposant « wilderness » et « civilisation ». D'autre part, l'analyse de l'esthétique des représentations perçues comme authentiques ne pourra guère se passer d'une analyse du langage (français standard/ patois de la banlieue parisienne ou d'autres régions) et des références à une culture urbaine populaire associée avec les cités (rap, hip-hop, slam, films, jeux vidéos, graphs, tags).

Conclusion

Comme il ressort de cette analyse, le thème de la banlieue traverse la littérature française, sans appartenir exclusivement ni aux auteurs jeunes, ni aux écrivains postcoloniaux, ni même aux résidents des cités. L'évolution des grands ensembles situés à la périphérie de la majorité des villes françaises continue à façonner la production littéraire qu'ils inspirent depuis leur construction dans les années 1950-70. Les œuvres de fiction, de non-fiction et de témoignage qui composent le vaste champ de la « littérature de banlieue » sont aussi diverses que les banlieues elles-mêmes. Si elles reflètent les différentes stances que leurs auteurs adoptent vis-à-vis de la banlieue, elles sont néanmoins marquées par un commun intérêt porté au social de même que par une profonde inquiétude pour le destin collectif des résidents des grands ensembles et pour l'avenir d'une société de plus en plus clivée qui voit s'accroître les inégalités séparant les habitants des centres et des périphéries. Depuis les années 1980, les voix des auteurs appartenant à différentes générations, communautés et classes sociales s'élèvent pour remettre en question la façon dont l'État gère les quartiers périphériques qui ne cessent de s'éloigner des centres en termes de revenus et d'opportunités. Les récits individuels ou collectifs qui thématisent l'exclusion et la stigmatisation des habitants des banlieues dites « sensibles » s'inscrivent dans différents genres, participent à la constitution de différentes tendances esthétiques et s'inspirent de modèles divers diverses. Ce qui les rapproche cependant c'est une commune volonté de favoriser la participation des banlieusards, de briser les images uniformément stigmatisées des banlieues dans l'imaginaire collectif et de donner la voix à ceux qu'on entend peu dans les médias et encore moins en politique.

---

[31] Raphaëlle Moine, « Le genre cinématographique : une catégorie d'interprétation », Belphégor, vol. III, n° 1, décembre 2003.

Bibliographie

Amellal, Karim, « L'héritage littéraire de la marche pour l'Égalité », in Anne Bocandé (dir.), *La Marche en héritage. L'héritage culturel de la Marche pour l'égalité et contre le racisme (1983-2013)*, *Africultures*, n° 97, 2013, p. 168-179.

Begag, Azouz, *Le gone du Châaba*, Paris, Seuil, 1986.

Belghoul, Farida, *Georgette !*, Paris, Barrault, 1986.

Beyala, Calixthe, dans *Le Roman de Pauline*, Paris, Albin Michel, 2009.

Biyaoula, Daniel, *L'Impasse*, Paris, Présence africaine, 1996.

Biyaoula, Daniel, *Agonies*, Paris, Présence africaine, 1998.

Cendrey, Jean-Yves, *Petites sœurs de sang*, Paris, l'Olivier, 1999.

Charef, Mehdi, *Le Thé au harem d'Archi Ahmed*, Paris, Mercure de France, 1983.

Chaulet Achour, Christiane, « Banlieue et littérature », in Bertucci, Marie-Madeleine et Houdart-Merot, Violaine (dir.), *Situations de banlieues : Enseignement, langues, cultures*, Paris, Institut national de recherche pédagogique, 2005.

Djaïdani, Rachid, *Sur ma ligne*, Slik Productions, 2006.

Derville, Gregory, « La stigmatisation des jeunes de banlieue », in *Communication et langage*, n° 113, Paris, CELSA/EHESIC, 199, p. 104-117.

Donzelot, Jacques, *La France des cités : le chantier de la citoyenneté urbaine*, Paris, Fayard, 2013.

Guène, Faïza, *Kiffe kiffe demain*, Paris, Hachette Littérature, 2004.

Djaïdani, Rachid, *Boumkoeur*, Paris, Seuil, 1999.

Dhoquois, Anne (avec la collaboration de Ahmed Boubeker), *Paroles libres de ...jeunes de banlieue*, Paris, l'Express, 2011.

Égré, Pascale (ed.), *Les Gars de Villiers*, Paris, Ginkgo, 2011.

Ernaux, Annie, *Journal de dehors*, Paris, Gallimard, 1993.

Ernaux, Annie, *La Vie extérieure*, Paris, Gallimard, 2000.

Harchi, Kaoutar, *Zone cinglée*, Paris, Sarbacane, 2009.

Hargreaves, Alec G., « Une culture innommable ? », in Gafaïti, Hafid, *Cultures Transnationales de France*, l'Harmattan, 2001, p. 27-36.

Hargreaves, Alec G., « De la littérature de "beur" à la littérature de "banlieue" : des écrivains en quête de reconnaissance », in Anne Bocandé (dir.), *La Marche en héritage*, p. 144-149.

Horvath, Christina, *Le Roman urbain contemporain en France*, Paris, Presses de la Sorbonne Nouvelle, 2007.

Izzo, Jean-Claude, *Total Khéops*, Paris, Gallimard, 1995.

Izzo, Jean-Claude, *Chourmo*, Paris, Gallimard, 1996.

Izzo, Jean-Claude, *Soléa*, Paris, Gallimard, 1998.

Jonquet, Thierry, *Ils sont votre épouvante, vous êtes leur crainte*, Paris, Seuil, 2006.

Kokoreff, Michel et Lapeyronnie, Didier, *Refaire la cité*, Paris, Seuil, 2013.

Longhi, Julien, « Représentations et stéréotypes dans la sémiotisation du mythe de la banlieue et des jeunes de banlieue », in Turpin, Béatrice (dir.), *Discours de sémiotisation de l'espace. Les représentations de la banlieue et de sa jeunesse*, Paris, l'Harmattan, 2012, p. 123-142.

Maspero, François and Frantz, Anaïk, *Les Passagers du Roissy-Express*, Paris, Seuil, 1990.

Merlin, Pierre, *Des grands ensembles aux cités*, Paris, Éllipses, 2012.

Moine, Raphaëlle, « Le genre cinématographique : une catégorie d'interprétation », Belphégor, vol. III, n° 1, décembre 2003.

Ndiaye, Christiane, *Introduction aux littératures francophones*, Les presses de l'Université de Montréal, 2004.

N'Dongo, Mamadou Mahmoud *El Hadj*, Paris, Le Serpent à Plumes, 2008.

« Qui fait la France », Chroniques d'une société annoncée, Paris, Stock, 2007.

Rolin, Jean, *Zones*, Paris, Gallimard, 1995.

Ryam, Thomté, *Banlieue noire*, Paris, Présence africaine, 2006.

Salvayre, Lydie, *Les Belles âmes*, Paris, Seuil, 2000.

Sané, Insa, *Sarcelles-Dakar*, Paris, Sarbacane, 2006.

Santaki, Rachid, *Flic ou caillera*, Paris, Éditions du Masque, 2013.

Sebbar, Leïla, *Shérazade. 17 ans, brune, frisée, les yeux verts*, Paris, Stock, 1982.

Stébé, Jean-Marc et Marchal, Hervé, *Mythologie des cités-ghettos*, Paris, Le Cavalier Bleu, 2009.

Tadjer, Akli, *Les A.N.I. du Tassili*, Paris, Seuil, 1984.

Tarr, Carrie, *Reframing difference : Beur and banlieue filmmaking in France*, Manchester, MUP, 2005.

Tchak, Sami, *Place des Fêtes*, Paris, Présence africaine, 2001.

Vitali, Ilaria, *Intrangers (1) : Post-migration et nouvelles frontières de la littérature beur*, Sefar N2, l'Harmattan/Academia, 2011.

« Restaurer la voix » des banlieues
Fonctions politique et éthique du récit de soi

Isabelle GALICHON

Université de Bordeaux 3

« Nous ne vivons pas une crise de l'individu, mais une incapacité de la politique à prendre en compte l'individualisation de la société et *à soutenir* l'individu, qu'il soit intégré ou vulnérable »[1] remarque Fabienne Brugère dans son récent ouvrage, *La politique de l'individu*. Cette absence de soutien est d'autant plus manifeste en situation de précarité ou de « désaffiliation », au sens où l'entend Robert Castel[2]. La convergence des études sociologiques récentes souligne en effet combien le problème de l'intégration sociale des quartiers populaires est lié à « une dépolitisation de la question des banlieues »[3] et à un déficit de leur représentation dans le champ politique. La question de la voix est alors au cœur du problème. Selon Emerson, l'expression et la confiance en sa voix constituent l'essence même du processus démocratique : la dissolution de la voix dans l'espace démocratique, par déni de reconnaissance, devient synonyme d'une invisibilité de l'individu et d'un effacement progressif du sujet par un phénomène de « perte de soi »[4].

Afin de « restaurer ces voix » et de faire en sorte qu'elles soient perçues, le récit de soi propose une forme d'expression possible de par sa fonction testimoniale : il fait entendre la prise de parole du sujet-écrivant mais encore les voix qui ont croisé son expérience. La notion de récit de soi est alors à considérer comme une pratique d'écriture personnelle à la fois philosophique et littéraire dans la perspective des techniques de soi étudiées par le dernier Foucault[5] : ce sont des pratiques de subjectivation

---

[1] Brugère, F., *La politique de l'individu*, Paris, Seuil, 2013, p. 103.
[2] Castel, R., *La montée des incertitudes*, Paris, Seuil, 2009.
[3] Kokoreff, M., Lapeyronnie, D., *Refaire la cité*, Paris, Seuil, 2013, p. 105.
[4] Le Blanc, G., *Vies ordinaires, vies précaires*, Paris, Seuil, 2007, p. 223.
[5] En particulier son cours sur *L'herméneutique du sujet* (1981-1982) (Gallimard/Seuil, 2001) au Collège de France.

où le sujet cherche à s'accomplir en tant que « sujet éthique de la vérité » (Foucault, 2001) en élaborant une esthétique de l'existence fondée sur le souci de soi. Son intérêt pour les pratiques de soi relève de l'intuition selon laquelle il existerait pour un sujet d'autres techniques « d'être en vérité » que d'avoir à se soumettre à la logique de l'aveu, de la confession. À travers ces techniques du souci de soi, il s'agit de mettre en place un processus de connaissance de soi mais encore et surtout de réaliser un exercice, un entraînement de soi par soi : « Il ne s'agit donc jamais – analyse Frédéric Gros – contrairement au sujet psychologique, de creuser de soi à soi la distance d'une méconnaissance à combler, mais d'une œuvre de vie à accomplir »[6]. Il précise que le sujet des techniques de soi est un sujet « pratique » dans la mesure où il se constitue par un procès, une pratique plus que par une connaissance. Le principe n'est pas de s'étudier comme un objet, ce qui relèverait d'une autoréification, mais de tenter de comprendre et d'organiser sa vie dans un mouvement d'« intensification du rapport social »[7]. Plus qu'une autobiographie qui s'intéresserait à ce que le passé a fait du sujet-écrivant, le récit de soi propose l'histoire d'un devenir. En ce sens, le récit de soi comme exercice perfectionniste, au sens où l'entend Stanley Cavell, revêt une dimension politique en tant que « (re)découverte » de la démocratie[8] par un procès que Guillaume le Blanc analyse comme un « retournement critique »[9] par rapport à la culture et au monde social.

D'autre part, étudier le récit de soi dans le cadre d'une problématisation des banlieues ne revient pas à réduire l'espace géographique et social à une catégorie, la « banlieue » ; il ne s'agit de catégoriser ni l'expérience ni l'espace mais de poser comme cadre d'expérience cet espace périphérique dans sa pluralité. La diversité des expériences fait écho à la disparité des espaces. Nous retiendrons comme règle constitutive de l'expérience des banlieues qu'elle implique d'y vivre – au moins partiellement, *a minima* dans un cadre professionnel – ou d'y nouer des liens[10].

---

[6] Gros, F., « Foucault et le gouvernement de soi », in *L'individu contemporain – Regards sociologiques*, Sciences humaines, 2014, p. 39. Le sujet des techniques de soi est un sujet « pratique » dans la mesure où il se constitue par un procès plus que par une connaissance : le *gnôthi seauton* (le « connais-toi toi-même » delphique) ne peut être entendu sans la pratique d'une ascèse, *askesis*, mise en place à partir d'une *tekhnê*.

[7] *Ibid.*, p. 42.

[8] Cavell, S., *Qu'est-ce que la philosophie américaine ?*, Paris, Gallimard, 2009, p. 233.

[9] Le Blanc, G., *La philosophie comme contre-culture*, Paris, PUF, 2014, p. 6.

[10] Nous entendons ici l'idée de lien selon l'acception de Serge Paugam (*L'intégration inégale*, Paris, PUF, 2014, p. 19) en retenant essentiellement dans le cadre de l'expérience des banlieues, le lien de participation organique (profession), le lien de participation élective (groupe d'appartenance) et le lien de filiation (famille).

Le récit de soi offre donc la double opportunité de « manifester une voix » dans sa singularité – au sens phénoménologique du terme et par prolongement, en son sens politique – et de favoriser une reconnaissance des sujets-écrivant désaffiliés dans l'acte de lecture, reconnaissance facilitée par le processus de la mise en récit. Roland Barthes insiste sur cette propriété du récit : « L'analyse sociologique ou politique [qui] fonctionne comme une grosse passoire et laisse fuir les "subtilités" de la dialectique sociale. […] Je crois que c'est à ce vestibule du savoir et de l'analyse qu'est assigné l'écrivain : plus conscient que compétent, conscient des interstices mêmes de la compétence »[11]. Selon Barthes, le récit littéraire mais aussi, plus largement comme « expression créatrice »[12], relève d'une « conscience », d'une attention au monde entendue comme reconnaissance[13] : le récit, par la transmission de l'expérience vécue, rapproche le lecteur du sujet-écrivant et les place dans un espace commun[14]. Ainsi, le récit de soi permet de « restaurer la voix » en tant qu'il manifeste l'expression d'un individu singulier et facilite sa diffusion, par effet de reconnaissance, grâce à la mise en récit.

La notion de récit de soi, dans le cadre de l'expérience des banlieues, peut donc constituer, en tant que matériau discursif et « expression créatrice », un outil pour cartographier et redonner un sens à un espace dépolitisé, grâce à la singularité de l'expérience : il permet de « faire un relevé topographique et géologique de la bataille… »[15] dans une perspective sociopoétique.

Rappelons que la notion de récit de soi s'inscrit dans le cadre d'une pratique, c'« est essentiellement un procès plus qu'un objet fini »[16]. Découlent alors deux types de textes dont les intentions et les fonctions diffèrent et qui correspondent à deux moments successifs de la temporalité de l'écriture de soi. Le premier type, les « récits de soi *hic et nunc* »,

---

[11] Barthes, R., « La lumière du Sud-Ouest », in *Communications*, n° 36, 1982, p. 125-129.

[12] Expression d'André Malraux reprise par Maurice Merleau-Ponty dans *Signes* (Paris, Gallimard, 1960, p. 75).

[13] La reconnaissance selon Axel Honneth relève de cet état de conscience, de cette attitude précédant la connaissance, fondée sur « l'acceptation de la valeur de l'autre » (*La réification*, Paris, Gallimard, 2007, p. 69).

[14] Le commun est ici à entendre au sens de Jean-Luc Nancy comme « modalité et qualité d'expérience de l'être ensemble de la communauté qui soit distincte du seul rapport désigné par le mot société ». (Conférence prononcée par Jean-Luc Nancy le 23 mai 2012 à l'université du Mirail à Toulouse « Interroger la politique, interroger le commun ».)

[15] Foucault, M., « Pouvoir et corps », *Dits et écrits I*, Paris, Gallimard, (1975) 2001, p. 1622.

[16] Shusterman, R., *L'art à l'état vif – La pensée pragmatiste et l'esthétique populaire*, Paris, Minuit, 1991, p. 192.

répond à un processus de subjectivation à valeur politique : le récit de soi constitue une prise de parole qui manifeste le désir de réappropriation d'un espace. Cette typologie émane d'une première pratique de soi où l'écriture correspond à une ressaisie de l'expérience comme trace mémorielle. On étudiera ce premier moment du récit de soi à partir des *Pensées de la cité* de Zackaria Loumani, Héra et Aurélia Rossi, auteurs inconnus dont le texte collectif a été publié en 1998 aux éditions du reflet – c'est un texte que l'on peut rapprocher du récit des *Gars de Villiers*, publié treize ans plus tard – ainsi que du *Journal du dehors* d'Annie Errnaux. Notons que ces deux textes, bien que très différents sur le plan éditorial – le premier émane d'une entreprise associative[17] alors qu'Annie Ernaux est un écrivain reconnu –, procèdent d'une pratique de l'écriture de soi qui manifeste les mêmes enjeux : la mise en place d'une identité narrative qui donne un sens, une cohérence à l'expérience vécue. Les *Pensées de la cité* l'abordent de façon thématique : sont déclinés, dans une langue qui reflète le caractère ordinaire de l'expérience, les problèmes quotidiens de ces trois jeunes. Annie Ernaux livre, elle, des instantanés et son écriture se fait pointilliste afin de rendre le caractère fragmentaire du quotidien.

Le second temps de la pratique du récit de soi relève d'un processus de subjectivation à valeur éthique : la parole est alors « mise en forme » dans des récits que nous qualifions de « récits de soi *a posteriori* ». Notre analyse sera ici étayée par *La guerre des banlieues n'aura pas lieu* d'Abd Al Malik paru au Cherche midi en 2010 qui a obtenu la même année le prix Edgar Faure de littérature politique, et *Bobigny centre ville* de Marie Desplechin et Denis Darzacq qui comme le titre l'indique est un récit de soi appréhendé par le prisme de la ville de Bobigny à travers l'écriture et la photographie. Ces deux textes ne cherchent plus à transmettre une expérience vécue mais à *donner une expérience des banlieues* à travers l'écriture. Abd Al Malik travaille son récit de soi en tension avec le slam lorsque Marie Desplechin fait du texte un espace de paroles collectives, en écho aux photos de Denis Darzacq.

Une prise de parole pour cartographier un territoire

Le premier temps des pratiques de soi, par l'écriture, transforme l'événement en expérience dans un procès de ressaisie mémorielle. La pratique du récit de soi permet de tracer un territoire au sens deleuzien du terme comme acte, qui affecte les milieux et les rythmes, qui les

---

[17] Publié aux éditions du reflet qui n'existent plus, *Pensées de la cité* paraît dans la collection « Raison de vivre » qui selon la présentation de la collection « donne la parole à ceux qui nous entourent. Elle est une quête, par-delà nos drames, nos misères ou la grisaille apparente de notre quotidien, des "raisons de vivre" de notre existence ».

« territorialise »[18]. Ainsi, le sujet-écrivant tente par l'écriture personnelle de faire de son milieu un territoire familier dans un mouvement de quotidiennisation[19]. L'écriture suit le rythme des jours et explore le caractère ordinaire de l'expérience en portant une attention spécifique à ce que lisse la répétition du quotidien. Le travail mémoriel qu'investit l'écriture de soi peut favoriser un effet de « redignification »[20] qui ouvre la voie à une réaffiliation : la mise en récit de l'expérience manifeste, révèle un commun dans la prise en compte d'une appartenance à un « nous » par le « je » du sujet-écrivant. Il y a une identification ou plus exactement une affiliation à une communauté, à une minorité.

Des caractéristiques narratives qui fondent une parole politique

Aussi, dans ce mouvement de territorialisation, le récit de soi ne relève-t-il pas d'un geste égocentré : il n'implique pas d'écrire pour soi, ni même de « se raconter », mais davantage de relater une perception singulière, « un contact naïf avec le monde » au sens merleau-pontien. Il prend appui sur trois éléments narratifs : l'autodésignation, l'adresse et le récit d'une expérience ordinaire.

L'autodésignation des auteurs de *Pensées de la cité* fait de leur « je » un ancrage personnel, un point stable d'observation à partir duquel ils passent en revue, en critique ce qui pose problème dans la cité, ce qui fait écart comme la violence, la peur, la liberté mise à mal. On retrouve ce même *modus operandi* dans les *Gars de Villiers*. Zackaria dont l'âge est précisé, il a quinze ans, ouvre son récit telle une scène d'exposition en se plaçant au centre de la cité – cité pour laquelle les professeurs qui accompagnent leur écriture remarquent dans la préface « Peu importe de savoir précisément où ils vivent : le lieu devient symbolique »[21]. Il associe les trois instances narratives, auteur-narrateur-personnage, dans l'énonciation du « je », dès la première phrase : « Dans l'endroit où je vie, au sein de la cité, depuis mon plus jeune âge, en quelque sorte depuis que j'ai l'âge de conscience, je vis dans

---

[18] Deleuze, G., Guattari, F., *Mille Plateaux*, Paris, Minuit, 1980, p. 386.
[19] Bégout, B., *La Découverte du quotidien. Éléments pour une phénoménologie du monde de la vie*, Paris, essai, Allia, 2005.
[20] Nous empruntons la notion de redignification à Martha Nubia Bello qu'elle échafaude dans le contexte colombien (« Identidad, dignidad y desplazamiento forzado. Una lectura psicosocial », in *Desplazamiento forzado interno en Colombia : Conflicto, Paz y desarrollo*. Bogotá, ACNUR – CODHES, 2001).
[21] « Préface », in Loumani, Z., Héra et Rossi, A., *Pensées de la cité*, Trouville, Le reflet, 1998, p. 11. Il nous semble cependant que ce lieu n'a rien de symbolique mais qu'il accède à une certaine universalité, comme une utopie concrète.

une atmosphère de racisme, de mépris, de haine envers l'être différent »[22]. Pour Annie Ernaux l'affirmation d'un « je » comme instance narrative se manifeste dans un effet d'effacement face à une multitude de rencontres qui demeurent impersonnelles ; le choix récurrent des articles indéfinis ou le recours à des catégories pour la désignation de ces rencontres mettent en évidence le fait que seule l'expérience caractérise la personne. Dans la manifestation d'un écart entre « je » et les autres, le sujet-écrivant exprime une volonté testimoniale : sa parole en retrait, celle du témoin, peut alors être reçue comme une parole politique[23]. En effet, l'autodésignation, par le truchement du « je-témoin », donne à la voix un caractère politique en tant que parole représentative car « accepter la parole en première personne – précise Sandra Laugier –, la parole autobiographique, [c'est] voir dans la (dé)possession par soi de sa parole le seul moyen, paradoxal, d'accéder à la représentativité »[24]. L'autodésignation, dans le récit de soi, place d'emblée la parole du sujet-écrivant dans un champ politique, que cette parole émane d'un écrivain qui fait autorité ou d'un auteur inconnu.

L'*ethos* de l'auteur défini à travers le « langage conquérant » du « je-témoin »[25] empêche le récit de soi de basculer vers un récit purement sociologique et la fonction de l'adresse conforte cette caractéristique et la dimension politique du texte. En effet, le lecteur est non seulement présent dans la pratique du récit pour les auteurs de *Pensées de la cité*, mais il leur est contemporain comme le suggère les dernières phrases du texte que l'on reçoit comme un envoi : « Je veux dire que tout est véridique (...) Vous mentir serait me mentir. Maintenant à chacun de savoir s'il veut me croire ou pas »[26]. Ce même mouvement, cette exhortation qui met en question l'idée d'achèvement du texte peuvent être appréhendés comme un passage de témoin. On retrouve cet effet de contemporanéité entre le temps de l'écriture et celui de la lecture, dans l'adresse exprimée par Annie Ernaux à la fin de son récit où elle imagine que les personnes qu'elle croise sans les connaître, dans lesquelles nous pouvons inclure les lecteurs, « détiennent une part de mon histoire »[27]. La

---

[22] Loumani, Z., Héra et Rossi, A., *Pensées de la cité*, Trouville, Le reflet, 1998, p. 19.

[23] On peut rapprocher la posture du témoin de la figure de l'arbitre définie dans le droit romain qui en tant que référant auprès du juge, était un expert présent sur les lieux, expertise induite par l'expérience vécue.

[24] Laugier, S., « Émerson, la voix, le perfectionnisme et la démocratie », *La voix et la vertu*, Paris, PUF, 2010, p. 346.

[25] La fonction conquérante du langage chez Merleau-Ponty est à considérer comme « la capacité à créer constamment et non pas à mimer passivement un horizon de la représentation » (Zacarello, B., « Avant-propos », in Merleau-Ponty, M., *Recherches sur l'usage littéraire du langage*, Genève, MétisPresses, 2013, p. 20).

[26] Loumani, Z., Héra et Rossi, A., *Pensées de la cité*, Trouville, Le reflet, 1998, p. 153.

[27] Ernaux, A., *Journal du dehors*, Paris, Gallimard, 1993, p. 107.

prise en compte du lecteur, manifestée dans l'adresse, est à associer à la dimension « altérophile » du récit de soi, pour reprendre une expression de Serge Dubrovsky, qui tourne le sujet-écrivant vers l'autre. Jean-Luc Nancy analyse ainsi l'importance de l'adresse dans le récit : « Si la pensée est adressée, c'est parce que le sens est dans l'adresse, non dans le discours (mais il est dans l'adresse du discours). Cela tient à la condition ontologique primordiale de l'être-avec ou de l'être-ensemble »[28]. L'adresse qui ne porte donc aucune information mais libère la voix, exprime le point pivot entre la singularité du sujet-écrivant et sa relation à l'autre : elle est éminemment politique en tant qu'elle manifeste l'espace du commun dans le texte.

En revanche, si cette dimension politique prend appui sur un effet de représentativité fondé sur un « je incarné qui s'adresse à », la configuration donnée à la banlieue ne repose pas sur une simple représentation, une *mimésis*, mais émane de la mise en récit d'une expérience : la diégésis est à la fois le moteur et la force du récit de soi, elle génère, produit le récit ainsi que l'adhésion du lecteur. La mise en récit est le principe de l'écriture de soi et celui de sa transmission puisqu'elle favorise un effet de reconnaissance. L'entrecroisement de la voix du sujet-écrivant et de celles qui l'entourent livre ainsi une perception à la fois singulière et collective de l'expérience des banlieues dans les récits de soi : c'est une configuration polyphonique des banlieues relatant une expérience de l'ordinaire. La multiplicité des voix exprime une parole éclatée, diffractée et vient contrer l'image véhiculée d'un espace figé devenu lieu commun : le récit polyphonique de l'expérience de l'ordinaire des banlieues transforme le lieu commun, en discours du commun sous l'effet de la diffraction de la parole. Ainsi, l'espace de la banlieue est, dans un premier temps, caractérisé comme un « labyrinthe »[29] pour les auteurs de *Pensées de la cité*. Annie Ernaux précise dès l'avant-propos du Journal : « J'étais submergée par un sentiment d'étrangeté »[30]. Les auteurs commencent par sacrifier aux clichés véhiculés par les discours courants sur cet espace. Face à cette « inquiétante étrangeté de l'ordinaire » (*the incanniness of the ordinary* selon Cavell), ils développent une attention au quotidien, jusqu'à l'insignifiant, l'infra-ordinaire qui permet d'accéder à une mise en critique. Ces « écrivains du réel » sont davantage des écrivains réalistes au sens où Cora Diamond l'entend – *realistic* – car ils cherchent à transmettre une expérience vécue : « Je prends pour référence mes expériences passées et croyez-moi, j'en ai beaucoup bien que je sois encore jeune »[31] note

---

[28] Nancy, J.-L., *Être singulier pluriel*, Paris, Galilée, (1996) 2013, p. 13.
[29] Loumani, Z., Héra et Rossi, A., *Pensées de la cité*, Trouville, Le reflet, 1998, p. 11.
[30] Ernaux, A., *Journal du dehors*, Paris, Gallimard, 1993, p. 7.
[31] Loumani, Z., Héra et Rossi, A., *Pensées de la cité*, Trouville, Le reflet, 1998, p. 131.

Zackaria Loumani dans *Pensées de la cité*. La précision du détail renforce la qualification de l'expérience et permet d'accréditer leur critique. Ainsi, l'expérience de l'ordinaire favorise un effet de reconnaissance comme expérience partagée, partageable.

Du lieu-trace au lieu-devenir

L'espace des banlieues dans le récit de soi est donc configuré, cartographié par un discours du commun fondé sur une expérience de l'ordinaire. Il se trouve à la lisière d'un lieu actuel et d'un lieu en devenir, un lieu virtuel, au sens deleuzien du terme, en tant qu'il « s'engage dans un processus d'actualisation »[32].

Ainsi, c'est tout d'abord un lieu-trace dans lequel s'inscrit le sujet-écrivant. Il s'agit de laisser une empreinte singulière de soi dans un lieu, en le nommant, en le traçant, en le caractérisant dans la perspective d'un « Espace inventaire, espace inventé »[33] : c'est une réappropriation subjective de l'espace. Mais plus encore le récit de soi permet de laisser un signe, un indice comme manifestation mémorielle, de « Sauver de l'effacement des êtres et des choses dont j'ai été l'actrice »[34] comme l'envisage Annie Ernaux. Zackaria Loumani l'explique ainsi : « Je prenais des notes intérieurement (…). "Ce fait je ne dois pas l'oublier, cette image, je ne dois pas la laisser tomber". C'était en quelque sorte des petites expériences »[35]. Cette dimension mémorielle est essentielle dans un espace où les mémoires se chevauchent suite aux conflits postcoloniaux. Dans le cadre de la pratique du récit de soi, la configuration des banlieues comme un lieu-trace rend actuelle une mémoire muette, en la faisant accéder au présent et donne à entendre des voix passées sous silence. Le récit de soi permet, dans un mouvement généalogique, de tracer une mémoire des lieux et des personnes qui y vivent.

Mais jamais la configuration de ce lieu-trace n'est statique, comme s'il s'agissait d'aller contre l'image d'une banlieue monolithique. Les textes rendent compte davantage du sens d'un parcours : le voyage est un topos récurrent. Annie Ernaux relate cet aspect dynamique de l'idée de lieu à travers son propre mouvement et le choix qu'elle fait des lieux de rencontre : ce sont toujours des espaces de transit, gares, RER, stations de métro, des lieux publics où l'on ne fait que passer comme le supermarché. L'espace ne revêt un sens que dans le mouvement des rencontres :

---

[32] Deleuze, G., « L'immanence : une vie… », in *Deux régimes de fous*, Paris, Minuit, 2003, p. 363.
[33] Pérec, G., *Espèces d'espaces*, Paris, Galilée, (1974) 2000, p. 26.
[34] Ernaux, A., *L'écriture comme un couteau*, Paris, Gallimard, 2011, p. 114.
[35] Loumani, Z., Héra et Rossi, A., *Pensées de la cité*, Trouville, Le reflet, 1998, p. 30.

> Je vis dans la Ville Nouvelle depuis douze ans – annonce Annie Ernaux dans *Journal du dehors* – et je ne sais pas à quoi elle ressemble. Je ne peux pas non plus la décrire, ne sachant pas où elle commence, finit, la parcourant toujours en voiture. Je peux noter « je » suis allée au centre Leclerc (...) Aucune description, aucun récit non plus. Juste des instants, des rencontres. De l'ethnotexte[36].

Cette ligne de fuite que constitue le mouvement dans cet espace n'en est pas nécessairement une sortie et il livre une deuxième acception de ce lieu comme lieu dynamique : un lieu-devenir. Il est intéressant de noter qu'aucun des auteurs ne mentionne des sphères privées : ils investissent l'espace public, l'espace « du dehors », comme lieu de rencontres et de diffusion. De même, la configuration des banlieues dans les textes laisse percevoir un lieu-devenir dans la mesure où il s'agit, comme le remarque Mathias Vicherat dans le cadre du rap, de « reconquérir artistiquement un territoire », de le transformer par une « parole conquérante » qui « enseigne elle-même son sens, et à celui qui parle et à celui qui écoute, il ne suffit pas qu'elle signale un sens déjà possédé de part et d'autre, il faut qu'elle le fasse être »[37]. Ainsi, la banlieue devient aussi un lieu-devenir car elle est configurée par une parole créatrice de sens, une parole qui la façonne et la transforme. Enfin, le sujet-écrivant a foi en sa prise de parole, confiance en sa voix et cette confiance réside dans la parrhésia, cette aptitude du sujet-écrivant qui ne cherche pas à dire la vérité mais à être en vérité avec lui-même dans sa parole[38]. C'est dans ce sens que s'inscrivent aussi les envois des deux textes. Zackaria Loumani lance à son lecteur telle une exhortation « Maintenant à chacun de savoir s'il veut me croire ou pas »[39]. Annie Ernaux s'en remet en toute confiance au pouvoir de diffusion de sa parole, de sa mémoire : « C'est donc au-dehors, dans les passagers du métro ou du RER (...) qu'est déposée mon existence passée » et elle ajoute « Sans doute suis-je moi-même dans la foule des rues et des magasins, porteuse de la vie des autres »[40].

Ainsi, ce premier temps des pratiques de soi parvient à territorialiser l'espace des banlieues. Le processus de subjectivation mis en œuvre dans le récit de soi s'ouvre, dans un mouvement d'« intensification du

---

[36] Ernaux, A., *Journal du dehors*, Paris, Gallimard, 1993, p. 64.
[37] Merleau-Ponty, M., *La prose du monde*, Paris, Gallimard, 1969, p. 196.
[38] « C'est un langage dans lequel il y a, au cœur, au principe même de l'énonciation, un acte de confiance, comme une sorte de pacte entre lui-même et ce qu'il dit (*pisteuô dikaia einai ha lego* : j'ai confiance, j'ai foi dans le fait que les choses que je dis sont justes) » Michel Foucault, *Le gouvernement de soi et des autres I*, Gallimard/Seuil, 2008, p. 288-289.
[39] Loumani, Z., Héra et Rossi, A., *Pensées de la cité*, Trouville, Le reflet, 1998, p. 153.
[40] Ernaux, E., *Journal du dehors*, Paris, Gallimard, 1993, p. 107.

rapport social »⁴¹, sur une dimension politique ; la parole du sujet-témoin cartographie un espace mais elle est encore infra-politique puisqu'elle donne à voir un territoire « en voie d'actualisation ». Cependant, elle demeure « conquérante » en tant qu'elle porte un discours autre, un discours qui rompt avec le discours sociologique.

Déterritorialisation de l'expérience vers une voix éthique

Le deuxième temps de l'écriture de soi relève d'une déterritorialisation de l'expérience induite par un nouvel effet de décentrement du sujet-écrivant[42]. La mise en récit s'inscrit alors dans une recherche formelle. D'un devenir-minorité, le sujet-écrivant bascule vers un devenir-minoritaire « comme devenir potentiel et créé, créatif »[43]. Il ne s'agit pas de renoncer au caractère ordinaire de l'expérience sous prétexte d'une recherche artistique mais de faire de l'ordinaire le motif même de ce travail créatif : faire l'expérience artistique d'une d'expérience ordinaire. La mise en abyme de la notion d'expérience fait du récit de soi *a posteriori* une expérimentation de l'ordinaire. Ce mouvement de déterritorialisation ne vise plus alors la constitution d'un territoire politique mais à « faire un monde » dans la mesure où « l'habiter », le fait d'habiter un lieu, permet de lui concéder une dimension éthique.

Dispositif d'écriture oblique

La fonction éthopoïétique de l'écriture de soi comme « transformation de la vérité en *éthos* »[44] se traduit dans le récit de soi *a posteriori* par une oblicité de l'écriture et par une stratégie de sens fondée sur le détour.

Ainsi, dans *Bobigny centre ville*, Marie Desplechin et Dénis Darzacq rendent compte de leur expérience à travers le prisme de la ville de Bobigny : le dispositif d'écriture oblique repose sur le choix de Bobigny comme motif de décentrement. Ce n'est pas le parcours des auteurs qui revêt un intérêt mais Bobigny en tant qu'elle est perçue par les auteurs. Le texte donne voix à leurs rencontres et l'instance narrative du « je » fait le lien entre ces situations verbales, ces prises de parole situées : Marie Desplechin parvient à inventer une forme de narration qui démultiplie les voix. Est-ce à dire que le sujet-écrivant disparaît derrière son expérience ? Certainement pas. Les auteurs demeurent au cœur de leur expérience mais leur voix, leur regard se mêlent aux autres. Si dans le premier temps du

---

[41] *Ibid.*, p. 42.
[42] Foucault reprend à Sénèque l'idée d'*intervallum* comme « distance éthique » pour exprimer ce décentrement.
[43] Deleuze, G., Guattari, F., *Mille Plateaux*, Paris, Minuit, 1980, p. 133-134.
[44] Foucault, M., « L'écriture de soi », in *Corps écrit*, n° 5, PUF, 1983, p. 6.

récit de soi, le sujet-écrivant préserve une certaine posture en retrait qui correspond à la place du témoin, dans ce second temps, le récit est altéré par la perception des autres qui vient s'agréger à une expérience première. Aucune posture de surplomb, tout est perçu à l'aune de la pratique du lieu. Les photos de Denis Darzacq, en fin de chapitre, livrent des portraits, vues d'ensemble et gros plans d'entrées d'immeuble : c'est encore le regard du photographe qui guide le lecteur dans la découverte de la ville, sans pour autant illustrer les propos du texte. Le processus de détour par Bobigny qui caractérise l'écriture de soi des deux auteurs est en quelque sorte mis en abyme au sein même de la tentative de description du lieu. Ainsi, le détour comme processus d'écriture entre en résonnance avec le procédé stylistique de la comparaison. Décrire Bobigny c'est encore, comme le remarque Marie Desplechin, faire le détour par une terre autre : c'est « évoquer le Brésil – Los Angeles ou Montréal »[45]. Le récit alterne entre des descriptions proches des récits de voyage et la relation d'expériences urbaines telles que les Balbyniens les rapportent. Mais, le lecteur aura compris qu'il ne s'agit ni d'un guide de voyage ni même d'un texte d'ethnosociologie ; les auteurs jouent sur ces « airs de famille » en empruntant à ces genres discursifs des références détournées :

> Évidemment, c'est plus joli d'arriver à vélo. On quitte la piste cyclable et l'on pénètre dans la ville les yeux habités d'arbres et de reflets. De la rive du canal, on a vu les tours apparaître au loin, comme un repère presque modeste (…) Arriver en métro ne fait pas le même effet. Descendre à Pablo-Picasso, la première fois, c'est un affolement[46].

L'obliquité du texte d'Abd Al Malik repose sur le décalage qu'il induit avec les pratiques littéraires. En effet, on pourrait tout d'abord penser que l'on est face à un témoignage plus proche du premier type d'écriture de soi. Il n'en est rien. Abd Al Malik joue avec les conventions propres au genre testimonial en mettant en place un métadiscours littéraire qui transforme son récit. D'emblée, le sujet-écrivant s'inscrit dans le champ littéraire en tissant tout un réseau de références qui rompt avec l'idée d'un récit de soi sociologique. Le titre, *La guerre des banlieues n'aura pas lieu*, annonce son intention, avec la référence à Giraudoux. L'alternance de chapitres où il s'exprime à la première personne, avec d'autres où il devient « le narrateur », « l'auteur » – comme il le précise dans le titre des chapitres – met en évidence la différence stylistique qu'il instaure entre une auto-désignation du « je » et une identification de l'instance narrative avec l'*ethos* de l'écrivain. Ainsi, le premier chapitre s'ouvre sur la présentation de l'auteur à la troisième personne : « Dans la chambre,

---

[45] Desplechin, M., Darzacq, D., *Bobigny centre ville*, Actes Sud, 2006, p. 16.
[46] *Ibid.*, p. 73.

le jeune homme augmentât le volume du son du CD »[47]. Puis, le récit bascule à la première personne dans le deuxième chapitre : « On finit tous par le ressentir, ce sentiment, d'une manière ou d'une autre (…) Je veux dire : c'est pas comme s'il y avait pas d'activité (…) »[48]. La mise en forme du texte avec l'alternance de différentes polices d'écriture selon qu'Abd Al Malik s'exprime à la première ou à la troisième personne, vient conforter cette ambivalence esthétique. Une sélection de photos en introduction de chapitre participe d'une intention testimoniale encore détournée : la banlieue n'est pas ici représentée, c'est le quotidien, à travers des objets de la vie ordinaire pris en gros plan, qui est passé au crible. Abd Al Malik multiplie différentes formes et types d'écriture mais il puise toujours dans des modèles génériques ordinaires : la lettre, la liste ou la définition de dictionnaire. Ainsi, il s'agit d'échapper au récit de vie tout en ayant recours aux catégories de l'ordinaire.

Un espace linguistique autre

La notion de voix prend alors une dimension autre : son caractère politique procède moins de sa manifestation, comme cela était le cas dans le premier type de récit, que de son expression créatrice : la singularité de la parole conquérante ouvre un espace linguistique autre. C'est en ce sens que, dans le récit de soi *a posteriori*, l'éthique excède le politique dans un dépassement vers la création. Marie Desplechin tisse à travers ses rencontres ce que Cavell appelle une « cité des mots »[49] (*city of words*) : c'est dans la conversation, dans l'articulation entre sa perception subjective et la parole des autres qu'elle trouve la voix diffuse de Bobigny. Elle ne parle pas « au nom de » mais extrait, sous forme de narration ou de discours indirects libres, des prises de paroles identifiées et captées dans des moments de vie, un peu à l'image de plans-séquences cinématographiques. Bobigny apparaît dans la multiplicité de ces prises de parole, dans le montage des voix. Dans *La guerre des banlieues n'aura pas lieu*, c'est la voix d'Abd Al Malik qui se fait plurielle. On passe d'une polyphonie chez Desplechin à une polyglossie chez Abd Al Malik. Des termes arabes sont mêlés au récit mais encore des mots tels Zonz, happs, d'un argot qui peut échapper au lecteur. Cette pluralité linguistique s'inscrit dans une agilité verbale qui n'est pas sans rappeler l'expérience de rappeur de l'auteur. L'introduction est caractéristique de ce style à travers le travail sur les allitérations et les répétitions qui se répondent

---

[47] Abd Al Malik, *La guerre des banlieues n'aura pas lieu*, Cherche midi, 2010, p. 27.
[48] *Ibid.*, p. 34.
[49] Stanley Cavell cité par Laugier, S., « Émerson, la voix, le perfectionnisme et la démocratie », *La voix et la vertu*, Paris, PUF, 2010, p. 373.

en écho : au « je parle » placé en anaphore, répond un « voilà de quoi je parle » en fin de paragraphe, écrit en capitale. Abd Al Malik met la parole ordinaire au cœur de son propos et c'est bien sur ce terrain linguistique que se joue son récit de soi. À la fois langue ciselée et sonore, au rythme marqué, son discours n'est pas sans rappeler le « Courbevoie style » que Thomas Ravier décrit chez Céline dans son article « Céline, rappeur sans parole, sans musique sans rien »[50]. Ce qui fait la spécificité de son texte, c'est la question du *flow* comme « acte du rythme devenu expressif »[51].

Ainsi, ces récits de soi *a posteriori* fondés sur des stratégies esthétiques de détour et sur une expérimentation linguistique permettent de « Faire un monde » selon la formule deleuzienne : la déterritorialisation de l'expérience première ouvre l'espace des banlieues à une expérience à la fois esthétique et éthique.

En somme, le récit de soi dans le cadre de l'expérience des banlieues, permet de « restaurer la voix », à la fois comme processus de subjectivation politique et comme dispositif éthopoiétique. En effet, cet exercice perfectionniste relève d'une approche politique et éthique puisqu'il peut être appréhendé comme une « pratique démocratique particulièrement apte à explorer les articulations entre le privé et le public »[52]. Cette pratique de soi permet de réinvestir le champ politique comme Guillaume le Blanc le propose dans son ouvrage *La philosophie comme contre-culture* : face à l'idée d'un pouvoir normatif, la politique peut être pensée aussi comme un « marginalisme pratique attaché à la possibilité de dégager des marges, des espaces dans lesquels l'expérimentation des micronormes demeure encore possible »[53]. La manifestation des voix dans le récit de soi, en tant que prise de parole et montage polyphonique, rend ainsi audible et donc visible toute une population qui ne paraît pas dans l'espace politique.

De même, le récit de soi développe une pensée de l'ordinaire, une « pensée mineure » sur l'expérience des banlieues, non pas une pensée minorisée, amoindrie, mais dans le sens où Gilles Deleuze et Félix Guattari invoquaient une littérature mineure : une pensée mineure n'est pas celle d'une philosophie mineure, plutôt celle qu'une minorité fait dans l'expérience, l'immanence d'une vie[54]. C'est une pensée du singulier-pluriel

---

[50] Ravier, T., « Céline, rappeur sans parole, sans musique sans rien », in *La Nouvelle Revue Française*, n° 555, Paris, octobre 2000.

[51] Deleuze, G., Guattari, F., *Mille Plateaux*, Paris, Minuit, 1980, p. 388.

[52] Laugier, S., « Émerson, la voix, le perfectionnisme et la démocratie », *La voix et la vertu*, Paris, PUF, 2010, p. 370.

[53] Le Blanc, G., *La philosophie comme contre-culture*, Paris, PUF, 2014, p. 124.

[54] « Une littérature mineure n'est pas celle d'une langue mineure, plutôt celle qu'une minorité fait dans une langue majeure » (Deleuze, G., Guattari, F., *Kafka – Pour une littérature mineure*, Paris, Minuit, 1975, p. 29).

à savoir « une forme et une sensibilité pour laquelle l'"avec" ou l'"ensemble" précéderait et fonderait l'existence singulière »[55].

Il ressort de cette configuration des banlieues, l'image d'un espace en devenir, un espace politique en attente d'élaboration. Cette représentation des banlieues n'est pas sans rappeler l'espace des limbes que décrit Luc Boltanski dans sa cantate à plusieurs voix éponyme. Comme le rappelle l'écrivain-sociologue, les limbes « contiennent des êtres qui attendent d'être sélectionnés. [...] Les êtres qui peuplent les limbes sont dispersés dans un espace indéterminé au sein duquel ils se sont installés, comme ils peuvent, pour attendre »[56]. Ainsi, l'attente qui caractérise cet espace ne manifeste rien d'autre que la présence des êtres qui la peuplent : c'est une attente positive en tant qu'elle appelle un devenir. Reste donc à apporter à l'indétermination de cet espace, un sens : à entendre les voix qui s'y manifestent.

Bibliographie

Bégout, B., *La Découverte du quotidien. Éléments pour une phénoménologie du monde de la vie*, Allia, 2005.

Brugère, F., *La politique de l'individu*, Paris, Seuil, 2013.

Castel, R., *La montée des incertitudes*, Paris, Seuil, 2009.

Cavell, S., *Conditions nobles et ignobles*, Paris, L'éclat, 1993.

Cavell, S., *Un ton pour la philosophie*, Paris, Bayard, 2003.

Deleuze, G., Guattari, F., *Kafka – Pour une littérature mineure*, Paris, Minuit, 1975.

Émerson, R., *La confiance en soi et autres essais*, Rivages, 2000.

Ernaux, A., *L'écriture comme un couteau*, Paris, Gallimard, 2011.

Foucault, M., *Histoire de la sexualité* (vol. 2 : *L'usage des plaisirs*, et vol. 3 : *Le souci de soi*), Paris, Gallimard, 1984.

Foucault, M., « L'écriture de soi », in *Corps écrit*, n° 5, Paris, PUF, 1983.

Foucault, M., « Pouvoir et corps », *Dits et écrits I*, Paris, Gallimard, (1975) 2001.

Foucault, M., *L'herméneutique du sujet*, Paris, Gallimard/Seuil, (1981-1982) 2001.

Gros, F., « Foucault et le gouvernement de soi », in *L'individu contemporain – Regards sociologiques*, Paris, Sciences humaines, 2014.

Pierre, Hadot, *Exercices spirituels et philosophie antique*, Albin Michel, 2002.

Kokoreff, M., Lapeyronnie, D., *Refaire la cité*, Paris, Seuil, 2013.

---

[55] Nancy, J.-L., *Être singulier pluriel*, Paris (1996), Galilée, 2013, p. 13.
[56] Boltanski, L., *Les Limbes*, MF, 2006, p. 63 ; 64.

Laugier, S., *Une autre pensée politique américaine, La démocratie radicale d'Émerson à Stanley Cavell*, Paris, Michel Houdiard, 2004.

Laugier, S., « Émerson, la voix, le perfectionnisme et la démocratie », *La voix et la vertu*, Paris, PUF, 2010, p. 343-376.

Le Blanc, G., *Vies ordinaires, vies précaires*, Paris, Seuil, 2007.

Le Blanc, G., *La philosophie comme contre-culture*, Paris, PUF, 2014.

Merleau-Ponty, M., *Signes*, Paris, Gallimard, 1960.

Merleau-Ponty, M., *La prose du monde*, Paris, Gallimard, 1969.

Merleau-Ponty, M., *Recherches sur l'usage littéraire du langage*, Genève, MétisPresses, 2013.

Nancy, J.-L., *Être singulier pluriel*, (1996), Galilée, 2013.

Nancy, J.-L., conférence prononcée le 23 mai 2012 à l'université du Mirail à Toulouse « Interroger la politique, interroger le commun » <http://www.canal-u.tv/video/universite_toulouse_ii_le_mirail/interroger_la_politique_interroger_le_commun_jean_luc_nancy.8842>, Consulté le 21 mai 2014.

Paugam, S., *L'intégration inégale*, Paris, PUF, 2014.

Ravier, T., « Céline, rappeur sans parole, sans musique sans rien », in La Nouvelle Revue Française, n° 555, Paris, octobre 2000, p. 115-130.

Rosanvallon, P., *Le Parlement des invisibles*, Paris, Seuil, 2014.

Le ghetto : territoire rhétorique du rap français ?

Bettina GHIO

L'Université Sorbonne Nouvelle Paris 3

Banlieue et quartier populaire surinvestissent l'univers du rap français depuis sa consécration dans les années 1990 au sein des musiques françaises. Quand ces espaces populaires et périphériques ne donnent pas leur nom à différents groupes ou albums (comme, par exemple, le disque *95200*, de Ministère A.M.E.R sorti en 1994, qui porte comme nom le code postal de la ville de Sarcelles), ils sont souvent le sujet de nombreux textes et s'illustrent en plus dans une grande partie d'images des clips-vidéos ou des pochettes d'albums. L'espace géographique lié à la banlieue peut renvoyer à une ville (Sarcelles-Garges, pour Ministère A.M.E.R, Marseille pour IAM ou Vitry-sur-Seine pour les 113), à un département (le 93 pour NTM) ou à un quartier (le 18e pour Assassin ou le Neuhof pour NAP), voire aussi à un grand ensemble (la cité de Hautes Bergères, pour le rappeur Sinik).

La banlieue peut donc apparaître comme un espace concret et défini par son nom, mais la plupart des cas, elle renvoie aussi à un concept et à un territoire total : les banlieues sont des espaces urbains relégués propres aux grandes villes postindustrielles. Ainsi, la banlieue ou les cités HLM sont évoquées par les termes absolus de « banlieue » (« La banlieue a trop chômé », Kery James, 2008) ou des « cité(s) » (« N'oublie jamais que les cités sont si sombres », NTM, 1993) ; mais aussi tout simplement par le déictique « ici » (« Ici les gosses rêvent d'être pires », IAM, 2003). Le concept de banlieue renvoie dans le rap français exclusivement à la banlieue populaire et reléguée, ce qui recouvre tant un sens social qu'urbanistique. Mais il garde aussi dans ce sens son origine juridique d'être un lieu hors de la ville, qui est devenu avec le temps un terme renvoyant à des sites d'exclusion, par son sens étymologique de « lieu du ban ». À ce propos, le titre que le rappeur Rost a choisi pour son livre autobiographique sorti en 2008 en est d'ailleurs une bonne illustration : *Enfant des lieux bannis*[1].

---

[1] Rost, *Enfant des lieux bannis*, Paris, Robert Laffont, 2008.

Les premières études sur le rap français dans les années 1990, tant esthétiques que sociologiques, insistent sur la place centrale de la banlieue populaire par laquelle le rappeur s'engagerait à faire connaître la réalité de son cadre de vie. Selon ces approches, le rap est pour l'essentiel « une chronique des quartiers sensibles », et les rappeurs sont « des journalistes » qui rapportent « la rage de la cité et de la banlieue »[2]. Or plusieurs rappeurs insistent sur le fait que le lien entre le rap et la banlieue est plus complexe qu'il ne le paraît. Le rap aurait même donné du sens à ces espaces relégués de la grande ville moderne et les aurait ainsi fait exister, comme l'expriment ces mots des Toulousains Fabulous Troubadours :

> C'est le rap qui a créé la banlieue, ce n'est pas la banlieue qui a créé le rap. Le surgissement des banlieues n'est pas dû aux MJC, aux ZEP, aux ZUP, au théâtre populaire, aux plans économiques et aux politiques de la ville. Le concept moderne de banlieue, c'est le rap qui l'a fait naître. Avant le concept de banlieue, c'est un concept de sociologues, d'une niaiserie infernale. Les banlieues qui prennent la parole et s'insurgent contre la société française, c'est le rap[3].

Le rap produit-il alors une copie conforme de ces quartiers, comme le laissent entendre toutes ces études qui lui ont été consacrées ? Les rappeurs jouent-ils à être des journalistes et à rapporter ce qui se passe dans les espaces périphériques ? Il paraît que le rap agit tout autrement. Soit pour la banlieue périphérique comme pour le quartier populaire intra-muros, la représentation de ces espaces de vie populaire est toujours rendue sous une régulière uniformité. Cette régularité se manifeste essentiellement par un ensemble de termes, de figures et d'images qui reviennent presque systématiquement et qui sont loin d'offrir une copie conforme de la réalité des banlieues. Au lieu de faire de la chronique journalistique, le rap opère divers choix esthétiques, comme employer la métonymie du béton, du ciment ou de la couleur grise pour parler des tours des cités (« Mais où sont-elles, les couleurs pastel/Dans ce marrant cocktail de béton et de ciment ? », Casey, 2010), ou encore rendre compte de l'enfermement qui y ressentent les habitants par la comparaison avec la

---

[2] Notamment : Georges Lapassade et Philipe Rousselot, *Le rap ou la fureur de dire*, Paris, Louis Talmart, 1990 ; Hugues Bazin, *La culture hip-hop*, Desclée de Brouwer, 1995 ; Olivier Cachin, *L'offensive rap*, Paris, Gallimard, coll. Découvertes Gallimard, 1996 ; Manuel Boucher, *Rap, expression des lascars. Significations et enjeux du rap dans la société française*, Paris, L'Harmattan, 1998 ; Jean Calio, *Le rap, une réponse des banlieues ?*, ENTPE Lyon, Aléas, 1998 ; Christian Béthune, *Le rap, une esthétique hors la loi*, Paris, Autrement, 1999.

[3] Les Fabulous Trobadors dans « La musique ne dit pas les choses, elle les fait », [entretien], propos recueillis par Thomas Lemahieu, *Périphéries*, février 1999 [en ligne]. URL : <http://www.peripheries.net/article199.htlm>. Consulté le 18 août 2010.

Le ghetto : territoire rhétorique du rap français ?

prison (« [Nous sommes] étouffés par les murs car en fait prisonniers du système », Idéal J., 1996) ou tout simplement parler d'insalubrité en termes de « poubelles » ou de « pourrissoir » (« T'as vu les Français se bouchent le nez face à l'urgence qui émane/Du pourrissoir que sont les banlieues autour de Paname », NTM, 1998). Ces figures et stratégies discursives sont par ailleurs les mêmes qui mobilisent actuellement l'écriture littéraire qui parle également de la banlieue. Ainsi reconnaissons-nous dans plusieurs morceaux de rap – et vice-versa – des énoncés de François Bon, de Lydie Salvayre, de Jean Rolin, de Didier Daeninckx ou de Jean-Claude Izzo, entre autres, à propos de la banlieue[4]. On ne peut pas saisir, de cette façon, l'ampleur de la représentation de la banlieue dans le rap à la seule lumière d'une réflexion socio-urbanistique. Il est alors essentiel d'observer comment le rap parle de la banlieue afin de reconsidérer le sens de ce terme dans un système autre que celui de la stricte imitation du réel.

Le cas du terme « ghetto »

L'un des cas les plus emblématiques de la façon dont le rap a choisi de traiter de la banlieue populaire est l'emploi qu'il fait du terme de ghetto. Le motif du ghetto envahit, pour ainsi dire, l'univers du rap français, tant commercial qu'amateur. Il donne son nom à certains groupes (comme Ghetto Fabulous Gang, un collectif des rappeurs des quartiers nord et sud de Paris fondé en 2001), à de nombreux titres d'albums (*La Cerise sur le ghetto, Enfant du Ghetto, Patrimoine du Ghetto, Toujours ghetto 3*)[5] ou de textes (« Le Ghetto s'exprime », « Premier sur le Ghetto »)[6], et il revient presque systématiquement dès lors qu'il s'agit d'évoquer la cité, le quartier ou la banlieue. De cette manière, le mot « ghetto » désigne dans le rap français les banlieues populaires postindustrielles qui ont donné réponse à la crise du logement à partir des années 1950, tant comme espace physique déterminé (« des cités HLM aux ghettos et ses alentours »)[7] que comme communauté sociale et générationnelle (« les jeunes du ghetto », « des enfants du ghetto », etc.). Ce terme apparaît la première fois dans compilation *Rapattitude* ! (1990) qui marque la consécration du rap au

---

[4] Voir à ce propos, Bettina Ghio, « La représentation de la banlieue dans le rap français : vérité du réel ou perspective littéraire ? », Colloque interdisciplinaire « Les banlieues Loin des Clichés : Nouvelles Voix, Images et Identités Émergeant à la Périphérie des Villes Françaises », *Banlieue Network*, Oxford Brookes University, du 3 au 4 avril 2014.
[5] Respectivement : disque du groupe Mafia K'1 Fry (2003), disque du groupe LIM (2005), disque qui réunit plusieurs rappeurs reconnus et sorti en 2005, disque d'Alibi Montana (2008).
[6] Respectivement : Sexion d'Assaut (2004) et Rohff (2005).
[7] « Je récite la vie de tous les jours, ça se passe en bas des tours/ Des cités HLM, aux ghettos et ses alentours », Rohff (1999).

sein des musiques françaises actuelles. Mais ce premier emploi n'est pas anodin. Dans le morceau intitulé justement « Enfants du ghetto », la rappeuse Saliha exprime par ce terme l'identification des jeunes Français d'origine immigrée avec les discriminations souffertes par les Noirs américains. Rappelons-nous que grâce à la diffusion radiophonique du rap américain dans les années 1980, les jeunes Français d'origine immigrée entrent en contact avec des textes qui dénoncent la situation sociale des jeunes Noirs dans les ghettos américains tout en rappelant en même temps les mouvements historiques de lutte pour les droits civiques des décennies précédentes. À ce propos, le rappeur strasbourgeois Abd al Malik rappelle dans son autobiographie que le premier contact de la France avec le rap a été le succès du titre « The Message » du rappeur Grandmaster Flash de 1982 qui était une sorte « d'hymne rap des ghettos » qui raconte « de façon sombre et nihiliste [...] la vie des ghettos noirs américains »[8]. Il paraît alors que le contact avec ces textes et avec des thématiques touchant à la communauté noire américaine aie eu un impact particulier chez des jeunes Français qui se reconnaissent dans l'évocation d'une souffrance commune, à savoir la conscience de représenter une minorité et d'être exclu[9].

Or, nous ne pouvons que nous interroger sur la pertinence de ce parallélisme, selon lequel le rap français rendrait compte de l'univers des banlieues populaires françaises par une démarche similaire à celle des rappeurs américains qui révèlent la réalité de leurs ghettos. Les premiers rappeurs auraient-ils choisi le vocable « ghetto » pour nommer la banlieue populaire française, seulement parce que c'était le terme qui faisait réveiller des fantômes au début des années 1990 ? Mais si c'est le cas, pourquoi est-il d'actualité jusqu'à nos jours, surtout quand les études socio-urbanistiques se disputent sur cette comparaison ? S'il est vrai que le spectre de l'américanisation de la société française s'est proposé de donner une réponse aux divers conflits dans les banlieues populaires de la décennie 1980 et du début des années 1990, l'adéquation du concept de ghetto à la réalité française divise encore les sociologues[10]. Le ghetto, en tant qu'espace urbain de ségrégation ethnique et sociale (le Bronx, Chicago, Harlem) et de source de délinquance (les « gangs », le trafique, le crime organisé, etc.), serait pour une bonne partie de la sociologie « un miroir déformant » qui exagère les problèmes des banlieues françaises.

---

[8] Abd al Malik, *Qu'Allah bénisse la France*, Paris, Albin Michel, 2004, p. 63.

[9] Par exemple, l'un des jeunes de l'époque interviewés par Azouz Begag dans son livre sur les enfants issus de l'immigration dit quelque chose de similaire : « Je me suis rendu compte qu'en France nous étions une minorité comme les Noirs-Américains ». Azouz Begag, *Les Dérouilleurs. Ces Français de banlieue qui ont réussi*, Paris, Mille et une nuits, 2002, p. 105.

[10] Voir par exemple les articles de la revue *Esprit*, « La France des banlieues », février 1991, p. 7-13.

Le ghetto : territoire rhétorique du rap français ?

Mais essentiellement, décider sur le plan médiatique[11] et sociologique que les banlieues sont des ghettos ouvre, comme le rappelle le sociologue Loïc Wacquant, le débat de la représentation des populations marginales et de leur milieu de vie qui, outre leur marginalisation économique, souffrent « d'être dépossédées de la maîtrise de leur propre représentation publique »[12].

De l'euphémisme « banlieue » à l'hyperbole du ghetto ?

Bien que la définition de la banlieue populaire française en termes de ghetto soit toujours un débat d'actualité, car certains sociologues revendiquent la pertinence de ce concept pour les espaces les plus ségrégués[13], la réflexion socio-urbanistique au tournant des années 2000 insiste notamment sur leurs différences, et surtout sur leur « impossible comparaison »[14]. Il nous semble alors que le rap français a choisi de rouler sur une autre voie pour rendre compte du réel des banlieues populaires. Car quand la sociologie nous dit que les banlieues sont certes des espaces « relégués », mais surtout pas de ghettos, le rap insiste sur le contraire : il nous dit qu'il existe bien un ghetto français. Le rap donne ainsi un signifié connotatif de ce terme qui évolue premièrement dans le cadre de la représentation symbolique, en même temps qu'il entre dans le débat de la pertinence de cette comparaison.

Comme nous l'avons dit, la première occurrence du ghetto apparaît dans le rap exactement en 1990, dans la compilation *Rapattitude !* Avant, les rappeurs parlaient uniquement de « quartiers » ou de « banlieues », comme Dee Nasty qui dans « Paname city rapin' » (1986) évoquait les quartiers populaires de Paris de façon « oxymorique » comme la partie sombre de la Ville lumière. Dans le disque contemporain à *Rapattitude !* – considéré à même titre comme disque fondateur du rap français – le rappeur Lionel D (1990) ne parle à aucun moment de ghetto, il emploie par contre le mot « zone » pour faire référence aux banlieues populaires.

---

[11] Il suffit d'observer les grands titres de journaux suite aux émeutes de Vaulx-en-Velin en 1990 qui évoquaient les banlieues populaires comme les « Chicago », les « Harlem », les « Bronx » ou comme des « cités barbares ». Cf. Loïc Wacquant, *Parias urbains, Ghetto-banlieues-État* [2005], trad. Sébastien Chauvin, Paris, La Découverte, 2006.

[12] *Ibid.*, p. 152.

[13] Voir par exemple : Éric Maurin, *Le ghetto français, enquête sur le séparatisme social*, Paris, Seuil, 2004 et Didier Lapeyronnie, *Ghetto urbain. Ségrégation, violence, pauvreté en France aujourd'hui*, Paris, Robert Laffont, coll. « Le monde comme il va », 2008.

[14] Voir notamment : Hervé Vieillard Baron, *Banlieue : ghetto impossible ?*, Paris, Éditions de l'Aube, 1996 ; Jacques Donzelot, *Faire société. La politique de la ville aux États-Unis et en France*, Paris, Seuil, 2003 et Loïc Wacquant, *Parias urbains*, *op. cit.*

Mais dès 1990, le terme « ghetto » l'emportera sur tous les autres et restera jusqu'à nos jours l'image privilégiée pour représenter la banlieue. Même quand la banlieue des premières décennies des années 2000 n'est pas la même que celle des années 1980 ni que la banlieue des années 1990.

Les exemples en sont nombreux. L'image du ghetto est employée par les artistes, indépendamment de leur style et de leur période de production et se substitue aux termes banlieue, quartier et cité(s). Par exemple, le groupe strasbourgeois NAP, se référant aux émeutes des cités dans les années 1990 de cette ville de l'est de la France, affirmait que « le ghetto pleure » (1999). Le rappeur Booba, considéré comme faisant du rap « bling bling » et vulgaire, dit à propos des banlieues françaises que « c'est le Bronx avec dix ans de retard au moins » (2002). Le groupe La Rumeur, réputé pour faire un rap « conscient » et « engagé », se demande à propos de la situation sociale dans les quartiers populaires « Jusqu'à quand ? Combien de temps le ghetto restera aussi patient ? » (2004). Le rappeur Rohff (2005) pour indiquer que son rap est parmi les meilleurs se considère « Premier sur le Ghetto ». Le rappeur Monsieur R, un rappeur militant mais réputé aussi par la vulgarité de ses propos, pour dénoncer que l'État a abandonné les quartiers populaires intitule l'un de ses textes « Ghetto républicain » (2006). Le rappeur Rocé est connu pour faire un rap essentiellement poétique, même si également engagé, il affirme dans son morceau « Je chante la France » (2006) que « les ghettos s'agrandissent ». Et enfin, Kery James pour indiquer son lien incassable avec la banlieue populaire affirme « j'ai le ghetto tatoué dans la peau » (2008).

Dans son *Histoire du rap en France*, le sociologue Karim Hammou, montre comment la « banlieue vint au rap » car, contrairement aux idées reçues, elle n'y est pas inhérente depuis le début. La panique morale du ghetto et la définition de la banlieue comme « lieu à problèmes » coïncident avec la diffusion médiatique du rap français début des années 1990. À partir de l'analyse d'Annie Fourcault[15], Karim Hammou explique que le terme de « banlieue » est devenu à la fin du XXe siècle un euphémisme pour évoquer tout un ensemble de peurs sociales. L'apparition du rap et des rappeurs sur la scène musicale française a permis de mettre des mots et des visages sur ce territoire redouté pour être le siège des classes dangereuses. Mais si nous tenons compte des premiers morceaux de rap, comme ceux de NTM et d'Assassin dans la compilation *Rapattitude* ! ou de ceux du disque de Lionel D – les deux premiers disques officiels de rap, rappelons-nous – nous pouvons apprécier qu'ils portaient essentiellement sur des aspects esthétiques du rap et non pas sur les dits « problèmes de la

---

[15] Annie Fourcault, « Pour en finir avec la banlieue », Géocarrefour, vol. 75, n° 2, 2000, p. 105, cité par Karim Hammou dans *Une histoire du rap en France*, Paris, La Découverte, 2012. p. 85.

banlieue »[16]. Il est alors pertinent de se poser la question de pourquoi le rap a fait du sujet banlieue l'un de ses *topoï* et ensuite de pourquoi il a choisi le terme de ghetto comme figure de cette représentation. Après constater que la banlieue est venue se greffer au rap au moment de son apparition et dans l'intérêt des mass-médias, Karim Hammou conclut que le lien entre rap et banlieue est le résultat d'un « malentendu » avec lequel les rappeurs doivent jongler depuis et ils ont fini par trouver, pour ainsi dire, la façon de faire avec. Ce bilan est pour le moins intéressant pour tenter de comprendre les stratégies de la représentation de la banlieue déployées par le rap, dont l'emploi de l'imaginaire du ghetto a une place privilégiée. Si on a décidé de bannir du rap tout intérêt esthétique en retenant comme seul génie le fait d'être un produit « authentique » de la banlieue populaire, les rappeurs semblent décidés à faire prévaloir la démarche esthétique dans la pratique du rap, même quand de banlieue il s'agit.

Le mot « ghetto » pour « détruire l'horreur, l'angoisse, la peur »

Au sens propre, le ghetto désigne le quartier que l'on imposait aux juifs dans l'Europe de la Renaissance ; il est alors par extension, le lieu où une minorité ethnique, culturelle et/ou religieuse est contrainte à vivre séparée du reste de la population[17]. Mais pour qu'on puisse parler de ghetto dans la société actuelle il faut les caractéristiques suivantes : le resserrement géographique, l'uniformité ethnique et culturelle, la contrainte socio-économique, l'absence de l'intervention étatique, la stigmatisation de ses habitants, et la constitution d'une microsociété interne[18]. Ainsi, en tant que concept le terme « ghetto » enferme en lui tout seul tout un imaginaire de la non-intégration, de l'exclusion socio-économique et ethnique, de l'absence de politiques étatiques, de la dégradation matérielle de l'environnement urbain tout comme de la violence extrême. Il renvoie autant à une réalité concrète qu'à un imaginaire symbolique. Si nous prenons comme exemple le morceau du groupe Idéal J de 1996 qui s'intitule justement « Le ghetto français », rappé par Kery James, et qui intègre par ailleurs un disque dont les interludes s'appellent « ghettolude », nous pouvons apprécier qu'il parle indistinctement de grands ensembles de la banlieue française en termes de « ghetto » ou des cités, comme si ces vocables étaient de parfaits équivalents ou des synonymes. L'assemblage a par ailleurs une force majeure grâce à l'effet produit par l'anaphore des deux premiers vers :

---

[16] Voir à ce propos, Bettina Ghio, « La question de la littérature dans le rap français », *Transitions*, novembre 2011, [en ligne sur] : www.mouvement-transitions.fr et « Pratiques culturelles et émancipation : retour sur l'émergence du rap français », Revue *Contretemps* web, mars 2014, [en ligne sur] : www.contretemps.eu.
[17] Selon la définition du *Robert* 2014.
[18] Voir à ce propos, par exemple, Hervé Vieillard-Baron, *Les Banlieues. Des singularités françaises aux réalités mondiales*, Paris, Hachette-Supérieur, 2001.

Viens vivre au milieu d'une cité,
Viens vivre au milieu d'un ghetto français,
Immeubles délabrés ou soit disant rénovés.
Les choses ne changent pas, la tension est toujours là.
On modifie la forme, mais dans le fond, quels sont les résultats ?
Les halls sont toujours remplis de dealers de « teushi ».
Les rues de scooters volés et d'mauvais esprits la nuit.
Si la plupart des jeunes tournent mal,
C'est qu'ils ne savent plus la différence entre le bien et le mal.
Principale cause s'impose : la misère,
Suivie de près sinon devancée par le poids d'un échec scolaire.
Toujours à l'écoute, derrière vous prête à vous aider.
Les mères ne savent plus quoi faire, débordés sont les pères.
Un jeune sur deux ici possède un casier judiciaire.
Putain de merde, c'est la merde dans mon quartier.
Tu veux vérifier ? Enfoiré, viens vivre au milieu d'une cité !

 La seule figure du ghetto rend ici une force majeure à la représentation de l'état des immeubles dans lesquels vivent les populations les plus pauvres de France, à celle de l'exclusion sociale et de la ségrégation spatiale et à toutes les conséquences qui s'en dégagent pour les habitants, indistinctement de l'emplacement de la banlieue. D'autres figures rejoignent ici la métaphore du ghetto pour insister sur l'exclusion des quartiers, comme la personnification de la misère qui est mise sur une piste de compétition pour finir « devancée » par l'échec scolaire, les deux causes majeures de la « ghettoïsation » des jeunes banlieusards. Également, l'apostrophe à la fin de cet extrait nous interpelle particulièrement, car il appelle les responsables étatiques à faire leur propre expérience du ghetto pour « vérifier » l'état d'exclusion dont il se trouve. Le rappeur et son interlocuteur sont ainsi présents au moment même que le morceau est rappé. Cette démarche rhétorique permet alors non seulement de représenter le cadre de la cité, comme un tableau que l'on peut contempler, mais, d'une certaine façon, de le rendre vivant : on ne le regarde pas, on y est.

 Si nous prenons maintenant comme exemple un morceau du deuxième millénaire, « Oh no » (2004) du rappeur Kool Shen, nous pouvons voir comment l'image du ghetto sert cette fois-ci à insister sur l'emplacement des cités séparées de la ville, particulièrement en mobilisant la métonymie du « mur », triste composante matérielle du ghetto, ainsi les murs des cités ne sont que des murs de ghetto :

On a tous plus ou moins grandi au milieu d'murs merdiques
Au milieu d'bandits ou de *cailles-ra* repentis, tu connais l'verdict

Le ghetto : territoire rhétorique du rap français ?

> Très peu d'élus pour des tonnes d'appelés
> La rue croule sous l'déluge de mômes perdus sans aucun code d'accès
> Ils nous construisent des Mc Do dans les *tés-ci*
> Pour qu'on s'ghettoïse et puis pour qu'les murs s'épaississent
> Comme ça tu manges ici, tu dors, tu *deales*, tu crèves ici
> Sans jamais briser l'cercle et j'trouve tout ça très vicieux
> Car ils s'gardent bien d'nous dire comment on s'en tire

Dans ces deux morceaux, les cités représentées en termes de ghetto sont des espaces absolus, indéterminés où l'on peut reconnaître n'importe quelle banlieue populaire de France. La banlieue est ainsi présentée de façon générale, en tant qu'espace total de relégation urbaine et sociale, car elle connaît des contraintes similaires si elle est à Paris, à Lyon ou à Marseille, à la périphérie des grandes villes ou si c'est un quartier populaire intra-muros. Le vocable du ghetto évoque ainsi en lui-même et de façon hyperbolique l'insalubrité du logis, la faible présence de l'État en politiques publiques, la pauvreté, le chômage et les conséquences qui en résultent : la délinquance, la violence, l'économie parallèle, la désintégration familiale, la rupture scolaire, etc. Ce terme a une force évocatrice chez l'auditeur qui permet d'éveiller chez lui un imaginaire bien particulier. Le ghetto peut être ainsi considéré comme une *hétérotopie*, au sens foucaldien[19], car contrairement au lieu utopique qui reste toujours abstrait, la banlieue perçue comme ghetto est un espace réel qui héberge à l'occurrence l'imaginaire de la ségrégation et de la pauvreté. Il peut même faire partie de ces *hétérotopies* que Foucault appelle « de déviation » car les individus qui l'habitent sont considérés déviants par rapport aux codes de comportement du centre-ville. À l'instar de la prison, l'une de ces *hétérotopies* foucaldiennes – et qui est par ailleurs une figure largement exploitée par le rap comme comparaison de la banlieue (« Finir ma vie ici [à la cité] ou en prison, aucune distinction », Fabe, 1995) – le ghetto serait l'espace urbain où la ville se débarrasse de ses indésirables.

Le ghetto renvoie ainsi à une représentation précise de l'exclusion sociale et de la ségrégation spatiale, ainsi qu'à la gravité que cela représente, exclusivement sur le plan *symbolique* : vivre dans une cité de banlieue ou quartier populaire en France présente les mêmes incidences que pour ceux vivant dans l'un des ghettos de l'Amérique. Dit autrement, le terme ghetto se constitue comme l'équivalent pragmatique dans le rap français de ce qu'il est dans le rap américain. D'une certaine manière, ce qui est encore en débat ou qui serait même impropre en termes socio-urbanistiques,

---

[19] Michel Foucault, « Des espaces autres », (conférence au Cercle d'études architecturales, 14 mars 1967), in *Architecture, Mouvement, Continuité*, n° 5, octobre 1984, p. 46-49.

trouve pleinement son sens en termes de représentation symbolique. Le rap réussit ainsi un exploit métaphorique en reliant par analogie la banlieue populaire française à l'imaginaire du ghetto américain. Par ailleurs, si nous tenons compte du comment ce terme se voit exploité dans le rap depuis les années 1990, nous pouvons dire aussi qu'il s'agit d'une métaphore filée, car l'analogie est développée et complétée selon les usages qu'en font les rappeurs.

Cette étendue symbolique de ce terme peut être également mise en rapport avec ce que dit l'anthropologue Marc Augé quant à certains lieux, considérées comme des *non-lieux* car ils n'existent pas pleinement en tant que tels. Leurs noms ont une ampleur symbolique parce qu'ils ont le pouvoir d'éveiller un imaginaire collectif (comme Hawaï, par exemple, par son caractère de site exotique) : « Certains lieux n'existent que par les mots qui les évoquent, non-lieux en ce sens ou plutôt lieux imaginaires, utopies banales, clichés (...). Le mot, ici, ne creuse pas un écart entre la fonctionnalité quotidienne et le mythe perdu : il crée l'image, produit le mythe et du même coup le fait fonctionner »[20]. Le mot ghetto fonctionnerait donc dans le rap de façon similaire grâce aux évocations qu'il enferme et qu'il éveille ensuite chez l'auditeur : il permettrait aux rappeurs de mettre un nom sur une réalité qui dépasse le seul emplacement territorial, et qui rend compte d'un imaginaire où les banlieues françaises reléguées seront *vraiment* au même niveau de comparaison que les ghettos américains.

C'est alors dans ce sens que le rapprochement entre ghetto et banlieue populaire trouve son sens dans l'univers du rap alors même que son usage est fortement nuancé par les sociologues. Ce terme renvoie à un système de représentation qui doit être compris pleinement dans son usage symbolique, c'est-à-dire que sa seule valeur est d'être le signe de ce à quoi il renvoie. De ce fait, le « ghetto » se présente, pour reprendre à notre compte l'expression de Marc Augé sur certains *non-lieux*, en tant que « force évocatrice ». Il fait apparaître dans l'esprit de l'auditeur un certain nombre d'images et des associations d'idées qui permettent au mieux de représenter la banlieue vécue et perçue. Les rappeurs auraient de la sorte détourné le rapport à la banlieue qu'on a imposé au rap. Car au lieu d'accepter l'euphémisme des banlieues qui dissimule au fond les vrais problèmes qui existent dans les périphéries des villes, le rap impose une hyperbole : la figure du ghetto. On peut même dire que ce terme recouvre un caractère thérapeutique car il se présente comme le mot indispensable pour « guérir » le malaise social. C'est en tout cas ce que sous-entendent ces propos de « Enfants du ghetto » (1990), le premier morceau de rap à employer ce terme :

---

[20] Marc Augé, *Non-lieux. Introduction à une anthropologie de la surmodernité*, Paris, Seuil, 1992, p. 120.

Enfant du ghetto, Bronx ou Soweto
À chacun sa maladie mais toujours les mêmes mots
Pour détruire l'horreur, l'angoisse, la peur.

Ces vers proposent même l'idée que l'emploi de ce mot est pour le plus nécessaire en rappelant ainsi ce que Shusterman dit pour toute œuvre d'art, au détriment de la seule valeur esthétique, que l'art est essentiel pour la vie car il lui fait du bien.

Le ghetto, territoire rhétorique du rap ?

Peut-on alors considérer le ghetto comme un « territoire rhétorique » du rap français ? Le philosophe Vincent Descombes distingue le « territoire géographique » du « rhétorique » parce que celui-ci structure en son sein une série de représentations translucides pour tous ceux qui occupent le même espace, investi par le langage. En s'intéressant à ce qu'il appelle la « philosophie de Combray » dans le célèbre roman proustien, il met en lumière une philosophie du groupe, car le « territoire rhétorique » n'est pas un simple lieu, mais un espace vécu, perçu et ressenti, non pas par des individus isolés, mais par un groupe humain déterminé. Il renvoie à une « vision du monde » partagée, pour ainsi dire, ou à une « théorie collective du monde ». Le territoire rhétorique s'arrête donc face à des interlocuteurs qui ne partagent pas cet espace et qui exigent alors de longues explications pour comprendre son sens[21]. Quand l'univers de la banlieue est exploité dans le rap en termes de ghetto, rappeurs et auditeurs comprennent ce sens dans un système qui reste à l'intérieur du rap et de la représentation fictionnelle de la banlieue (car il y a aussi des écritures de/et sur la banlieue qui emploient ce terme)[22]. Nous pouvons parler dans ce cas du « ghetto » comme territoire symbolique du rap : sa crédibilité réside dans le champ symbolique en référence avec le ghetto américain.

Cet emploi du terme ghetto montre alors les limites d'une approche exclusivement sociologique pour comprendre le sens du rap (et possiblement de la banlieue aussi) dont le système de représentation ne poursuit pas toujours une reproduction littérale du réel, mais mobilise au contraire le symbolique. En se rapportant à des réalités concrètes (les ghettos noirs-américains, en l'occurrence), les mots et les termes employés dans le rap

---

[21] Vincent Descombes, *Proust : philosophie du roman*, Paris, Minuit, 1987. Cité par Marc Augé, *Non lieux, op. cit.*, p. 136.

[22] Comme dans les romans dits « de banlieue » qui sont apparus à la fin des années 1990 et au début des années 2000, notamment après les émeutes de 2005 : Rachid Djaïdani, *Boumkœur*, Paris, Seuil, 1999 ; Karim Amellal, *Cités à comparaître*, Paris, Stock, 2006 ; Mohamed Razane, *Dit violent*, Paris, Gallimard, 2006, Thomté Ryam, *Banlieue noire*, Paris, Présence Africaine, 2006, entre autres.

poursuivent maintes fois un usage métaphorique. À ce propos, la réflexion de Michel Collot sur le texte poétique peut être tout à fait transposée à cette façon dont le rap jongle avec la représentation du réel. Car le poème n'est pas fermé sur lui-même, c'est-à-dire sans aucun lien avec le monde auquel il se réfère, mais il relie au contraire dans son sein écriture, expérience personnelle et découverte du monde. Dans ce sens, en opposition à la réalité à laquelle renvoient les sciences sociales, le poème renvoie au monde « perçu et vécu ». Le langage poétique se distingue alors du langage courant qui « appelle chaque chose par son nom », parce qu'il s'agit de « se détourner de la chose », en oubliant si celle-ci correspond ou non au concept proposé par « l'appellation contrôlée du dictionnaire ». D'une certaine façon, le poème « se délivre des images stéréotypées du réel, transmises par le code, pour atteindre à une meilleure vision des choses » et « nous faire voir ce que nous ignorons de la réalité »[23]. En se détachant de la définition du dictionnaire et en attribuant au ghetto une force évocatrice symbolique, le rap rend puissant ce mot et le transpose dans un système poétique. Il lui donne une vie nouvelle et unique à l'intérieur du rap à tel point que nous pouvons oser dire qu'il ne représente pas seulement la banlieue, mais qu'il « la fait ». « C'est le rap qui a créé la banlieue », disent les Faboulous Troubadours dans l'entretien cité en introduction, car au-delà d'un concept, la « banlieue » rappée est un vécu, un perçu et un ressenti en collectivité.

Bibliographie

Augé, Marc, *Non-lieux. Introduction à une anthropologie de la surmodernité*, Paris, Seuil, 1992.
Bazin, Hugues, *La culture hip-hop*, Desclée de Brouwer, 1995.
Collot, Michel, *La poésie moderne et la structure d'horizon*, Paris, PUF, 1989.
Descombes, Vincent, *Proust : philosophie du roman*, Paris, Minuit, 1987.
Donzelot, Jacques, *Faire société. La politique de la ville aux États-Unis et en France*, Paris, Seuil, 2003.
Foucault, Michel, « Des espaces autres » (conférence au Cercle d'études architecturales, 14 mars 1967), in *Architecture, Mouvement, Continuité*, n° 5, octobre 1984, p. 46-49.
Ghio, Bettina, « La question de la littérature dans le rap français », *Transitions*, novembre 2011, article en ligne sur le site : www.mouvement-transitions.fr. Consultation le 17 août 2014.
Ghio, Bettina, « Pratiques culturelles et émancipation : retour sur l'émergence du rap français », Revue *Contretemps* web, mars 2014, article en ligne sur le site : www.contretemps.eu. Consultation le 17 août 2014.

---

[23] Michel Collot, *La poésie moderne et la structure d'horizon*, PUF, 1989.

Ghio, Bettina, « La représentation de la banlieue dans le rap français : vérité du réel ou perspective littéraire ? », Colloque interdisciplinaire « Les banlieues Loin des Clichés : Nouvelles Voix, Images et Identités Émergeant à la Périphérie des Villes Françaises », *Banlieue Network*, Brookes, Oxford University, du 3 au 4 avril 2014.

Hammou, Karim, *Une histoire du rap en France*, Paris, La Découverte, 2012.

Lapassade, Georges et Rousselot, Philippe, *Le rap ou la fureur de dire*, Paris, Louis Talmart, 1990.

Lapeyronnie, Didier, *Ghetto urbain. Ségrégation, violence, pauvreté en France aujourd'hui*, Paris, Robert Laffont, coll. « Le monde comme il va », 2008.

Maurin, Éric, *Le ghetto français, enquête sur le séparatisme social*, Paris, Seuil, 2004.

Rost, *Enfant des lieux bannis*, Paris, Robert Laffont, 2008.

Touraine, Alain, « Face à l'exclusion », *Esprit*, « La France des banlieues », février, 1991.

Vieillard Baron, Hervé, *Banlieue : ghetto impossible ?*, Paris, Éditions de l'Aube, 1996.

Vieillard Baron, Hervé, *Les Banlieues. Des singularités françaises aux réalités mondiales*, Paris, Hachette-Supérieur, 2001.

Wacquant, Loïc, *Parias urbains, Ghetto-banlieues-État* [2005], trad. Sébastien Chauvin, Paris, La Découverte, 2006.

Discographie

Casey, « Premier rougissement », *Libérez la bête*, Anfalsh-Ladilafé, 2010.

Dee Nasty, « Paname city rapin' » (autoproduction, Funkzilla Records), 1986.

Fabe, « La raison », *Befa surprend ses frères*, BMG Music, 1995.

IAM, « Bienvenue », *Revoir un printemps*, Delabel EMI Music, 2003.

Idéal J., « Le ghetto français », *O'riginal MC's sur une mission*, Nigth & Day, 1996.

Kery James, « Banlieusards », *À l'ombre du show business*, Up Music, 2008.

Kool Shen, « Oh no », *Dernier round*, Sony BGM Music, 2004.

La Rumeur, « Inscrivez sans greffer », *Regain de Tension*, La Rumeur Records, 2004.

Lionel D., *Y'a pas de problème*, CBS Disques S.A., 1990.

Monsieur R., « Ghetto républicain », *Black Album*, One The Corner, 2006.

NAP, « Pourquoi le Neuhof brûle-t-il ? », *Le Boulevard des rêves brisés*, BMG, 1999.

NTM, « Qui payera les dégâts ? », *1993... J'appuie sur la gâchette*, Sony Music, 1993.

NTM, « Odeurs de souffre », *Suprême NTM*, Sony Music, 1998.
Rapattitude !, Labelle Noir, 1990.
Rocé, « Je chante la France », *Identité sur crescendo*, No Format !, 2006.
Rohff, « Génération sacrifiée », *Le code de l'horreur*, Foolek Records/RMI, 1999.
Rohff, « Premier sur le ghetto », *Au-delà de mes limites*, Hostile Records, 2005.
Saliha, « Enfants du ghetto », *Rapattitude* !, Labelle Noir, 1990.

Le film de banlieue comme méta-genre

Valérie BONNET et Patrick MPONDO-DICKA

LERASS (Laboratoire d'études et de recherches en sciences sociales), Toulouse

« filmer *en* banlieue ne revient pas à filmer *la* banlieue ou *les* banlieues, d'autant que la télévision – et ses séries – investit aussi cette contrée particulièrement connotée dans les imaginaires de chacun, réalisateurs et spectateurs » (Paquot, 2008 : 149).

Ce chapitre vise à tracer les contours de cette catégorie de films que l'on appelle le « film de banlieue ». Contours historiques, d'une part, avec l'établissement d'une chronologie. Contours critérisés d'autre part avec une détermination des éléments constitutifs communs de ces productions. Contours internes, enfin, puisque nous montrerons que cette catégorie est hétérogène et constitue un méta-genre. Cette hétérogénéité est imputable aux influences diverses de ce cinéma, mais aussi à l'évolution de la couverture médiatique de la banlieue.

Médias et banlieues, une chronologie

Globalement, les chercheurs issus de différents horizons intellectuels (sociologie, politologie, sciences de l'information et de la communication, études cinématographiques) s'accordent sur la périodisation du regard porté sur la banlieue

- 1950-1981 : montée des interrogations,
- 1981-1989 : stratégies de dramatisation,
- 1989-1994 : polarisation entre une analyse, un regard péjoratif et alarmiste, et un projet d'explicitation de la banlieue à travers des parcours rassurants.

Si la première période ne fait pas apparaître de phénomène massif en matière de discours informatif, les deux périodes suivantes sont caractérisées par une incursion importante de cet espace urbain dans l'agenda.

- en 1981, cela se caractérise par une forte couverture des « rodéos » se déroulant durant la période estivale dans le quartier des Minguettes. La présence des médias contribue à déclencher ces comportements spectaculaires et se met alors en place un jeu d'instrumentalisation réciproque[1]. La tonalité est alors alarmiste et dramatisante ;
- la période suivante voit les banlieues occuper une place croissante dans le discours informatif télévisuel, en corrélation avec celle de l'intégrisme musulman. Les émeutes de Vaulx en Velin (1990), fortement médiatisées, remettent à l'*agenda setting* celui de la violence urbaine, en lien avec le *topos* d'une jeunesse violente mais également sacrifiée. Se fait alors jour une mise en cause des médias, qui entraîne un processus de réparation voire d'expiation par la télévision, qui de plus en plus mise en cause, se propose de réhabiliter, voire de retourner les images pénalisantes des banlieues et de leurs habitants qu'ils avaient contribué à installer[2].

Cette dernière étape est toujours d'actualité, et l'on constate un clivage du discours télévisuel lorsqu'il se porte sur ce type de problématiques sociales. Lochard parle de *blocage argumentatif, d'impuissance explicative*, observable dans une série d'émissions qui argumentent dans un sens puis dans le sens opposé[3].

Définition/délimitation du corpus

On le devine, filmer *en* banlieue ne revient pas à filmer *la* banlieue ou *les* banlieues, d'autant que la télévision – et ses séries – investit aussi cette contrée particulièrement connotée dans les imaginaires de chacun, réalisateurs et spectateurs (Paquot, 2008 : 149).

L'auteur complète en précisant que « le choix du lieu est décisif et *signifie* ». C'est fort de ce postulat que nous avons défini notre corpus. Nous avons décidé d'intégrer dans celui-ci les films traitant *de* la banlieue vue en tant que lieu de problématique sociale, excluant les films traitant de violence ou d'action pure (comme la série des *Taxi*), et les films se déroulant *dans* la banlieue.

---

[1] Il convient d'ajouter qu'à celle-ci se surimpressionne une instrumentalisation des mêmes médias par le pouvoir durant la décennie, ou plutôt, pour reprendre Lochard, un jeu interactionnel entre le pouvoir et les médias.

[2] « Cette période est très éclairante. Elle souligne bien en quoi la thématique de la banlieue est bien une résultante, un "condensé" de phénomènes sociaux plus généraux et distincts qui sont amalgamés et rabattus par la logique du discours informatif sur un lieu symbolique chargé de tous les maux » (Lochard, 2002 : 39).

[3] Il convient également de noter qu'à chacune de ces étapes intervient un corpus de discours universitaires tentant de mettre en place un schème explicatif.

Sont donc exclus de ce corpus les films historiques (*Zone franche* (1996), *Le Gône du Chaaba* (1997), *La marche* (2013)) et les films dits « films de Marseille » (*Khamsa* (2008), *Comme un aimant* (2000), *Bye bye* (1995)), qui constituent une catégorie spécifique, renvoyant aux particularités de la ville plus qu'à une problématique des banlieues. En effet, Lochard (2007) avance

> lorsque interviennent pour une collectivité des moyens concrets et des supports imaginaires de « faire Cité » en ménageant des lieux de circulation entre « établis » et « marginaux » s'estompent les antagonismes. Et se fissurent les discours entretenant les fantasmes d'une altérité radicale entre le « Nous » des intégrés et cet « Eux » d'autant plus menaçant que jeune et annonciateur d'un futur plein d'incertitudes.

De même, nous avons exclus *Petits frères* (1998) de J. Doillon, qui bénéficie d'un effet de genre, faisant œuvre d'opportunisme thématique.

Nous avons donc retenu les 19 films suivants :
- *Le thé au harem d'Archimède* (1984)
- *De bruit et de fureur* (1988)
- *Hexagone* (1994)
- *État des lieux* (1994)
- *Douce France* (1995)
- *Raï* (1995)
- *La Haine* (1995)
- *Ma 6 T va crack-er* (1997)
- *La squale* (2000)
- *Wesh Wesh, qu'est-ce qui se passe ?* (2001)
- *Yamakasi* (2001)
- *L'esquive* (2003)
- *Banlieue 13* (2004)
- *Voisin voisine* (2005)
- *Des poupées et des anges* (2007)
- *Regarde-moi* (2007)
- *Banlieue 13 – Ultimatum* (2008)
- *Aide toi et le ciel t'aidera* (2008)
- *Tout ce qui brille* (2009)

Nous pouvons périodiser ce corpus en trois ensembles successifs, excluant *Le thé au harem d'Archimède* et *De bruit et de fureur*, qui, en soi, semblent constituer des hapax pré-périodisation :

- 1994-1997 : naissance du genre[4],
- 1998-2001 : réplique genrée[5],
- depuis 2003 : dérive genrée.

Nous traiterons ici de la première de ces trois périodes, compte tenu de notre visée initiale. Cette période est également reconnue comme celle de l'avènement du genre par Carole Milleliri :

> en 1994, la réception du film Hexagone de Malik Chibane, étiqueté « film sur la banlieue » de manière répétée, annonce l'émergence prochaine d'un nom de genre, indice concret de la reconnaissance partagée d'un genre émergent. L'année 1995 marque la naissance officielle du cinéma de banlieue en tant que catégorie de réception. Le film *La Haine* (Mathieu Kassovitz, 31 mai 1995) suscite une réflexion nouvelle sur l'existence d'un ensemble spécifique dans le cinéma national et sur le nom à lui attribuer (Milleliri, 2011).

On constate que le genre apparaît avec la forte médiatisation des quartiers, notamment avec la surexposition des émeutes de Vaulx en Velin (voir *infra*). D'autre part, une analyse plus approfondie du corpus permet de dégager deux modèles qui transcendent cette périodisation :

- le modèle dit *socio-culturel* dont *Hexagone* de M. Chibane est le parangon. Ce modèle socio-culturel (*La squale*, *Wech wech*) verra son point d'inflexion avec *L'esquive* et va évoluer vers une dérive genrée confinant à la comédie de mœurs en passant par la comédie sociale (*Voisin voisine*, *Des poupées et des anges*, *Regarde-moi*, *Aide toi et le ciel t'aidera*, *Tout ce qui brille*).
- le modèle studio qui entérine un genre (*Raï*, *La Haine*, *Ma 6T va crack-er*), puis confinera au film d'action (*Yamakasi*, *Banlieue 13*, *Banlieue 13 – Ultimatum*).

2. Aux origines, le *banlieue film* ?

La naissance du film de banlieue est souvent attribuée à la notion de *banlieue film*, apparue dans *Les Cahiers du Cinéma* (Fourcaut, 1999 ; Paquot, 2008 ; Milleliri, 2011) sous la plume de Thierry Jousse :

> ce sont des films faits avec très peu d'argent, sur un mode communautaire ou associatif totalement hors des circuits traditionnels, travaillés par l'envie et l'énergie des produire des images à soi avec ce qu'on a sous la main sans attendre que les médias ou les fictions majoritaires s'en emparent (n° 492, juin 1995)

---

[4] Ce qui correspond à la même périodisation que la seconde *blaxploitation* (voir Bonnet & Mpondo-Dicka, 2012).

[5] Nous utilisons le terme *réplique* au sens sismologique, en tant que seconde vague qui reduplique la première.

Selon Jousse, ces films ne bénéficient en général pas d'avance sur recette, ni de financement télévisuel, ce cinéma n'étant pas social, mais qualifié *d'actuel*. Il s'agit de films sociaux, naturalistes, qui prendraient leurs racines dans le film réaliste (Fourcaut, 1999) dont le financement est potentiellement hors système. Cet avènement communicationnel par la définition mise en place par une instance légitimante entérine l'existence d'un genre. *Les Cahiers du Cinéma* sont fondés sur une conception classique du genre, liée au mode de production sur le modèle des genres issus du système hollywoodien. Or, ce modèle économique est caduc depuis les années 1950 et correspond à une approche intellectuelle, également perceptible dans la formulation calquée sur l'anglo-américain (*Hood Movie*), contraire au sentiment linguistique français[6].

Fourcaut (1999) parle quant à elle de *film de cité*, produit par les milieux associatifs et dont le *Thé au harem d'Archimède* serait le précurseur, Paquot (2008 : 149) voit dans *Hexagone* le point d'avènement du genre.

Cette émergence est concomitante d'une scène rap qui participe pleinement à l'ambiance sonore des films ; ainsi, le groupe de rap Assassin écrit la musique du film *État des lieux* de Jean-François Richet en 1995, et participe à la B-O de *La Haine* (1995)[7], de *Ma 6T va crack-er* (1997) et plus tard à celle de *Wesh wesh* (2001) ; la musique rap contribue ainsi à augmenter l'ampleur de la couverture médiatique des films, et vice-versa.

Aux origines, le *hood movie* ou *Do the Right Thing* ?

En effet, la culture hip hop (tags, graff, *break dance, D-jaying, free jams*) en provenance des États-Unis aurait percolé en France durant les années 1980 de manière concomitante avec la musique américaine qui connaît une adhésion accrue grâce à l'apparition d'un nouveau support, le vidéoclip.

Après une phase plutôt confidentielle, cette culture gagne un public plus large, et TF1 inaugure l'émission H.I.P H.O.P (janvier à décembre 1984) animée par Sidney[8], le premier animateur noir de la télévision française, et dont le public présent sur le plateau est composé de danseurs venant essentiellement des banlieues de Paris.

---

[6] De fait, il est de nombreuses discussions sur les forums pour savoir comment dénommer cette catégorie, le plus souvent appelée dans les classifications profanes *film de banlieue*.

[7] La bande originale de *La Haine* est à ce titre particulière : il sort d'abord un premier album de *musiques inspirées du film*, agrémenté d'intermèdes constitués d'extraits sonores du film.

[8] Nom de scène de Patrick Duteil, animateur radio et disc-jockey, dont l'émission sur Radio 7 sert de base à l'émission de TF1.

C'est surtout par les films *hip hop* qui apparaissent aux États-Unis, début des années 1980 (*Wild Style*, Charlie Ahearn, 1983, *Beat Street*, Stan Lathan, 1984, *Breakin'*, Joel Silberg, 1984), pour accompagner l'émergence de cette culture et son potentiel financier que la scène française fait la découverte de celle-ci, y accédant par l'intermédiaire du marché de la vidéocassette. Sous tendus par une thématique existentielle déterministe (de jeunes noirs en proie à la difficulté de leurs conditions sociales et raciales), ces films ont comme adjuvant narratif la danse, la musique et/ou le graffiti.

En substance, cette époque voit la création de la figure du *B Boy*[9] dans l'imaginaire français, celle-ci laissant poindre l'idée qu'il y a une voix de représentation de la banlieue dans le monde médiatique. Ces intermédiaires se construisent sur une importation du modèle de leurs alter ego américains et deviennent l'archétype du jeune de banlieue sans en constituer une réalité, une forme de motif cinématographique qui, progressivement, par mimétisme, prend corps dans la sphère sociale.

Au film hip hop succède le *hood movie* qui connaît un démarrage fulgurant durant l'année 1991, année qui vit la sortie d'un nombre incroyable[10] de films réalisés par des Afro-Américains : *Boyz'N the Hood* (John Singleton), *New Jack City* (Mario Van Peebles), *Straight Out of Brooklyn* (Matty Rich), *Hangin' With The Home Boys* (Joseph B. Vazquez)[11].

La littérature dévolue au genre propose de multiples systèmes de définition (voir Moine, 2008), mais, pour tracer les contours de ce courant, nous nous en tiendrons à la définition proposée par Altman (1999), fondée sur 8 caractéristiques :

1. une structure duelle fondée sur un conflit de valeur, cristallisant alternativement l'attention des spectateurs sur l'un ou l'autre des personnages,
2. une logique de répétition par l'utilisation des mêmes plans, des mêmes matériaux ; celle-ci fixe une iconographie du genre et propose une résolution des mêmes conflits par les mêmes solutions,
3. une économie cumulative caractérisée par une logique sérielle et une cumulation intratextuelle,

---

[9] À l'origine, *Breaking Boy*, du nom des premières figures de la danse hip-hop qui décomposent les mouvements du corps.

[10] Au regard de la production exsangue de films afro-américains lors de la décennie précédente.

[11] Il convient en effet de préciser que les ghettos connaissent alors une violence endémique, 1991 étant l'année de l'apogée de *l'épidémie du crack*, épidémie qui toucha particulièrement la population noire défavorisée.

4. une prédictibilité,
5. un penchant pour les références intertexuelles :
6. un caractère symbolique des sons, des situations, des images ; la connotation l'emporte sur la dénotation,
7. une fonction sociale qui permettrait de résoudre, dans la fiction, des conflits culturels ou conjoncturels que la société ne peut ou sait régler,
8. une dimension pragmatique qui se caractérise par une variété des usages et des lectures du genre (par les spectateurs, les producteurs, les critiques) ; cette idée implique que le genre existe socialement en ce sens qu'une communauté s'accorde pour reconnaître sa sémantique et sa syntaxe.

Nous retiendrons de ces caractéristiques celles qui nous paraissent pertinentes pour notre corpus et notre problématique. Il apparaît ainsi que la scène d'émeute revêt un caractère hautement symbolique et connoté dans le noyau de films emblématiques du genre (6). De ce point de vue, sa présence relève d'une logique cumulative fortement identificatrice (3), et sa disparition ouvre la période des répliques genrées. Pour autant, si les films de banlieue incluant une scène d'émeute remplissent bien une fonction sociale, ils visent moins à résoudre les conflits qu'ils montrent qu'à mettre en exergue leur irréductibilité, renvoyant à la scène sociale la responsabilité de résoudre, en changeant, les conflits qu'elle génère. Leur fonction sociale est donc davantage de l'ordre de l'identification du problème que de sa résolution.

Le *hood movie* se caractérise aussi comme un genre par sa dimension environnementale (le quartier noir, urbain, et son emprise sur les personnages) et son contexte social (précarité, fille-mère, conflit des générations et final dysphorique). Ces productions exploitent une dimension testimoniale à visée démonstrative : inscription dans un contexte historique, contextualisations extradiégétiques, images d'archives, justification véridictoire de la fiction et moralisation. Ce genre aux modalités énonciatives et thématiques communes s'est vu ouvrir la voie par *Do The Right Thing* de S. Lee (1989), celui-ci installant plusieurs éléments auxquels les films de ce que nous appelons la seconde *blaxploitation* (Bonnet & Mpondo-Dicka, 2012) emprunteront plus ou moins explicitement (à l'exception notable de la relation noir/blanc, qu'ils évitent soigneusement). Reprenant un certain nombre de motifs, ce corpus le traite de manière de plus en plus conventionnelle, comme des itinéraires exemplaires et illustratifs de vérité « sociologique » générale. Ils se distinguent en effet par une *intentio auctoris* visant à l'édification, par le truchement de la mise en scène d'une fonction de témoignage, et proposent des personnages constituant une forme de galerie de stéréotypes qui semble être le corollaire de la dimension générique de ces productions : mère-courage célibataire, meilleur ami de mauvais conseil, père souvent absent, grands-parents religieux et respectueux de la morale.

Les caractéristiques du *hood movie* sont parfaitement adaptables à ce que nous appellerons, au moins de manière provisoire, *le film de quartier*, transcription de *hood movie*, afin de dénommer un sous-genre de ce que la réception critique appelle le *film de banlieue*, catégorie extrêmement hétérogène[12]. Tout comme leurs *alter ego* d'outre-Atlantique, ces films s'inscrivent dans une dimension environnementale, sociétale et se terminent de manière dysphorique[13]. D'autre part, si *La Haine* apparaît comme le parangon du film de quartier, la concomitance de la sortie de celui-ci avec *Ma 6 T va craquer* et *Raï* laisserait supposer, tout comme pour les *hood movies*, une influence du film de S. Lee qui connaît un succès important dans l'Hexagone. Non seulement les réalisateurs se réclament du cinéaste new-yorkais[14], mais un film comme *La Haine*, suivant l'exemple de *Do the Right Thing*, construit un processus de légitimation dès sa phase de mise en œuvre, en installant l'équipe de production dans les quartiers, en organisant des projections et des formations intégrant la population locale à l'équipe technique et à la figuration. Cette démarche d'intégration s'inscrit en contradiction avec le mode d'investigation de la télévision dans ces zones périurbaines. Ce processus de légitimation contribue à instaurer *La Haine* en parangon dans le cadre hexagonal ; en effet, celui-ci adhère aux représentations doxiques de la banlieue et, d'une certaine manière, les renforce – à tel point que le film est projeté au ministre de l'Intérieur A. Juppé.

La construction du film de M. Kassovitz travaille à son instauration en modèle du genre : il débute sur une scène d'émeute, scène à visée documentarisante (les trois personnages principaux se demandent si Abdel Ichaha, blessé par les forces de l'ordre lors de la nuit de violences qui précède, va mourir, et l'annonce de son décès est l'occasion de la bascule narrative du film), installant la diégèse du film dans une vraisemblance

---

[12] Si l'on reprend le critère pragmatique de Altman, il apparaît clairement que cette catégorie, même si elle est sujette à de nombreuses définitions, très variables extensivement comme intensivement, existe. Nous entendons par là qu'elle est le sujet de nombreuses discussions et définitions auprès des publics profanes.

[13] Les films de hip-hop se distinguent essentiellement des hood movies par cette dernière caractéristique, liée à la thématisation artistique de la dialectique sociale (le problème social se résout lors des scènes de danse) ; leur final est en effet euphorique, et passe la plupart du temps par une scène finale de spectacle dansé, intégré à la diégèse, renvoi de genre à la comédie musicale.

[14] Cette reconnaissance est cependant récente chez Kassovitz (<http://blogywoodland.blogspot.fr/2014/05/mathieu-kassovitz-et-spike-lee.html>).

sociale qui fonde son suspense ; le film s'achève sur un second topos, celui de la bavure policière, à l'origine de l'émeute qui inaugure le film. Il convient d'ajouter à l'influence de *Do the Right Thing*, dont l'acmé est constituée par une construction minutieuse d'un incident dans le quartier noir de Brooklyn, amenant à une bavure policière tournant à l'émeute, un fort relais télévisuel des troubles urbains de 1994. Ainsi, la réalité sociale du moment renforce ce processus d'instauration : Peralva (2006) recense 24 de ce qu'elle appelle « les émeutes de la mort », i.e. une protestation violente engagée par des jeunes habitants des périphéries urbaines en réponse à la disparition violente de l'un d'entre eux entre octobre 1990 et juillet 1995 (chiffres tirés de deux recherches effectuées pour l'Institut des hautes études de la sécurité intérieure, IHESI). Dans plus d'un tiers des cas étudiés, la police a été directement ou indirectement liée au décès qui a déclenché la protestation[15].

La scène d'émeute, omniprésente dans les représentations médiatiques des banlieues françaises, est curieusement absente du corpus cinématographique. Seuls trois films, ceux qui reprennent les codes et les motifs du *hood movie*, incluent celle-ci dans leur syntaxe, et lui donne une portée iconographique importante.

La scène d'émeute et son destin

Cependant, si le *hood movie* constitue l'horizon esthétique et social (quartier défavorisé et ethnicisé) des films de quartier, il est des spécificités hexagonales sur certains critères syntaxiques[16], dont la scène d'émeute[17]. En effet, notre corpus américain ne montre pas de telles scènes de violences, si ce n'est les soulèvements du quartier de Watts (1965) dans *Menace II society*, en raison de stratégies testimoniales (cf. *supra*). La scène d'émeute est difficile à mettre en place aux États-Unis en raison d'une certaine peur d'une influence des images ; la médiatisation filmique des conflits sociaux, très importante outre-Atlantique n'échappe pas à la crainte permanente de réactions mimétiques et d'un retour dans le social[18].

---

[15] En octobre 1990, à l'occasion de l'émeute de Vaulx-en-Velin, l'un d'entre eux a déclaré aux journalistes : « N'oubliez pas de dire que ceci n'a rien à voir avec les étés chauds des Minguettes. Là c'est à cause des morts » (*Libération*, 8 octobre 1990).

[16] Chez Altman, le genre repose sur des critères sémantiques et syntaxiques ; les critères sémantiques sont globalement à caractère thématique, les critères syntaxiques sont des agents actifs de production de sens.

[17] Et aussi la relation périphérie/centre, propre à la géographie urbaine française.

[18] On peut y voir l'influence de la philosophie pragmatiste : le film constitue un public qui peut entraîner un *backlash* sociétal. Mais il est vrai que la société américaine, prompte à spectaculariser et à exorciser ses difficultés par la voie médiatique (film, téléfilm, série), établit une relation forte entre actualité sociale et actualité cinématographique.

La monstration de l'émeute constitue l'acmé qui a fait de *Do the Right Thing* un film polémique, et c'est ce modèle qui sera retenu par les réalisateurs français, ainsi que l'indique le témoignage de T. Gilou, dont le film *Raï* est construit autour de la scène d'émeute finale[19], principe repris dans *Ma 6 T va crack-er* qui consacre une séquence de 10 minutes à celle-ci. Ces scènes constituent un point inéluctable vers lequel s'achemine la narration, un élément de résolution, auquel succède la séquence de clôture, résumant l'argumentation/discours du film. En ceci l'économie des deux opus s'oppose à celle de *La Haine*. En effet, ainsi que nous l'avons évoqué plus haut, la scène d'émeute, y est une scène de contextualisation qui va permettre le développement narratif.

La scène d'émeute comme récit, la bavure policière comme performance

Les trois films ont en commun avec *Do the Right Thing* le fait d'utiliser la scène d'émeute à des fins de témoignage social, autant qu'en tant qu'élément majeur de l'économie filmique : la durée notable de la scène d'émeute dans les trois films témoigne déjà de son importance narrative et discursive : on devrait d'ailleurs parler de *séquence d'émeute* plutôt que de scène d'émeute, car elle relève davantage du cadre de la séquence dans sa structuration (plusieurs lieux, déplacements des protagonistes, montage alterné convergeant vers les lieux de l'affrontement, etc.).

Gilou et Richet, à l'instar de Spike Lee, structurent leur séquence comme un mini-récit dont le reste du film ne serait que le contexte favorable ; en termes de narrativité, le contexte du film constitue la manipulation initiale (la motivation des personnages à entrer dans leur rôle de protagonistes du conflit), et prépare la scène d'émeute en réunissant les ingrédients de son explosion : elle apparaît ainsi comme le fruit de la tension narrative installée préalablement, et construite autour d'un ensemble d'incidents cumulés, donnant à la scène la dimension tragique d'un inexorable *fatum*.

La bavure policière est établie en élément déclencheur de l'émeute, l'action au centre de celle-ci constituant un récit, ou, en utilisant le vocabulaire de la sémiotique narrative[20], la performance dont la sanction négative est la dégénérescence en émeute du conflit jusqu'alors circonscrit.

Symptomatiquement, cette extension de la zone de conflit était marquée dans *Do The Right Thing* par le débordement de la lutte entre Radio Raheem et Sal, qui, en se déplaçant dans la rue, quittait l'espace

---

[19] Interview au *cercle de minuit*, émission du 29 juin 1995, année de la sortie de *Raï*.
[20] Cf. Courtés Joseph, Analyse sémiotique du discours, de l'énoncé à l'énonciation, Hachette, 1993 pour une explication détaillée des termes.

privé de la pizzeria, et devenait publique. Dans *Raï*, le toit-terrasse de l'immeuble tient lieu d'espace privé aux deux frères, et l'affrontement avec les forces de police intervient lorsque Nordine (Sami Naceri) débouche sur la rue. De même, c'est en sortant d'un parking, qui est pour eux un lieu de vie, que les trois protagonistes de *La Haine* se retrouvent nez à nez avec la police. La structure cyclique de ce film referme la scène finale sur l'émeute initiale, dont on sait qu'elle a été déclenchée par une bavure policière.

On trouve chez Richet une boucle similaire : une bavure policière clôt le film, forme de promesse de nouvelles émeutes. En revanche, c'est une exclusion qui est à la source du désœuvrement et de la frustration qui poussent les trois protagonistes à brûler une voiture, puis à foncer dans le véhicule de police arrivé sur les lieux ; la cité est hostile, et la rue est leur *chez eux*, toute intrusion y étant vécue comme une violation d'espace privé.

La dialectique privé/public prend ainsi une tournure singulière dans les films de quartier, l'extériorité du quartier étant vécu de l'intérieur comme un espace privé. Cette appropriation de l'espace public interroge, et mériterait un traitement spécifique, qu'il n'est pas possible de mener ici.

La bavure policière et l'émeute sont également liées dans *Raï* : c'est la mort de Nordine qui déclenche la série d'événements qui conduisent à l'émeute. Pourtant, chez Thomas Gilou, l'enchaînement causal ne soustend pas réellement un discours révolutionnaire, ni même revendicatif ; le personnage de Nordine (Sami Nacéri) est particulièrement ambivalent ; c'est lui qui provoque l'arrivée de la police en tirant sur la foule et la riposte des forces de l'ordre par les insultes qu'il profère à leur encontre puis en faisant mine de leur tirer dessus. La scène précédant sa mort, où son frère le rejoint sur les toits pour essayer de lui faire entendre raison, montre de manière patente qu'il est hors de lui ; devant les policiers arme au poing, son comportement est clairement suicidaire (il sait que les policiers le pensent armés, et fait mine de dégainer). Le film de Thomas Gilou, plus intimiste, moins vindicatif, met davantage en exergue la dimension provocatrice des protagonistes, sans leur chercher particulièrement d'excuses sociales ; c'est plutôt la dimension psychologique et événementielle qui fait basculer la situation, même si le cadre social est peint comme délétère.

La bavure policière est donc conçue comme l'argument principal de l'émeute, et s'accorde, chez ces réalisateurs, avec leur vision respective de la représentation policière de l'État. La scène d'émeute concentre ainsi le système de valeurs sous-jacent au film qui la contient.

La scène d'émeute comme système de valeurs

Résultat d'une tension savamment construite, la scène d'émeute concentre et précipite les événements pour mieux en exprimer l'axiologie.

Si le discours de Spike Lee interroge avant tout la dimension raciale de la société américaine, et particulièrement le racisme anti-noir, les films français qui s'inspire du procédé prennent le soin d'articuler la question raciale à la question sociale. Mais tous ont en commun de constituer la violence policière en symptôme d'une répression orientée de l'État. La bande originale sert également le discours ; la scène d'ouverture de *La Haine* s'articule en une forme de contraste-adéquation avec la musique de fosse qui l'accompagne (elle illustre les paroles du morceau *Burnin' and lootin'* tout en contrastant avec la nonchalance de son tempo, typique de cette musique révolutionnaire lente que peut être le reggae)[21]. Dans *Ma 6-T va crack-er*, la séquence de l'émeute mêle les niveaux énonciatifs dans un montage parallèle ou se mêlent, ajoutés aux trois fils narratifs qui convergent dans l'émeute, les incrustations du personnage joué par Virginie Ledoyen (montant une kalachnikov, arborant un drapeau rouge, armant un fusil d'assaut), et des extraits du clip du groupe de rap *2 bal 2 neg*, scandant les paroles du titre *La sédition* composé pour le film[22] ; le discours révolutionnaire qui sous-tend le film de Richet profite à plein de ce dispositif, et peut ainsi se clore sur un appel à l'insurrection tel qu'il est formulé dans l'article 35 de la Déclaration universelle des droits de l'homme, *quand le gouvernement viole les droits du peuple*. La rhétorique est ici moins subtile, mais, *in fine*, la condamnation de l'état policier est la même d'un film à l'autre.

Scène d'émeute et ancrage territorial

Mais les scènes d'émeute des films de quartier français n'ont pas cette seule inspiration cinématographique, sauf à concevoir, comme Edgar Morin, le cinéma comme véhicule des valeurs implicites, tabous, fétiches d'une civilisation, sa mythologie quotidienne, les complexes élémentaires qui en régissent les rapports « micro-sociologiques », voire les maladies du corps social à certains moments critiques (Morin, 1969 *:* 297).

Les trois films témoignent d'une forte rémanence mémorielle des images télévisuelles des émeutes de Vaulx en Velin, dont l'impression est restée forte dans les imaginaires sociaux, et le déclenchement après la mort d'un jeune tué par la police fait partie de cette représentation[23].

---

[21] *Burnin' and lootin'*, interprété par Bob Marley and the Wailers, signifie littéralement *brûler et piller*. Serge Gainsbourg avait en son temps utilisé cette ambivalence pour *Aux armes etc.* en insistant malicieusement sur la commune valeur révolutionnaire des paroles de *La Marseillaise* et de la musique issue des ghettos de Kingston.

[22] Spike Lee avait déjà structuré de la sorte *Do The Right Thing*, avec le *Fight The Power* de Public Enemy comme leitmotiv.

[23] La scène finale de *La Haine*, par exemple, renvoie explicitement à la mort de Makomé M'bolowé, jeune zaïrois de 17 ans, tué en garde à vue par une balle dans la tête à bout touchant.

En ce sens, l'ancrage géopolitique des cinéastes joue un rôle important dans la forme que prend le genre en construction dans les cinématographies locales. Si les *hood movies* sont en partie comparables aux *films de quartier* qui leur sont contemporains et peuvent être ramenés à un foyer original commun, leurs évolutions sont fortement liées aux formes médiatiques respectives locales ; au-delà des images télévisuelles récurrentes, les modes de production cinématographique jouent leur rôle quant à la conformation typifiante des films : le système hollywoodien, d'un côté, conduit à l'avènement rapide d'un cinéma d'exploitation, le système français, de l'autre, ralentit l'expression urgente de l'actualité des banlieues dans le cinéma français, et fait perdurer le modèle socioculturel de production.

Les conduites de rupture fortement médiatisées comme les « rodéos » qui avaient mis en place une logique de spectacularisation des comportements des quartiers reviennent en force dans les années 1990, année marquée par l'idée de *violence urbaine*. Le syntagme fait alors son entrée dans les médias et commence à formater les dépêches de l'Agence France Press, devenant une rubrique permanente dans les rédactions des journaux et de la télévision (cf. Peralva et Macé, 2002), avec les événements de Vaulx en Velin. Lochard (2007) parle à ce propos de *configurations scéniques* qui *viennent donner corps à la révolte des jeunes des cités* :

> Cadrages de voitures brûlant dans l'obscurité, zooms sur des silhouettes de jeunes masqués lançant des projectiles, contre-champs des assauts policiers, plans de coupe sur des adultes postés à leurs fenêtres (Lochard, 2007 : 133).

Cet auteur parle d'une forte propension au « *montage-attraction* » *entre scènes hétérogènes, générateur du cliché des « bandes ethniques » campées dans des décors assimilés à ceux des « jungles urbaines » nord-américaines* (Lochard, 2007 : 133).

Film de banlieue ou film de jeunes ?

Lochard & Boyer (1998) soulignent l'introduction du beur sur la scène publique en 1980, et la place déterminante que celle-ci aura dans la question des banlieues[24]. En effet, cette période introduit une rupture de l'image de l'immigré dans l'imaginaire social français et l'installation, au centre de la « question des banlieues », de ce personnage constituant une figure *emblématisée* cristallisant les angoisses collectives par rapport à une nouvelle situation pleine d'incertitudes, et dont le mode d'expression

---

[24] Le premier tournant est à dater de 1975 où surgissent sur la question de l'immigration et d'expressions racistes.

« politique », l'émeute, constituerait une forme d'archaïsme[25]. Ce beur, Maghrébin de la seconde ou troisième génération, est en situation d'infra-citoyenneté, et ceci pour une double raison : légale, d'une part, car il n'a pas toujours l'âge requis pour avoir le droit de vote, symbolique, d'autre part, car il appartient à des catégories ethniques et économiques subissant de plein fouet le racisme et le chômage.

Cette matrice, ancienne, mise en évidence par Bachmann et Basier (1989), remonte aux années 1950, où apparaissent les premiers récits producteurs d'angoisse :

> dans chaque fait divers, les jeunes, à la fois causes *et* victimes de violences de la cité, occupent le devant de la scène (Bachmann, Basier, 1989 : 100).

Ce sont des raisons démographiques, note Bachmann, associées au fait que les jeunes sont davantage exposés au regard des populations, d'autant qu'ils sont désœuvrés et n'ont pas de lieu d'occupation de ce désœuvrement. Se met alors en place un mythe qui repose sur une logique de reconnaissance, de projection :

> quant au récit, il est toujours le même : un (ou plusieurs) jeune(s) fait (font) irruption dans la cité, et trouble(nt) l'ordre « normal » de M. Tout le monde. Les bandes, le jeune délinquant, l'enfant bruyant de la communauté étrangère défient sur son terrain l'habitant paisible, le commerçant honnête ou le travailleur éreinté par une journée de labeur (Bachmann, Basier, 1989 : 102).

En bref, ils brisent les règles de sociabilité du grand ensemble par leurs actes, auxquels répondent les gardiens des normes par une intervention brutale, ce que ces auteurs rapportent aux fonctions selon le principe de Propp[26], précisant que la valence de ce récit est aisément retournable (Bachmann, Basier, 1989 : 102)[27], idée que l'on retrouve aussi chez Lochard (2007), sans pour autant que cet auteur spécifie l'importance de la jeunesse, même s'il précise par ailleurs l'existence de la jeunesse violente et sacrifiée[28] :

---

[25] Peralva (2006) renvoyant à Hobsbawm (1966) interroge une conception de l'émeute comme prédémocratique, prépolitique, que le progrès social et politique vouerait à la disparition. La négociation politique et la citoyenneté rendraient ce mode d'expression du malaise social caduque.

[26] Nous utilisons *fonction* au sens proppien du terme, c'est-à-dire de l'action d'un personnage, définie du point de vue de sa signification dans le déroulement de l'intrigue.

[27] Ainsi, en 1964, *L'humanité* retourne l'axiologie des récits d'affrontements entre les bandes et la police, présentant les jeunes comme victimes des violences policières.

[28] « Ces *identités narratives* ont été mises en place très tôt dans les représentations collectives présidant à la "question des banlieues". Intervenant comme des matrices d'organisation du traitement médiatique de cet espace social, elles s'articulent autour de grandes *configurations relationnelles* qui orientent sa *mise en discours* » (Lochard, 2007 : 138).

Un premier constat laisserait à penser que c'est une pièce déjà bien identifiée du répertoire de l'actualité sociale qui a été dressée de concert par les professionnels des médias et les jeunes habitants des cités s'accordant autour d'un schéma dramaturgique structuré autour de rôles bien installés (Lochard, 2007 : 133).

Le film de quartier, et dans une certaine mesure, le film de banlieue, ne mettrait donc pas cet espace urbain au centre de sa narration, mais les jeunes[29]. Ce sont donc des films générationnels, à l'instar du *hood movie*[30].

Conclusion

Au moment de la cristallisation du genre, la scène d'émeute constitue un topos de celui-ci pour des raisons esthétiques et sociales ; films de rupture, ils sont des peintures de la dégradation sociale, construits sur le modèle de l'alerte, l'émeute en synthétisant le discours. La portée mémorielle de ces scènes est dans les faits plus importante que leur réalité matérielle, et certainement parce qu'elles constituent davantage un topos audiovisuel (voir Lochard, 2005), qu'un topos cinématographique.

Somme toute, le noyau du genre « film de quartier » renvoie à un corpus de 3 films ; eu égard au mode de production du cinéma français, il n'y a pas, comme aux USA, d'engagement des studios dans une thématique perçue comme rentable (cf. Bonnet-Mpondo-Dicka, 2012). Les motifs (investissement d'une fête parisienne, trajet paris-banlieue, la mixité, les conflits générationnels, etc.), qu'il s'agisse de lieux, de situations ou de personnages, sont adoptés de manière diverse par des auteurs (réalisateurs, scénaristes). La portée mémorielle de ce corpus n'est, elle non plus, pas à l'aune de son poids effectif, ainsi que le témoignent les différentes interventions sur les forums de discussion consacrés à ce genre. La définition du genre par une instance légitimante (*Les Cahiers du Cinéma*) n'est pas sortie de son lieu d'émergence, et a laissé place à une catégorisation émique[31], profane[32], qui regroupe des films très éloignés de la thématique classique de la banlieue.

Le « genre » tel qu'il se dessine, est composé des films comportant une scène d'émeute (*La Haine, Raï, Ma 6T va crack-er*). Si on peut considérer

---

[29] Pour une analyse de la modalisation du lexème *jeune*, voir Maurer (1998). Cet auteur montre que 1990 est la date charnière où le terme commence à signifier, implicitement, jeunes gens issus de l'immigration.

[30] Ce qui explique que dans les catégorisations, surtout profanes, apparaissent des films très éloignés de la thématique classique de la banlieue.

[31] En référence à la méthodologie de l'anthropologie, qui suppose l'adoption d'un point de vue fondé sur les concepts et les systèmes de pensée propres aux populations étudiées.

[32] En référence au dernier critère défini par Altman (1999).

Do The Right Thing comme le modèle narratif du genre, il est intéressant de constater qu'il amène à une production sérielle commune par certains traits, thématiques notamment, mais différenciées territorialement, du fait des autres représentations audiovisuelles auxquelles elle se confronte :

- aux États-Unis, le *hood movie* s'approprie progressivement certains des codes du film de gangsters[33], et plus particulièrement *la scène de fusillade* entre bandes rivales ; celle des *hood movies* est par essence injuste, car elle tue le protagoniste normalement destiné à sortir du ghetto et de ses règles, renforçant le discours déterministe des films[34] ; la scène de fusillade renvoie entre autres aux divers faits divers relayés massivement dans les actualités, et correspond à une sociologie criminelle renforcée par la libre circulation des armes ;
- en France, c'est donc la scène d'émeute qui devient identifiante, au regard des représentations télévisuelles de la problématique de la banlieue auxquelles elle fait écho.

Dans une deuxième période, la dérive genrée fait disparaître la scène d'émeute, pour se tourner vers des personnages féminins (*Raï* dessine en filigrane cette tendance), et des problématiques plus personnelles. Enfin, dans un troisième temps, la centration sur des personnages féminins conduit ce corpus à évoluer progressivement vers la comédie sociale et de mœurs.

Le film de banlieue constitue donc un méta-genre, et la construction de ses sous-genres tient davantage de la rationalité cinématographique et médiatique, que de la rationalité historique des événements dont pourtant elle s'inspire.

Bibliographie

Altman, Robert, *The American film musical*, Indiana University Press, 1989.

Altman, Robert, *Film/genre*, British Film Institute Publishing, London, UK, 1999.

Bachmann, Christian et Basier, Luc, *Mise en images d'une banlieue ordinaire*, Paris, Syros, 1989.

---

[33] Le parangon de cette tendance est sans aucun doute *New Jack City*, au point qu'on a parlé un temps de films *New Jack* comme sous-genre, mais la dénomination n'a pas perduré. La production sérielle d'exploitation conduit à retrouver les ficelles du film de série B, en ne conservant du modèle *hood* qu'une thématisation de plus en plus schématique.

[34] C'est le cas, par exemple, du personnage de Ricky Baker (Morris Chestnut), prêt à entrer à l'université, plutôt que son bon à rien de frère Darin (Ice Cube), dans *Boyz'n'The Hood*, ou de celui de Caine (Tyrin Turner), protégeant le jeune fils de Ronnie (Jada Pinkett Smith) plutôt que son âme damnée O-Dog (Larenz Tate), dans *Menace II Society*.

Bonnet, Valérie et Mpondo-Dicka, Patrick, « Spike Lee et la seconde Blaxploitation. Parabole ou naturalisme : deux stratégies testimoniales », in *Mots. Les langages du politique*, 99, 2012, p. 29-44.

Fourcaut, Annie, « Aux origines du film de banlieue : les banlieusards au cinéma (1930-1980) », in *Sociétés & représentations*, 8, 2000, p. 113-127.

Hobsbawm, Éric J., *Les primitifs de la révolte dans l'Europe moderne*, Paris, Fayard, 1966.

Lochard, Guy et Boyer, Henri, *Scènes de télévision en banlieues, 1950-1994*, Institut National de l'Audiovisuel, 1998.

Lochard, Guy, « La "question de la banlieue" à la télévision française », in Amorim Marilia (dir.), *Images et discours sur la banlieue*, Toulouse, ERES « Questions vives sur la banlieue », 2002, p. 31-41.

Lochard, Guy, « Le jeune de banlieue à la télévision – Représenté ou instrumentalisé ? », *Médiamorphoses*, 10, 2004, p. 42-46.

Lochard, Guy, « De la discrimination spatiale à l'essentialisation des origines : la mise en altérité des jeunes habitants des périphéries urbaines », in Rigoni Isabelle (dir.), *Qui a peur de la télévision en couleurs ? La diversité culturelle dans les médias*, Montreuil, Aux Lieux d'Être, 2007, p. 133-154.

Maurer, B., « Qui sont les "jeunes" ? L'utilisation du dialogisme dans Présent », in Siblot Philippe (dir.), *L'autre en discours*, Montpellier, Didaxis, 1998, p. 127-141.

Milleliri, Carole, « Le cinéma de banlieue : un genre instable », *Mise au point [En ligne]*, 3 | 2011, mis en ligne le 29 mars 2012, consulté le 7 juillet 2014. URL : <http://map.revues.org/1003>.

Moine, Raphaelle, *Les genres du cinéma*, Paris, Armand Colin, 2008.

Morin, Edgar, « Pour une sociologie du cinéma », *La Communication audiovisuelle*, L'Apostolat des Éditions, 1969.

Paquot, Thierry (dir.), *Banlieues/Une anthologie*, Lausanne, Presses polytechniques et universitaires romandes, 2008.

Peralva, Angelinas, « Violence de banlieue et politisation juvénile », in *Cultures & Conflits*, 18, 1995, p. 49-61.

Peralva, Angelina, « Émeutes urbaines en France. Les émeutes françaises racontées aux Brésiliens », Traduction française d'un article paru in Vera Telles (dir.), *Sociologia da condição operária. Tempo Social*, vol. 8, n° 1, 2006.

Peralva, Angelina et Macé, Éric (dir.), *Médias et violences urbaines : débats politiques et construction journalistique*, La Documentation française. 2002.

Risquer l'ordinaire contre l'exceptionnalité
Appropriations, usages et émancipations dans quelques pratiques filmiques en arts visuels

Aline CAILLET

Université Paris-I Panthéon-Sorbonne

Les questions soulevées par les représentations artistiques de la banlieue ne sauraient se limiter aux seuls contenus qu'elles véhiculent mais doivent également engager une discussion sur les modes opératoires au travers desquels ceux-ci s'échafaudent. Le champ de l'art se révèle toujours un lieu propice à mettre en œuvre une telle réflexivité, et l'on observe aujourd'hui une production filmique, de nature essentiellement documentaire mais pas exclusivement, qui s'attache à interroger les stratégies qui président en deçà à la représentation des territoires et de ceux qui les habitent. Produits ou soutenus par des centres d'arts associatifs locaux de la Seine-Saint-Denis, tels que notamment l'*Espace Khiasma* aux Lilas ou *Les Laboratoires* à Aubervilliers[1], et souvent menés dans le cadre de résidences sur le territoire, ces projets ont pour particularité commune de creuser la valeur d'usage des territoires *via* la parole de ceux qui les investissent. Attentifs au processus de fabrication des images, ils redéfinissent les contours du pacte entre auteur et personnages – qui demeure souvent l'impensé du cinéma de fiction – en l'ouvrant notamment à l'échange et à la négociation. S'il élude souvent les clichés en proposant d'autres images, ce *modus operandi* remet également en cause la légitimité des représentations autoritaires construites depuis l'extérieur, en mettant notamment à nu et à vue les ressorts idéologiques qui les sous-tendent.

La persistance d'un antagonisme dans la représentation

Pour bien comprendre l'enjeu esthétique et politique d'une représentation négociée, telle qu'elle peut être mise en œuvre dans certaines pratiques en arts visuels, il convient en premier lieu de revenir sur l'un des modes dominants de représentation, tel qu'il a cours dans un

---

[1] On pourrait également mentionner *Synesthésie* à Saint-Denis.

cinéma recueillant la faveur d'un assez large public, mais aussi dans le documentaire, surtout télévisuel, ou encore les reportages d'actualités. Ainsi, en dépit d'un certain renouveau de l'image des banlieues[2] et d'un certain succès, commercial ou d'estime, des films comme *Intouchables*[3] ou moins récemment, *L'Esquive*[4], – comédies en rupture avec la noirceur de films comme *La Haine*[5] qui avaient, dans les années 1990, conforté l'image insurrectionnelle et désenchantée des cités de banlieue – continuent à véhiculer un antagonisme de classes, dont ils cherchent mais peinent à se défaire.

En atteste le ressort idéologique qui préside à cet antagonisme, lequel, que ce soit d'un point de vue diégétique ou extra diégétique, est toujours vu depuis la classe dominante[6]. Driss, le héros de *Intouchables*, est dépourvu de toute culture légitime (il éclate de rire en écoutant Wagner) mais est en revanche doté de malice et de créativité. Ces qualités viennent, d'un point de vue archétypal, le spécifier mais aussi jouer un rôle compensatoire à même de susciter chez autrui (et le spectateur) une reconnaissance de sa valeur propre – et ainsi justifier, sinon légitimer *in fine* son accession dans le monde bourgeois et la fin de sa vie d'*Intouchable*, nous y reviendrons.

L'Esquive, lui, apparaît plus subtil et moins clivé[7], plus complexe par conséquent, car le film est essentiellement centré sur l'adolescence et le langage. La cité des Francs-Moisins de Saint-Denis y est filmée comme un ensemble architectural qui joue surtout le rôle de décor et de scène de théâtre à même d'accueillir la pièce de Marivaux qui s'y prépare, fil conducteur du film. Et même si une certaine réalité sociale est présente (le père du jeune Krimo est en prison...), elle apparaît toujours

---

[2] Il ne s'agit pas dans les lignes qui suivent de réduire les films mentionnés au seul ressort idéologique que nous souhaitons ici déconstruire, mais simplement mettre en valeur sa persistance, laquelle apparaît d'autant plus masquée que lesdits films opèrent des déplacements certains (et heureux) dans le champ de la représentation.

[3] Réalisé par Olivier Nakache et Éric Toledano, sorti en France le 2 novembre 2011, et, faut-il le rappeler, deuxième plus gros succès français dans l'histoire du box office, derrière *Bienvenue chez les Ch'tis*, avec près de vingt millions d'entrées en salle.

[4] 2ᵉ film d'Abdellatif Kechiche, sorti en 2004, au nombre d'entrées certes plus modeste, mais qui a remporté plusieurs prix lors de la cérémonie des Césars 2005, notamment les deux plus prestigieux de meilleur film et meilleur réalisateur.

[5] Film de Mathieu Kassovitz sorti en 1995. On pourrait mentionner également *De bruit et de fureur* de Jean-Claude Brisseau en 1988.

[6] On objectera que certains réalisateurs de ces films de banlieue en sont directement issus... Mais la structure qui préside à la production de tels films fait que seuls ceux qui sont sortis de la banlieue et appartiennent au monde du cinéma commercial sont en mesure de réaliser de tels films... Ce qui en fait *in fine* des films vus et faits du dehors.

[7] Ce qui n'est hélas, en revanche, pas le cas du dernier film de Kechiche *La vie d'Adèle*, Palme d'Or à Cannes en 2013, sur ce point caricatural à de nombreux endroits...

en creux (présence et répression policières absentes à l'exception d'une scène d'arrestation des jeunes en voiture). Moins que le film en lui-même, c'est peut-être surtout la manière dont le film a été perçu – notamment par la communauté éducative[8] – qui apparaît symptomatique de cette persistance. Certains en effet ont aimé y voir une ode à la créativité des jeunes de banlieue, une réhabilitation du parler des cités sous l'œil bienveillant de Marivaux, qui stipule implicitement une équation entre la richesse de ces deux langues.

Sans rejeter totalement cette lecture, on pointera toutefois que le film met en scène – volontairement ou par-devers lui – une relation à la culture légitime qu'il figure sur le mode de la clôture. Car derrière l'image somme toute consensuelle d'une culture partagée et démocratisée, supposée valoriser le jeune de banlieue – il sait faire parler Marivaux et le texte de Marivaux lui parle –, s'inscrit en creux l'idée que la réussite vient de l'acquisition de la culture légitime, ou dans la démonstration de sa capacité à se l'approprier[9]. Et pour preuve, lorsque, comme dans la scène finale d'*Entre les murs*[10], est imaginée une appropriation certes improbable mais au final plutôt audacieuse – *La République* de Platon qu'Esmeralda la récalcitrante analyse avec un certain brio –, des voix s'élèvent pour en souligner le caractère totalement factice et invraisemblable...

Ces interprétations, saisies à l'aune d'une esthétique de la réception[11], expriment que l'acquisition de la culture et l'émancipation qui en résulte – et ce, que celle-ci soit réelle, simulée, symbolisée ou encore mise en échec –, passe nécessairement par une confrontation avec la culture légitime, qui vaut comme rencontre avec La Culture, par une traversée de l'autre côté du miroir qui s'assimile à un rite initiatique ou de passage.

---

[8] Un autre symptôme qui va dans le sens de notre analyse et sur lequel il y aurait aussi beaucoup à dire est le fait que la lecture de films comme celui-ci soit d'emblée orientée vers la pédagogie et la question de l'échec scolaire ; ligne interprétative totalement absente lorsqu'il s'agit de films autour de lycéens bourgeois (dont l'échec scolaire, s'il existe, trouve sa source dans une rébellion contre le père et contre le milieu d'origine, mais jamais dans des difficultés d'apprentissage en tant que tel).

[9] Et dans le cas contraire, à compenser son absence par d'autres qualités, humaines essentiellement, à l'instar de Driss dans *Intouchables*, inculte certes, mais tellement sympa et généreux.

[10] *Entre les murs*, film de Laurent Cantet, Palme d'or à Cannes en 2008. Il s'agit de la scène finale lors de laquelle Esmeralda, qui a eu de nombreux démêlés avec son professeur de français, lui dit avoir lu, *via* sa grande sœur, *La République* de Platon, seule chose qu'elle dit avoir retenue de son année scolaire.

[11] Sur la réception des films dits « de banlieue », on se référera à l'article de Carole Milleliri, « Le cinéma de banlieue : un genre instable », *Mise au point* [En ligne], 3 | 2011, mis en ligne le 29 mars 2012, consulté le 24 octobre 2014. URL : <http://map.revues.org/1003>.

On serait ainsi passé, au tournant des années 2000, du jeune sauvageon sans espoir d'un avenir et animé par « La Haine », au jeune, malicieux, généreux et sympa – qui devient par là même fréquentable –, pour lequel un horizon se profile, celui-là même qu'amorce la fiction (dont le propre est, il est vrai, de figurer des mondes possibles). Celle-ci – à la faveur de son inflexion vers la comédie[12] – ouvre désormais sur un devenir auparavant défendu : celui d'un affranchissement, d'une issue, par contact, venu de l'extérieur, avec la culture dominante. Mais ce renversement, si l'on se place du point de vue de la construction de la relation au centre et à la culture dominante, n'est-il pas qu'apparent ? Car dans les deux trajectoires, c'est bel et bien le même présupposé qui continue d'être à l'œuvre : celui d'un particularisme culturel (voire anthropologique)[13] du jeune des cités, tantôt agressif, tantôt espiègle, et qui ne peut avoir d'avenir qu'en échappant à son destin par le franchissement de la clôture. Présenté désormais de façon non discriminante, ce particularisme joue ainsi comme qualité compensatoire à un défaut de culture légitime. Un optimisme positif vient se substituer au fatalisme antérieur.

De ce point de vue, l'irruption dans un film comme *L'Esquive*, de lieux comme le théâtre ou l'école peut être interprétée de façon ambivalente. Si elle est le signe d'une certaine normalisation ou indifférenciation sociale – dans la mesure où le récit de la jeunesse au lycée est un des thèmes de prédilection du cinéma bourgeois –, elle témoigne néanmoins de la persistance d'un préjugé idéologiquement très marqué : à savoir celui selon lequel l'accomplissement de soi, identifié à la réussite sociale bourgeoise, passe nécessairement par l'acquisition de la culture dominante (qui reste puissamment incarnée par l'école) ou par le spectacle (symbolisé ici par le théâtre) ; le précepte selon lequel la culture et l'art rendent la vie meilleure[14]. Cette tyrannie de la réussite – omniprésente dans la culture rap ou dans le *stand-up comedy*[15] – concourt *in fine* à l'exaltation de

---

[12] Cet ajournement de la tragédie par la comédie nous semblant lui aussi significatif et symptomatique.

[13] Pur ne pas dire « ethnique » : le jeune de banlieue reste caractérisé par sa force physique (Driss), ce n'est que quand il témoigne de quelques prédispositions pour la culture bourgeoise, qu'il peut (qu'il doit ?) être chétif (le jeune adolescent de *Neuilly sa mère*).

[14] « Ainsi les films de banlieue des années 2000 montreraient les cités, non plus seulement comme des espaces d'oppression (même si elles ne cessent pas de l'être), mais aussi comme le terreau d'une possible émancipation culturelle et sociale. » Carole Milleliri, « Le cinéma de banlieue : un genre instable » Mise au Point, n° 3, 2011. Disponible sur <http://map.revues.org/1003?lang=en. Page consultée le 13 août 2014>.

[15] *Stand up* popularisé par la compagnie d'improvisation de Trappes, le Déclic Théâtre d'où est sorti Jamel Debbouze, et qui tend à remplacer dans certaines municipalités de la Seine-Saint-Denis une programmation artistiquement ambitieuse. C'est le cas au *Forum* du Blanc-Mesnil, scène conventionnée, qui sous l'égide de sa nouvelle

l'individualisme libéral et à la célébration des valeurs, fondamentalement inégalitaires et élitistes, de l'exception et de l'héroïsme.

Cette quête du remarquable nous conduit à un deuxième ressort, cette fois esthétique. Construite depuis le dehors – le centre, la culture dominante –, ce type de représentation stipule en effet un pacte, entre l'auteur du film et ses personnages, fondamentalement inégalitaire et qui inexorablement reconduit la discrimination, tout en feignant ou ambitionnant de l'annihiler. Car le jeune de banlieue ne semble n'accéder à la représentation et n'avoir droit à la lumière du cinéma que s'il possède les qualités suffisantes qui l'autorisent, en dépit de sa marginalité, à entrer dans le cénacle de la culture dominante ; autrement dit, à la condition expresse d'attester d'un caractère suffisamment exceptionnel ou hors du commun. Preuve en est que c'est bien depuis le dehors d'un territoire et d'une culture que le regard est porté sur le personnage, dont l'arc se construit sur la façon dont il est perçu mais rarement dont il se perçoit lui-même.

Ainsi, si changement de ton et de perspective il y a, les présupposés idéologiques et esthétiques eux demeurent. Désormais, le délinquant immigré de deuxième génération ne met plus le feu à la cité comme dans *La Haine*, mais cherche à s'en sortir et y parvient en côtoyant les riches qui lui transmettent les vraies valeurs[16]. Dans les deux cas de figure, son salut passe par sa capacité à s'extraire de son milieu d'origine. Sortir pour s'en sortir : tel peut se résumer le précepte de ce type de représentation.

Cette clause d'exceptionnalité apparaît ainsi au final doublement inégalitaire. Parce que, d'une part, elle repose sur les valeurs que reconnaît la classe dominante. Et parce que, d'autre part, elle ne s'applique pas à ceux qui appartiennent de naissance à cette classe, lesquels, non seulement, n'ont jamais à faire preuve de leur talent pour justifier de leur position sociale mais ont même droit à la médiocrité. Se niche ici un préjugé bien tenace, qu'un certain cinéma et les médias ont en partage : celui selon lequel les gens de banlieue sont démunis, sans culture, et qu'en conséquence, leur avenir passe par le centre, par une adhésion aux valeurs de la classe dominante.

---

mairie de droite va désormais promouvoir « un programme populaire au Forum », en l'espèce des « spectacles grand public en variété, humour »…

[16] *Tout ce qui brille* de Géraldine Nakache est sur ce point sans doute le plus symptomatique. Dans une très apparente et superficielle distance critique, le film promeut l'idée de la réussite comme adhésion aux valeurs libérales. Dans la même veine idéologique, on peut citer également *Neuilly sa mère*, en 2009, de Gabriel Julien-Laferrière. Le fait que tous ces films soient des comédies, prétendument légères, ne doit pas dissimuler les présupposés idéologiques sur lesquels ils reposent, ni les amender. À l'inverse, il conviendrait plutôt de s'interroger sur cette prépondérance, voire suprématie, de la comédie aujourd'hui dans la représentation de la banlieue.

Une appropriation située

À ce schéma, nous souhaiterions opposer un autre type de représentation, en prenant appui sur une production filmique moins retentissante. Souvent de nature documentaire mais néanmoins poétique, celle-ci s'applique à l'inverse à l'ordinaire des villes et des vies, et laisse apercevoir la richesse qui habite des subjectivités discrètes et sans éclats et les usages et les micro-gestes par lesquels elles résistent. Ces films mettent ainsi en œuvre une représentation qui ne repose jamais sur l'exceptionnalité mais, tout au contraire, sur les singularités ordinaires des habitants qui peuplent ces territoires... Une représentation, en somme, qui se moque du dehors et s'attache au dedans. Autre point notable : bien que s'attachant à des récits d'émancipation individuelle, ces représentations ne se construisent pas sur l'idée de clôture et/ou de passage[17] qui prendrait la forme d'une adhésion à la culture dominante, mais proposent ce que nous pourrions appeler une « appropriation située », et en cela bien plus subversive.

Une telle posture semble impliquer en premier lieu un choix esthétique fondamental : celui d'une représentation négociée que le documentaire, plus aisément que la fiction, autorise. Souvent fruit d'une coécriture[18], d'un choix concerté dans les postures montrées, dans les propos racontés, l'approche documentaire substitue ainsi à une mise en scène de soi par l'autre, une mise en scène de soi par soi qui autorise une expérience possible de l'altérité : elle ouvre par là même sur un espace où quelque chose de soi peut se dire, mais aussi se déplacer, ou encore s'inventer... Quand bien des représentations ne semblent offrir à leurs personnages qu'une seule trajectoire : celle dans laquelle ils vont s'arracher à la périphérie pour franchir la clôture et rejoindre le centre.

Seconde caractéristique, complémentaire de la première, ces représentations ne reposent pas sur une simple économie de la parole et du témoignage dans une forme de documentaire-reflet[19]. Elles font, tout au contraire, le pari de l'art. Jouant la carte de la poétisation contre la

---

[17] La clôture et le passage étant les deux faces d'une même représentation, comme nous l'avons montré précédemment.

[18] Pour ce type de films en tout cas, car c'est évidemment très rarement le cas dans les documentaires télévisuels, aux allures de reportages, qui maintiennent cette asymétrie, commune aux représentations médiatiques et au cinéma de fiction ; prouvant par là même que l'équilibre du pacte se situe au cœur des enjeux esthétiques en termes de représentation de populations discriminées ou stigmatisées.

[19] Les ressorts fictionnels (d)énoncés *supra* trouvent leur pendant dans une certaine production documentaire, télévisuelle pour l'essentiel, qui peut reconduire à l'occasion ces mêmes schémas, en masquant la position d'énonciation : derrière le mensonge de la transparence du médium caméra se construit une vision du personnage depuis le dehors.

fictionnalisation, elles opposent au devenir possible et transcendant de la fiction, le devenir réel et immanent de la poétisation.

Image trouvée[20] de Sabine Massenet, dont le dispositif repose sur une approche aussi délicate que respectueuse de l'Autre, inaugure de façon admirable la révocation de cet antagonisme. Pour aller à la rencontre de ces personnages, l'artiste a glissé dans des livres choisis au hasard d'une dizaine de bibliothèques de Seine-Saint-Denis, un carton portant l'inscription suivante : « si vous trouvez cette image, veuillez écrire à l'adresse suivante… » Plutôt que de filmer d'emblée les lecteurs qui ont spontanément répondu – et ce à quoi ceux-ci ne sont pas nécessairement prêts, délicatesse somme toute précieuse dans un monde documentaire parfois prédateur –, elle enregistre d'abord des entretiens. Ce n'est que dans un second temps qu'elle leur propose de les filmer :

> Nous avons pris un deuxième rendez-vous pour que je les filme, dans un lieu de leur choix, dans la ville où ils vivaient. Je suis ensuite retournée, seule ou accompagnée d'Hassen Ferhani, filmer ces lieux sans qu'ils ne soient là. J'avais déjà fait des choix pour la prise de vue, travailler toujours avec un pied, faire des plans longs. J'avais aussi décidé que l'on entendrait en off, des fragments des récits des lecteurs. Pour être audible, l'image devait avoir une certaine stabilité[21].

Le film est ainsi entièrement construit sur les voix en off et donne à entendre le récit de lecteurs, qui nous livrent leur rapport aussi intime qu'essentiel à la lecture, et que l'on peut voir à l'image[22] dans les lieux et postures de leurs choix (le plus souvent des situations de lecture), laquelle alterne les prises de vues de ces mêmes lieux en leur absence. Les témoignages ainsi livrés tordent le cou à bon nombre de clichés, et ce, toujours incidemment au détour d'une phrase. On entrevoit ainsi que la pratique de la lecture est plutôt répandue[23] et ancrée dans l'ordinaire des vies, en dépit d'obstacles apparents – sur lequel un regard extérieur s'arrêterait – : la télévision peut-être en permanence allumée

---

[20] Film produit par Khiasma (Les Lilas, Seine-Saint-Denis) en 2012, dans le cadre de la *Fabrique Phantom*, structure d'accompagnement basée sur un principe de résidences.

[21] Sabine Massenet, entretien avec Olivier Marbœuf. <http://www.manifeste-invisible.com/?p=243>. Page consultée le 15 août 2014.

[22] Image qui est donc désynchronisée par rapport aux voix, issues de l'enregistrement audio des premiers entretiens.

[23] On objectera qu'il s'agit de lecteurs qui fréquentent les bibliothèques du quartier. Mais on devine en creux qu'ils ne sont pas isolés. Ainsi de Soda qui raconte qu'elle avait pris l'habitude d'aller avec ses copines d'école à la bibliothèque du quartier qui constituait un des lieux de rencontre des jeunes filles, « comme beaucoup de gens à Bobigny ».

mais n'empêche pas la concentration[24], il n'y a pas de livres à demeure à la maison – parce que les livres sont nomades, qu'on se les prête, ou encore parce qu'ils sont numériques, ou encore qu'ils font l'objet d'une transmission orale dans la tradition du conte...

La lecture se révèle également être l'activité privilégiée qui permet de s'isoler quand on vit dans une famille nombreuse, retournant le cliché selon lequel il est difficile, voire impossible, de lire dans un espace dans lequel on vit les uns sur les autres. Ici, au contraire, se révèlent les techniques pour se mettre à l'écart, s'abstraire du cours ordinaire de la vie et se construire, le temps d'un livre, un lieu à soi. Ces pratiques discrètes, non seulement déjouent les apparences, mais témoignent d'une véritable pratique culturelle, construite sur la tactique, au sens élaboré par Michel de Certeau, comprise comme « un calcul qui ne peut pas compter sur un propre, ni donc sur une frontière qui distingue l'autre comme une totalité visible. La tactique n'a pour lieu que celui de l'autre. Elle s'y insinue, fragmentairement, sans le saisir en son entier, sans pouvoir le tenir à distance. Elle ne dispose pas de base où capitaliser ses avantages, préparer ses expansions et assurer une indépendance par rapport aux circonstances »[25]. La tactique est un art de faire qui joue avec les failles, s'invente des marges de manœuvre et exploite astucieusement les contraintes ; ce dont témoigne ici la lecture, activité constitutive d'un lieu à soi.

Cette activité n'est évidemment pas indifférente au contenu et les lecteurs aiment à parler également de leurs goûts : romans étrangers, récits de voyage, littérature classique, polars, *sentimental stories* – goûts par ailleurs non exclusifs les uns des autres : on peut apprécier les *Mille et une nuits* et un livre de la collection *Harlequin*... Dans l'inventaire de ces préférences personnelles se dessine une relation à la culture dominante – et à la grande littérature – tout à fait originale et finalement plutôt subversive. Ainsi, en dehors de toute intimidation et inhibition, Patricia explique en quoi *Crime et Châtiment*, que sa mère lui a offert croyant qu'il s'agissait d'un polar, en est finalement bien un, et comment cette méprise lui a ouvert la voie vers d'autres grands textes littéraires. Son désintérêt pour la littérature française actuelle ? « Je n'ai rien à y mordre ! (...) C'est des choses que je connais trop bien, c'est la vie quotidienne (...) Ils n'arrivent pas à m'accrocher, ni dans leur langue, ni dans leur thème, ni dans leur manière d'explorer le thème ». L'autofiction française, si prisée par le milieu littéraire

---

[24] « J'ai l'habitude d'avoir du monde et du bruit autour de moi ». *Verbatim, Image trouvée*.
[25] Michel de Certeau, *L'invention du quotidien, I-Arts de faire*, Introduction générale, éd. Gallimard/Folio, 2002, p. XLVI.

parisien, se voit ainsi reléguée au rang d'une littérature somme toute mineure, sans grand intérêt et incapable de transporter le lecteur et de l'emmener dans des contrées inconnues. Ces appréciations rappellent les analyses de Richard Hoggart dans *La culture du pauvre*[26] établissant que la réception des messages culturels est indissociable des conditions sociales où elle s'accomplit. Considérées du dedans, ces situations prennent alors un sens où se dessine une toute autre relation à la culture dominante.

Cette reconfiguration à l'intérieur même du territoire, sans que celle-ci n'implique ou n'engendre un parcours de transfuge de classe, trace autant de récits d'émancipation *situés*, loin de l'imaginaire dominant de la « sortie hors de la banlieue » précédemment décrit. Si une frontière est franchie, celle-ci est intérieure, rappelant au passage que tout parcours d'émancipation est avant tout un cheminement personnel et singulier, et en cela bien différent du schéma – magique – de conversion des valeurs. Ces témoignages sont de surcroît, dans *Image trouvée*, arrimés au paysage urbain, véritable acteur du film, et la présentation du film au sein d'une large installation double écran – qui figure les pages d'un livre – rend d'autant plus manifeste et sensible l'importance que revêtent ses lieux associés à la pratique de la lecture et la relation sensible au territoire qu'ils expriment. S'incarnent ici des relations sensibles et affectives au territoire, qui se logent entre le visible et le dicible, et chargent le paysage poétiquement et émotionnellement. En cela, le film pose un regard aussi inédit qu'inattendu sur des espaces de la banlieue subjectivement investis et qu'un coup d'œil rapide trouverait dénués de tout charme : un jardin un peu bruyant, une berge industrielle du canal de l'Ourcq, une pelouse non loin d'un échangeur, une vue sur les cités du 93... Dépouillées de toute valeur illustrative mais habitées par ces usages, les images s'épaississent et ouvrent un espace pour le spectateur, invité à les faire vibrer au son des paroles.

> Je me suis vite rendue compte que le site, le paysage, entrait en résonance avec la vie parfois très singulière des personnes rencontrées. Plus que de porter leur visage, d'en constituer une toile de fond, le paysage devenait aussi corps et récit. [...] La lecture est ici intimement liée au territoire. En faisant des portraits de lecteurs sur leurs lieux de vie, j'ai tenté de mettre en correspondance, un lieu, une personne, un récit. (...) Le lieu devient aussi visage, le récit paysage, le lecteur personnage de fiction[27].

---

[26] Richard Hoggart, *The Uses of literacy* (1957) traduit en français sous le titre *La culture du pauvre*, en 1970.

[27] Sabine Massenet, entretien avec Olivier Marbœuf. Disponible en pdf sur <http://www.phantom-productions.org/films/image-trouvee>. Page consultée le 21 août 2013.

La banlieue : ce territoire sensible

Cette dimension paysagère de la banlieue[28] et les multiples appropriations dont ces territoires font l'objet donnent lieu chez un artiste comme Till Roeskens à des cartographies sensibles[29] établies patiemment à partir du récit des habitants de leurs parcours dans la ville. Pour *Un Archipel*, l'artiste propose, en collaboration avec Marie Bouts, une déambulation en Seine-Saint-Denis sous la forme d'un parcours « chanté », inspiré par le livre *Le Chant des Pistes*[30], de Bruce Chatwin.

> Chacun y est le chanteur d'un chemin, le gardien d'une trajectoire possible. Perdus entre les autoroutes, les centres commerciaux, les chantiers, les immeubles et les friches de la banlieue nord-est de Paris, nous avons proposé aux personnes rencontrées çà et là d'inventer ce continent avec nous. Nous les avons suivies sur leurs pistes à travers des villes qui nous semblaient sans fin. Nous avons écouté leurs paroles[31].

Sont données ainsi à voir les manières dont chacun s'approprie le territoire, l'éprouve de façon sensible et affective, s'y attarde ou se presse. *Un Archipel* déploie ainsi le rapport imaginaire et symbolique à l'espace qui structure notre perception des villes et qui détermine la manière dont nous y vivons. Cette expérience, qui emprunte par ailleurs plus à la tradition littéraire que proprement cinématographique, fait écho à celle de Julien Gracq dans *La forme d'une ville*, lequel mettait déjà en œuvre cette géographie vécue qui passe par une rencontre

---

[28] Il faut à cet effet rappeler que la notion de paysage demeure invariablement attachée à des sites ayant une valeur remarquable (naturel, historique, pittoresque) et s'applique encore assez peu à l'urbain. Parler de paysage à propos de la banlieue, ou même de paysage urbain, comprendre comment ces territoires font paysage pour ceux qui les habitent, relève en ce sens d'une démarche pleinement esthétique à laquelle l'art, mais aussi parfois l'urbanisme, donne forme.

[29] La cartographie sensible est une pratique qui vise à dessiner des cartes subjectives à partir de la perception et du ressenti qu'ont les usagers du territoire. Cette pratique, initiée dans l'art contemporain dès les années 1960 par les artistes du Land Art, est aujourd'hui largement usitée en urbanisme mais aussi intégrée au sein d'applications numériques qui proposent des cartes collaboratives et interactives permettant un partage des pratiques et des usages.

[30] « Les aborigènes ne concevaient pas le territoire comme un morceau de terre délimité par des frontières, mais plutôt comme un réseau de lignes et de voies de communication entrecroisées. [...] C'est en chantant le nom de tout ce qu'ils avaient croisé en chemin – oiseaux, animaux, plantes, rochers, trous d'eau – qu'ils avaient fait venir le monde à l'existence. [...] Pour peu que vous connaissiez le chant, vous pouviez toujours vous repérer sur le terrain. [...] La totalité de l'Australie pouvait être lue comme une partition musicale. » Bruce Chatwin, *Le Chant des Pistes*. Cité par Marie Bouts et Till Roeskens, synopsis.

[31] Marie Bouts et Till Roeskens synopsis.

directe et sensible avec le monde et qui trouve dans la forme poétique son expression. Appliquée à un territoire délaissé et honni comme celui de la Seine-Saint-Denis, cette démarche poétique acquiert de facto une dimension politique : elle vient rappeler que la ville est avant toute faite d'usages, d'appropriations, de trajets individuels et subjectifs et, qu'à ce titre, elle ne saurait s'appréhender impunément du haut d'un regard extérieur. En empruntant le chemin du récit (contre l'image, ou du moins une certaine image), elle donne à voir des images plus diffuses et secrètes de la ville, plus patientes aussi, tissées par les rencontres, les usages et les appropriations qui s'y nouent et font ainsi entrer dans le champ du visible un *genius loci*, ignoré du visiteur pressé, micro-territoire résistant, mobile, déjouant toute tentative d'assignation.

Manifeste pour les villes invisibles

Pistes et *Image trouvée* ont été présentées à l'Espace Khiasma dans le cadre d'une programmation intitulée *Manifeste pour des villes invisibles*[32]. Les villes invisibles ce sont celles, négligées et quasiment jamais représentées, de Seine-Saint-Denis dont l'image se limite le plus souvent à celles de ses cités. Mais, plus encore peut-être, les villes invisibles ce sont celles faites de ces territoires latents, qui agrègent perception, imaginaire et mémoire, et qui ne se découvrent que dans la patience d'un temps long passé à les explorer, dans la rencontre et le vécu, dans l'épaisseur d'une relation subjective au monde.

> Les villes invisibles de ce manifeste sont probablement plus fragiles, diffuses, sont faites de récits, de rencontres où s'inventent chaque jour des usages de l'espace urbain. On ne les atteint qu'au prix d'un temps passé à se perdre, à chercher son chemin sans carte[33].

Fragiles, ces portions de territoires n'en sont pas moins là encore endurantes, notamment face à ce devenir-image de la ville qui, à grand renfort de simulations 3D et de projets d'architectures pour le Grand Paris, est train d'ensevelir les quartiers populaires de la petite couronne parisienne, comme si ceux-ci constituaient un territoire disponible. « De ce point de vue, *Un Archipel*, avec ses terrains vagues et l'incertitude de ces lieux, pointe évidemment un endroit que la ville-image ne sait pas nommer »[34]. En cela, les récits, nourris de l'imaginaire des villes, inscrivent un point de résistance et ont une portée bien au-delà de leur

---

[32] Programmation complète et archives : <http://www.manifeste-invisible.com>. Page consultée le 15 août 2014.
[33] Olivier Marbœuf, Manifeste pour des villes invisibles. <http://www.manifeste-invisible.com/?p=30>. Page consultée le 15 août 2014.
[34] Olivier Marbœuf, *Ibid.*

seule valeur de témoignages. Car si pour certains, la ville fait avant tout image, elle fait, pour ceux qui l'habitent, avant tout parler.

Pour un nouvel espace public

Culturelles, esthétiques, ces reconfigurations peuvent à l'occasion infiltrer le champ politique, lorsqu'il s'agit notamment, comme Florence Lazar[35], de se pencher sur une des cités de la banlieue les plus en vues ces dix dernières années : celles des Bosquets dans la commune de Clichy-Sous-Bois/ Montfermeil, d'où sont parties les émeutes de 2005. Avant de s'y rendre avec une caméra, l'artiste a fréquenté la cité pendant deux ans et demi. Elle a pris pour point de départ le fait que cet environnement est soumis depuis près de quinze ans à l'un des plus grands projets de démolition et de réorganisation de l'ensemble de l'habitat en région parisienne. Comme l'explique l'artiste, les démolitions représentent « un effondrement littéral pour les habitants de ces lieux, dont la plupart a déjà vécu une expérience de déplacement »[36]. Dans ce territoire transformé en chantier, Florence Lazar a suivi des habitants, en particulier un groupe de femmes. Ces femmes, d'origine maghrébine comme la plupart des habitants, ont vécu ici parfois depuis vingt ans et elles sont fortement impliquées dans les négociations avec les pouvoirs publics – c'est d'ailleurs l'une d'elles qui préside l'association des locataires expropriés – et que Florence Lazar nous montre en train de discuter assises sur un tapis qui devient la métaphore d'un investissement possible de l'espace public et d'une nouvelle détermination des rôles politiques assignés à chacun-e-s.

> Le tapis représente un espace liminaire entre l'intérieur domestique – le « chez soi » dont on a été expulsées – et une sorte d'agora publique, un lieu de prise de parole au sein de la cité. Ce « jardin imaginaire » (selon les mots de Florence Lazar), sorte de *hortus conclusus* qui délimite le territoire assigné aux femmes, est ici déplacé dans le domaine public et transformé en lieu de discussion, de conversation et de résistance. Le tapis cristallise le désir d'un endroit simultanément intime et visible, un espace imaginaire dans lequel la prise de parole serait libre des entraves que la distinction entre privé et public inflige aux femmes. Ce chez soi imaginaire, situé dans la réalité d'un

---

[35] *Les Bosquets*, 2010, de Florence Lazar, réalisé à la résidence « Les bosquets » à Clichy-sous-Bois / Montfermeil. « Le film construit un regard à travers le territoire et ses habitants. Du quartier virtuel de demain voulu par les institutions, au réel d'aujourd'hui, de ce qu'on veut y faire et de ce qu'il s'y passe, le film trace un chemin le long duquel les visages, les paroles, les paysages rendent perceptibles d'autres représentations que celles investies par les médias ». *Les Bosquets*, synopsis. <http://www.film-documentaire.fr/Les_Bosquets.html,film,29042>. Page consultée le 15 août 2014.

[36] Florence Lazar, cité par Giovanna Zapperi, « Micropolitique de la Visibilité : Florence Lazar » *Quel sujet du politique ?*, *Rue Descartes*, n° 67, février 2010, p. 118-119.

territoire dévasté, rend ainsi possible un processus de remémoration, qui est aussi un acte de résistance, face à l'effacement brutal de l'histoire du site[37].

Rechercher une position esthétique depuis laquelle une réalité pourra être rendue tangible ; tenter de faire valoir et donner à comprendre ce qui, dans ces territoires, demeure irréductible et inassignable à toute image qui se risquerait à leur représentation ; performer, contre toutes les tentatives d'anéantissement, la force de préservation de l'usage… De telles orientations déplacent les sens tant esthétiques, sociaux, que culturels et politique : mettre en avant l'ordinaire des vies des gens qui peuplent la banlieue et la singularité irréductible dans lesquelles elles se tiennent, c'est faire valoir tout autre chose que les fausses promesses de la fiction : des valeurs partagées, une non-exceptionnalité qui ouvre sur un droit à l'égalité au partage et dessine les contours d'un monde commun possible. En cela, ces pratiques filmiques inventent une « politique des banlieues » au sens où Didier Lapeyronnie et Michel Kokoreff[38] la préconisent : une politique qui fait des habitants des citoyens à part entière et des acteurs de la vie démocratique, loin de toute réduction sociologisante.

Bibliographie

de Certeau, Michel, *L'invention du quotidien, I-Arts de faire*, Introduction générale, Paris, Gallimard/Folio, 2002, p. XLVI.

Hoggart, Richard, *The Uses of Literacy* (1957), traduit en français sous le titre *La culture du pauvre*, en 1970.

Lapeyronnie, Didier et Kokoreff, Michel, *Refaire la cité. L'avenir des banlieues*, Paris, Seuil, 2013.

Marbœuf, Olivier, Manifeste pour des villes invisibles. <http://www.manifeste-invisible.com/?p=30>. Page consultée le 15 août 2014.

Massenet, Sabine, entretien avec Olivier Marbœuf. Disponible en pdf sur <http://www.phantom-productions.org/films/image-trouvee>. Page consultée le 21 août 2013.

Milleliri, Carole, « Le cinéma de banlieue : un genre instable », *Mise au point* [En ligne], 3, 2011, mis en ligne le 29 mars 2012, consulté le 24 octobre 2014. URL : <http://map.revues.org/1003>.

Zapperi, Giovanna, « Micropolitique de la Visibilité : Florence Lazar », *Quel sujet du politique ?*, *Rue Descartes*, n° 67, février 2010, p. 118-119.

---

[37] Giovanna Zapperi, « Micropolitique de la Visibilité : Florence Lazar » *Quel sujet du politique ?*, *Rue Descartes*, n° 67, février 2010, p. 118-119.

[38] Didier Lapeyronnie, Michel Kokoreff, *Refaire la cité. L'avenir des banlieues*, Paris, Seuil, 2013, La république des idées.

Conclusion

Christina HORVATH et Juliet CARPENTER

Oxford Brookes University

Conscients de leur responsabilité en tant que chercheurs à constituer leur sujet sans tomber dans le piège des stéréotypes, les dix-sept auteurs ayant contribué à ce volume étaient portés par leur engagement partagé vis-à-vis des habitants des banlieues sur lesquelles ils travaillent. Il s'agit d'une responsabilité d'autant plus importante que, dès que l'on aborde la question des banlieues, les clichés tendent à apparaître que l'on veuille ou non, même là où l'on s'y attendrait le moins : dans les œuvres produites par les artistes issus des quartiers. Ainsi, un des objectifs centraux de cet ouvrage fut-il d'avertir le lecteur, qu'il soit étudiant, chercheur, journaliste ou décideur politique, des dangers que comporte l'usage des clichés stigmatisants, d'autant plus difficiles à éviter qu'ils sont solidement ancrés au cœur même des problématiques sociales liées aux banlieues. Or, il est bien inévitable d'aborder ces problèmes afin d'y trouver des solutions. La question se pose alors inévitablement : comment parler des banlieues *autrement* ? Que conseiller aux médias pour leur permettre d'éviter la (re)production de discours homogénéisants, aplatissant les différences entre quartiers singuliers et gommant la diversité pourtant si importante des banlieues françaises ? Comment guider les consommateurs de produits culturels souvent dominés par des images négatives de la banlieue ? Enfin, quelles recommandations donner aux décideurs et administrateurs urbains qui ont le pouvoir de dessiner l'avenir des quartiers situés à la périphérie ?

Les quatre chapitres de la première partie se sont efforcés de montrer quelques-uns de principaux périls guettant la construction de géographiques fantasmées. Desponds et Bergel ont dénoncé les métonymies abusives qui persistent à confondre les banlieues variées, multiformes et socialement mixtes de la région parisienne, avec les grands ensembles d'une part, et avec les problèmes sociaux liés à la migration, à la paupérisation, au chômage et à l'insécurité d'autre part. En tant que remède, les auteurs recommandent une géographie sociale capable de montrer l'attraction de la banlieue parisienne sur les catégories aisées, la forte mobilité résidentielle et la complexité socio-économique des communes, ainsi que les nouvelles activités économiques et une forme de cosmopolitisme qui s'y développent.

Parti du constat de la stigmatisation territoriale dans les médias, Kirkness a également démontré le caractère fantasmé de certaines divisions entre centres et périphéries qui correspondent peu ou pas du tout à la réalité. Après avoir démenti la théorie de l'intériorisation des stigmates par les dominés, le géographe avertit des risques que comporte l'usage des stigmates pour justifier les politiques publiques promouvant les démolitions et la dispersion des habitants au nom de la mixité sociale. Il recommande aux élus d'écouter davantage les résidents qui, capables de développer eux-mêmes différentes pratiques de résistance à la stigmatisation, revendiquent aujourd'hui le droit de rester dans leur quartier, ainsi que de participer aux prises de décisions urbaines et administratives afin d'en refaire l'espace à leur manière.

L'analyse de Morovich a montré que l'implication des associations et des collectifs artistiques dans la production d'images alternatives des banlieues permet d'opposer des images de convivialité, de multiculturalisme, et de verdure aux clichés stigmatisants. Le travail de collectifs engagés, contrasté avec celui des artistes issus d'autres contextes urbains, est vital pour porter la parole des habitants et préserver la mémoire des quartiers populaires. Cependant, insiste Morovich, les pouvoirs politiques tendent trop souvent à s'accaparer de la parole des résidents et à supplanter les représentations produites par ceux-ci par les images de leur choix. Soutenir financièrement les acteurs associatifs et harmoniser les rapports entre les collectifs artistiques et les acteurs du renouvellement urbain serait alors nécessaire afin de rééquilibrer les rapports de force inégale entre acteurs urbains et de renforcer la participation des voix d'en bas.

La seconde partie de l'ouvrage porte directement sur les médias, rendus responsables pour une large part de la discrimination qui touche aujourd'hui les banlieues en France. De l'analyse de Turpin ressort que sur quatre quotidiens examinés ceux de droite privilégient clairement les thèmes liés aux peurs sociales, en particulier après les attentats du 11 septembre. Privilégiant les domaines policier, urbanistique et politique, leur discours appauvri tend à éviter les questions sociales dont l'éducation ou l'emploi s'efforce de créer un amalgame entre « jeunes de banlieue » et bandes de délinquants d'une part et établit, d'autre part, un rapport fort entre les barres et tours des quartiers et une série de métaphores médicales et termes indiquant la dégradation. Seuls *Le Parisien* et *Libération* s'intéressent à la violence policière plutôt qu'à celle des résidents et donnent la parole aux habitants. L'étude de Garcin-Marrou de la représentation médiatique des émeutes de 2005 et 2010 confirme les conclusions de Turpin. Contrastant les cadrages explicatifs des événements de six quotidiens, la chercheure montre la prédominance du cadre interprétatif de la violence qui prime sur celui de l'exclusion, participant de la construction d'un espace symbolique normatif dans lequel les jeunes habitants des banlieues constituent une nouvelle classe dangereuse. Mehdi Derfoufi, qui s'intéresse au traitement politico-médiatique de la figure de Zinedine Zidane, observe la transmutation du jeune footballeur d'origine kabyle issu de la banlieue marseillaise en une incarnation de l'identité nationale française fondée sur le « privilège blanc ». La stratégie marketing érigeant Zidane en icône consiste à gommer systématiquement le stéréotype du « jeune maghrébin de banlieue fauteur de troubles » en construisant le footballeur en héros blanc et globalisé, capable d'accéder à l'universel républicain au prix de la dissolution de ses particularismes. L'image médiatique des « jeunes de banlieue » est également au cœur des textes de Bertucci qui se penche sur la langue des banlieues et de Guehria qui voit dans la division de la jeunesse périurbaine en deux catégories, jeunes et youth, une tentative d'échapper à la stigmatisation. Alors que Bertucci interprète l'émergence du « wesh » comme le symptôme d'importantes transformations sociales et la naissance de nouvelles formes culturelles, Guehria démontre que l'adoption de la désignation « jeune » comme matrice par la presse répond à un souci d'évitement des désignations ethniques et conduit à la production de ethno-, théo- et sociotypisations.

Enfin, les chapitres de la troisième partie ont examiné différents domaines de la production artistique pour étudier de près l'usage et le détournement des clichés dans la littérature en générale et le récit de soi en particulier, le rap, le film de fiction et le film documentaire. Horvath a souligné la coexistence de différentes voix et conventions qui cherchent à représenter la banlieue de différentes manières et a montré que le choix de ces différentes approches était déterminé par l'évolution de la stigmatisation progressive de l'image de la banlieue, la position des auteurs, interne ou externe à la banlieue et la transformation progressive d'une esthétique de plus en plus marquée par la culture populaire, en particulier l'imagerie véhiculée par le rap. Horvath met en garde contre toute approche de cette production fondée sur les origines, ethniques et sociales, des auteurs et recommande à la place une étude fondée sur des critères internes (personnages, lieux, types d'intrigues, styles) des œuvres appartenant au sous-genre de « récit de banlieue » dont les conventions se sont solidifiées entre le tournant du millénaire et nos jours. Le chapitre de Galichon qui distingue entre récits de soi *hic et nunc* et *a posteriori* a le mérite de ne pas distinguer les auteurs français reconnus comme Desplechin ou Ernaux des auteurs comme Loumani, Rossi et Abd Al Malik que leur ancrage dans la banlieue catonne aux yeux de la critique majoritaire dans la catégorie de production mineure. Galichon explique comment l'écriture de soi permet de relater une perception singulière en transformant la banlieue en lieu symbolique pour faire émerger une parole politique, multiple, plurielle.

Ghio explore l'usage que le rap fait du terme « ghetto », l'exploitant en tant que figure de style (hyperbole, métonymie, métaphore, métaphore filée) ou en tant qu'*hétérotopie* au sens foucaldien, pour en faire un territoire rhétorique garant de sa crédibilité fondée sur l'analogie avec le ghetto noir américain. Elle conclut que la manipulation des images stéréotypées du réel peut permettre aux artistes de produire une meilleure vision de ce que nous ignorons de la réalité. La récupération des clichés diffusés par les médias figure aussi au cœur de l'interrogation de Bonnet et de Mpondo-Dicka qui se penchent sur les films de banlieue des années 1990 et 2000. Ils repèrent dans le cinéma de banlieue les topos de la violence et de la jeunesse sacrifiée, précédemment identifiés par Garcin-Marrou, et lient l'émergence du méta-genre à la forte médiation des émeutes de Vaulx-en-Velin mais également à l'influence de la culture hip-hop en général et à celle du *hood movie* noir américain en particulier. Leur intérêt accordé aux scènes d'émeutes, un topos utilisé pour des raisons esthétiques et sociales constitue un pont important entre l'analyse des œuvres d'art portant sur la banlieue et celle des interprétations médiatiques des émeutes. Enfin, le dernier chapitre remet en cause la légitimité des représentations autoritaires construites depuis l'extérieur qui, comme *L'Esquive* ou *Intouchables*, promeuvent l'idée de la réussite des personnages banlieusards par un affranchissement venu de l'extérieur par leur contact avec la culture dominante. Caillet oppose à ces succès commerciaux une série de documentaires indépendants qui proposent un traitement radicalement différent des clichés et une esthétique qui infiltre le domaine politique et participe de la création d'un nouvel espace public.

Les thèmes récurrents du volume, les questions de l'authenticité, de la légitimité, de la prise de parole opposée à la représentation par autrui, de la participation et de l'emprunt, manipulation et détournement des clichés établissent de multiples liens entre les sphères politique, médiatique et artistique abordées par les auteurs. Plutôt que d'appartenir exclusivement à un seul domaine, les discours circulent, transcendent les limites de leur champ d'émergence et s'enchevêtrent. D'une manière analogue, les paroles de chercheurs portant sur l'une ou l'autre sphère explosent les barrières disciplinaires pour tisser un discours universitaire pluriel et multiple. Forts de leurs convictions, les contributeurs de cet ouvrage font montre de leur engagement en avertissant les décideurs politiques des dangers de négliger l'avis des habitants quant aux transformations et à l'avenir de leurs quartiers. Ils soulignent l'importance de la conservation de la mémoire des résidents et appellent à une collaboration renforcée avec les associations et artistes locaux dans ce domaine. Ils recommandent aux médias de varier leur cadrage interprétatif en s'écartant davantage

Conclusion

de celui imposé par l'État répressif et de donner la parole plus souvent aux résidents en les laissant produire et diffuser des images alternatives des banlieues suffisamment puissantes pour contrer les clichés. Enfin, ils mettent en garde contre les lectures simplistes des représentations artistiques des quartiers auxquelles ils opposent des interprétations plus attentives permettant de dégager la subtilité des textes, films et paroles de chansons s'appropriant et détournant les clichés.

Les auteurs

Pierre Bergel est professeur de géographie urbaine et sociale à l'Université de Caen Basse-Normandie. Ses thèmes de recherche concernent les divisions sociales des espaces de la ville, les dynamiques de régénérations urbaines, les politiques publiques locales. Ses terrains de recherche sont situés en Région Île-de-France et dans l'Ouest français, en Algérie et en Allemagne.

Marie-Madeleine Bertucci est professeure de sciences du langage à l'université de Cergy-Pontoise. Elle s'intéresse aux situations de banlieues et notamment au français des jeunes. Elle a publié en 2014 avec Thierry Bulot et Isabelle Boyer, *Diasporisations sociolinguistiques & précarités. Discrimination(s) et mobilité(s)*, Paris, L'Harmattan et « Approches de la notion d'identité plurilingue », in *Langue et identité dans l'espace digital*, Sabine Bastian, Julia Buckhardt, Élisabeth Burr (eds.), 2014, Frankfurt am Main : Peter Lang.

Valérie Bonnet est lexicologue et analyste du discours, docteur en Sciences du Langage, maître de conférences en Sciences de l'Information et de la Communication à l'Université de Toulouse 3. Elle travaille sur les langages et médiatisation du sport et les discours politiques et militants. Elle a publié, entre autres, « Spike Lee et la *seconde Blaxploitation* – Parabole ou naturalisme : deux stratégies testimoniales », in *Mots – les langages du politique*, avec Patrick Mpondo-Dicka.

Aline Caillet est maître de conférences en esthétique et philosophie de l'art à l'Université Paris-I Panthéon-Sorbonne (Institut ACTE-UMR CNRS 8218, équipe Æsthetica) où elle est également coresponsable de la galerie Michel Journiac. Elle codirige par ailleurs la collection *Ouvertures Philosophiques* à L'Harmattan. Elle est l'auteur de *Dispositifs critiques. Le documentaire, du cinéma aux arts visuels* (Presses universitaires de Rennes, 2014) et de *Quelle critique artiste ? Pour une fonction critique de l'art à l'âge contemporain* (Paris, L'Harmattan, L'art en bref, 2008), et a également contribué entre autres à des ouvrages collectifs, revues d'art contemporain, et catalogues d'expositions. Elle collabore ponctuellement avec des artistes sur des projets spécifiques et elle est également actuellement présidente de l'association Khiasma.

Juliet Carpenter est chercheure au Département d'urbanisme à l'Université Oxford Brookes, et chercheure associée à l'Institut d'Urbanisme de Lyon (UMR 5206 Triangle). Elle s'intéresse aux rôles des différents acteurs (public, privé, société civile) dans la régénération urbaine, la gouvernance urbaine et comparaisons entre pays européens. Entre 2012-2014, elle a été chercheure Marie Curie à l'ENS de Lyon, sur un projet comparant les pratiques de régénération urbaine, ainsi que la participation et gouvernance entre la France et l'Angleterre. Elle est cofondatrice (avec Christina Horvath) de Banlieue Network.

Mehdi Derfoufi est docteur en études cinématographiques, ancien consultant artistique et programmateur pour des salles de cinéma d'Art et d'Essai et ancien directeur d'un réseau national d'éducation à l'image, il est actuellement Chargé de cours à l'Université de Lausanne, il enseigne l'histoire et l'esthétique du cinéma et la théorie des dispositifs vidéoludiques. Il est également rédacteur de la revue française *Tausend Augen*. Ses recherches portent sur l'approche postcoloniale et « gender » du cinéma et des médias, y compris les jeux vidéo.

Didier Desponds est professeur des universités en géographie à l'université de Cergy-Pontoise et directeur du laboratoire MRTE (Mobilités – Réseaux – Territoires – Environnement). Ses travaux de recherche en géographie sociale portent sur les dynamiques urbaines, les stratégies résidentielles et les effets sociaux des politiques urbaines. Au-delà de la compréhension des mécanismes contribuant à produire des inégalités socio-spatiales, il cherche à contribuer à une réflexion sur le devenir des territoires urbains. Ses publications les plus récentes incluent Desponds D., Auclair E., Bergel P. et Bertucci M.-M. (dir.) (2014) : *Les habitants : acteurs de la rénovation urbaine ?*, Coll. Géographie sociale, Rennes, Presses universitaires de Rennes et Desponds D. (2011) (dir.) : *Pour en finir avec « l'égalité des chances ». Refonder la justice sociale*, Atlande, Paris.

Beth Epstein est anthropologue et directrice académique de NYU Paris, pôle parisien de l'université de New York. Ses recherches portent sur la mise en œuvre des politiques d'intégration en France et son articulation avec le développement de la banlieue francilienne, ainsi que la notion de « race » dans les contextes américain et français. Elle est l'auteur, entre autres, de *Collective Terms : Race, culture and community in a state-planned city in France* (Berghahn, 2011), et co-réalisatrice (avec Carlyn Saltman) de *Kofi chez les Français*, documentaire sur la montée médiatique de Kofi Yamgnane, maire noir d'un village breton nommé par la suite Secrétaire d'État à l'intégration par Édith Cresson.

Isabelle Galichon est docteure en Littératures française, francophones et comparée et travaille sur la notion de récit de soi en résistance à partir des derniers travaux de Michel Foucault sur les pratiques de soi, afin de redessiner une nouvelle approche épistémologique de l'écriture autobiographique, à la croisée de la théorie littéraire et de la philosophie. Elle coordonne le projet d'encyclopédie critique du témoignage et de

Les auteurs

la mémoire (Universités Blaise Pascal, Paris IV, Fondation Auschwitz, Bruxelles) dirigée par Luba Jurgenson et Philippe Mesnard. Elle fait partie du comité de rédaction de la revue *Témoigner : Entre histoire et mémoire* (Éditions Kimé). Elle enseigne en classe préparatoire (École d'ingénieurs EISTI) et à l'université Michel de Montaigne (Bordeaux 3).

Isabelle Garcin-Marrou est Professeure des Universités à l'Institut d'Études Politiques de Lyon, directrice de l'équipe d'accueil ELICO. Ses travaux abordent les représentations médiatiques des violences, des territoires et des identités de Genre et visent à mettre au jour, à la fois, les modalités de compréhension et de narration de ces processus par les médias et la réaffirmation des normes sociopolitiques opérées par les récits médiatiques. Ses travaux récents portent notamment sur le genre et les violences urbaines dans les discours médiatiques comme « Une femme, une ministre de la Justice. Genre et pouvoir dans les discours de la presse française », in Gingras A.-M. (dir.), *Genre et politique dans la presse en France et au Canada*, Presses de l'Université du Québec, 2014, et « Une "mère", une "meurtrière" : les deux figures médiatiques de la violence d'une femme », *Sciences de la Société*, 83, Toulouse, Presses universitaires du Mirail, 2012.

Bettina Ghio est docteure en Littérature et civilisation françaises. Dans sa thèse intitulée « Le rap français : désirs et effets d'inscription littéraire », soutenue sous la direction de Bruno Blanckeman en 2012, elle a étudié les liens du rap français avec la littérature. Elle est également membre associée et enseignante chargée de cours de l'équipe de recherche THALIM (Théorie et histoire des arts et des littératures de la modernité) de l'unité *Écritures de la modernité, littérature et sciences humaines* à l'Université Sorbonne Nouvelle Paris 3. Elle a publié, entre autres, « Le rap français et la langue française : antinomie ou attraction ? », in Samia Kassab-Charfi et Myriam Suchet (dir.), « La langue française n'est pas la langue française », *Revue Littérature, Histoire, Théorie* n° 12, mai 2014.

Wajih Guehria, actuellement maître de conférences habilité à diriger des recherches, a obtenu son doctorat de sciences du langage en novembre 2009 à l'Université de Paris Ouest Nanterre La Défense, date à laquelle il a intégré l'équipe de recherche européenne Multicultural London English / Multicultural Paris French. Il est rattaché depuis 2004 au laboratoire « MoDyCo » (« Modèles / Dynamique des langues / Corpus » : CNRS et Université Paris Ouest). Enseignant et chercheur depuis 2006, ses travaux portent essentiellement sur l'analyse du discours représentationnel en situation de contact de langues (i.e. quelles représentations ont les jeunes Algériens, ou les jeunes Français d'origine maghrébine, des langues arabe, amazigh, française et anglaise) en particulier à Paris en tant que lieu de conflits linguistiques et dans le nord algérien, ce qui lui a permis de proposer de nouveaux schémas diglossiques (originaux relativement aux modèles existants). Ses dernières publications sont parues, entre autres, dans *Langue Française*, *Insaniya*, *Expressions Maghrébines*, revues scientifiques internationales publiant en français.

Christina Horvath est docteure en littérature française (Sorbonne Nouvelle – Paris 3, 2003) et maître de conférences au Département d'anglais et de langues modernes à l'Université Oxford Brookes. Spécialiste de la littérature française contemporaine et des représentations urbaines en littérature, elle a publié *Le roman urbain : un genre de la surmodernité* (Presses universitaires de la Sorbonne Nouvelle, 2007) ainsi que le numéro 3.2, 2014 de la revue *Francosphères*, dédié à la banlieue. Cofondatrice (avec Juliet Carpenter) de Banlieue Network, elle travaille actuellement sur une monographie portant sur les récits de banlieue dans les années 2000-2015.

Paul Kirkness a récemment obtenu son doctorat en géographie humaine à l'université d'Édimbourg, où il a examiné les résistances aux stigmatisations territoriales. Actuellement il entreprend un travail sur le deuil dans les villes françaises où la politique de la ville a procédé à des démolitions d'immeubles ainsi que dans les quartiers tombés victimes de la gentrification. Il collabore également avec Andreas Tijé-Dra (Université de Erlangen-Nürnberg) sur un projet concernant l'attachement à l'espace des « banlieues » dans les paroles de rap français.

Barbara Morovich est docteure en anthropologie sociale (EHESS Paris). Elle a vécu et travaillé en Afrique (Kenya et Tchad) où elle a participé à des recherches sur des communautés minoritaires en milieu urbain. Elle est actuellement maître assistante en anthropologie et sociologie à l'École d'Architecture de Strasbourg (ENSAS), chercheure à l'équipe AMUP de l'ENSAS et associée au LAA-LAVUE (Paris). Ses recherches s'inscrivent dans le cadre de l'anthropologie urbaine et interrogent les relations entre les groupes, leur inscription spatiale et territoriale et leurs rapports avec les pouvoirs en place. Intéressée à la culture visuelle, elle l'étudie au sein des quartiers en rénovation urbaine en dévoilant les changements d'image impulsés par les processus urbains mais aussi les permanences culturelles et les enjeux des acteurs. Elle a publié, entre autres, *Mobilités*, Éditions Horizome, Strasbourg, 2011

Patrick Mpondo-Dicka est maître de conférences en Sémiotique et numérique (audiovisuel, multimédia, internet) à l'Université de Toulouse 2. Dans ses recherches, il tente de décrire et d'interpréter les discours et les usages de l'audiovisuel et du numérique, ou, plus largement, les manifestations de la *culture numérique*. Il a fondé et co-anime (avec Michel Lavigne) le réseau scientifique « Culture Numérique ».

Béatrice Turpin est docteure en sciences du langage, maître de conférences à l'université de Cergy-Pontoise. Chercheur au Centre de recherche Textes et Francophonies, elle collabore plus particulièrement au pôle « Langages, Société, Communication, Didactique » (LaSCoD). Ses recherches portent sur la linguistique générale, la lexicologie et l'analyse des discours sociaux, politiques ou médiatiques. Elle a notamment publié à ce sujet « Une sémiotique du politique : schèmes mythiques du national-populisme », *Sémiotica* 159, 2006 ; et, dans le cadre d'une recherche sur les banlieues françaises : « Les jeunes et la banlieue dans le discours de la presse écrite », in *Jeunesse, médias et lien social* (en collaboration avec Boyer I.), éditions Encrage, 2008. Elle a par ailleurs édité un ouvrage collectif sur ce thème intitulé *Discours et sémiotisation de l'espace*, l'Harmattan, 2012 (avec le concours du LaSCoD et de la MSH-Paris-Nord).

Visitez le groupe éditorial Peter Lang
sur son site Internet commun
www.peterlang.com